地方治理实验书系 · 乡村治理改革研究
华中师范大学政治学一流学科建设成果文库

陈荣卓 / 主编

U1003571

义安实验：YIAN SHIYAN

以高质量党建引领农村基层治理现代化

YI GAOZHILIANG DANGJIAN YINLING
NONGCUN JICENG ZHILI XIANDAIHUA

陈荣卓　陈　鹏　刘安正　著

中国社会出版社
国家一级出版社 · 全国百佳图书出版单位

图书在版编目（CIP）数据

义安实验：以高质量党建引领农村基层治理现代化／陈荣卓，陈鹏，刘安正著．—— 北京：中国社会出版社，2023.7

（地方治理实验书系·乡村治理改革研究／陈荣卓主编．华中师范大学政治学一流学科建设成果文库）

ISBN 978-7-5087-6820-5

Ⅰ.①义… Ⅱ.①陈… ②陈… ③刘… Ⅲ.①农村－社会管理－现代化管理－研究－义安区 Ⅳ.①C912.82

中国国家版本馆 CIP 数据核字（2023）第 119333 号

出 版 人：程　伟
终 审 人：魏光洁
责任编辑：刘延庆
策划编辑：孙　研
责任校对：郑双梅
封面设计：时　捷

出版发行：中国社会出版社
地　　址：北京市西城区二龙路甲 33 号
邮政编码：100032
编 辑 部：(010)58124831
网　　址：shcbs.mca.gov.cn
发 行 部：(010)58124864；58124845
经　　销：新华书店

印刷装订：北京九州迅驰传媒文化有限公司
开　　本：170 mm×240 mm　1/16
印　　张：17.25
字　　数：290 千字
版　　次：2023 年 7 月第 1 版
印　　次：2023 年 7 月第 1 次印刷
定　　价：48.00 元

中国社会出版社微信公众号

中国社会出版社天猫旗舰店

编委会

编委单位： 中共铜陵市义安区委　铜陵市义安区人民政府

华中师范大学全国民政政策理论研究基地

编　　委： 姚贵平　方小雄　李虎生　朱长青　张家才　饶光辉

主　　编： 陈荣卓　陈　鹏　刘安正

编 写 组： 方红华　何庆蕾　周美满　史　飞　胡孟德

刘亚楠　李梦兰　刘安正　张改琴　刘　珊

唐　璐　朱凡琪　金　静　戴欢欢　胡恩超

展　羽　胡　璇　高佳文　赵彬瑶　张复港

程　婧　苗西敏　张文奇　丁子贤　方锦江

前　言

百年征程波澜壮阔，百年初心历久弥坚。习近平总书记高度重视基层治理工作，反复强调基层治理现代化这项基础性工作的重要性。2021 年 7 月，中共中央、国务院印发《关于加强基层治理体系和治理能力现代化建设的意见》，就加强基层治理体系和治理能力现代化建设的指导思想、基本原则、主要目标、重点任务、组织保障等进行了顶层设计和系统部署，为新时代加快推进基层治理现代化提供了根本遵循和行动指南。党的二十大将社会治理体系纳入国家安全体系建设，指出要健全共建共治共享的社会治理制度，提升社会治理效能。随着“治理现代化”这一改革发展总目标的确立与清晰，“农村社区治理”获得了更加深远的历史意涵和现实价值，为我们研究、探讨、实践农村社区治理创新提供了新的路径与方向。

基层强则国家强，基层安则国家安。农村社区治理是国家治理的“最后一公里”，也是党密切联系群众的“神经末梢”，更是走向社会治理共同体与共同富裕的“发酵剂”。在新时代背景下，农村社区治理面临新的历史使命，在相关政策引领与实践创新导向下，全国各地开始了轰轰烈烈的试点实验与改革创新探索，形成了一批典型经验与示范成果，为基层治理体系和治理能力现代化提供了强大动力和制度保障。近年来，安徽省铜陵市义安区以开展全国农村社区治理实验区建设为契机，紧紧围绕“完善党建引领农村社区共建共治共享治理体系”这一实验主题，以党建标准化为龙头引领，以多方主体共治为推进路径，以治理能力提升为善治目标，全力打造农村基层党建“义安国标”，全力推进农村社区协商与“三社联动”，全力开发整合农村社区治理资源，全力弘扬中华优秀传统文化，形成了党组织领导下的充满活力的农村社区共建共治共享治理体系，探索出了一条具有义安特色的农村社区治理创新之路，为全面推进乡村振兴战略实施奠定了坚实基础。

百年征程谋新篇，雄心壮志启新程。2021年，是中国共产党成立100周年，也是“十四五”的开局之年，全面建设社会主义现代化国家的新征程已经开启。党的十九届六中全会更是全面总结了党的百年奋斗重大成就和历史经验，指出了中国共产党百年奋斗的历史意义，激励全党更加坚定、更加自觉地践行初心使命，接续奋斗。为走好新时代的“赶考路”，我们既要加强新时代农村社区治理创新的总结与梳理，充分发挥典型经验的示范带头作用，又要主动适应新时期农村社区治理创新的历史性转变，围绕治理现代化的目标不断推进农村社区治理高质量发展。本书立足义安区农村社区治理实验区创建过程，对农村社区治理创新的理论与实践、政策与经验、制度与成效等作出系统总结与全面梳理，为义安区进一步深入探讨农村社区治理与乡村振兴提供参考，进而为国家推进基层治理体系和治理能力现代化贡献“义安经验”。

民之所望，施政所向。农村社区治理创新是一个复杂系统工程，是一个不断探索优化提升的过程。面对人民群众日益增长的美好生活需要，义安区要落实以习近平新时代中国特色社会主义思想为指导，不断夯实党对基层治理的全面领导，把基层党组织的政治优势、组织优势转化为治理效能，把党建引领推动共建共治共享的制度体系转化为以人民为中心的治理动能，更好地提供公共服务、实现资源整合、保障群众利益，为社会的和谐稳定、国家的长治久安、人民的幸福安康作出“义安贡献”。

目　录

治理创新篇

党建引领篇

协商共建篇

多方共治篇

服务共享篇

治理创新篇

要完善共建共治共享的社会治理制度，实现政府治理同社会调节、居民自治良性互动，建设人人有责、人人尽责、人人享有的社会治理共同体。

——2020年8月24日，习近平总书记在经济社会领域专家座谈会上的讲话

农村基层治理政策试点试验是中国共产党在成立之初就开始实行的工作机制，是中国农村基层治理创新最重要的政策生产过程，对我国国家治理和基层实践创新产生了持久而深刻的影响。党的十八大以来，农村基层治理政策试点注重顶层设计和统筹安排，全国农村社区建设示范创建、全国农村社区治理实验区等一批农村政策试点开始注重与国家治理和乡村振兴战略的协调推进，其上承“顶层设计”，下启地方创新，深刻体现了国家和农村基层的治理轨迹与走向。农村基层治理政策试点使得中国的制度转轨在保持稳定性的同时又不失开拓性，是名副其实的中国经验，亦是从宏观、中观和微观角度来认知转型中国和农村基层的重要研究标识。农村社区治理是社会治理与国家治理的基石，在“十四五”推进国家治理体系和治理能力现代化进程中，农村社区治理改革创新的重要性更加凸显，我们既要深刻总结农村社区治理创新的经验模式，发挥典型示范引领作用，又要承接新发展阶段的历史任务，走好乡村善治之路，推动乡村振兴的巨轮破浪前行。

2017年12月，安徽省铜陵市义安区入选首批“全国农村社区治理实验区”。几年来，义安区围绕“完善党建引领农村社区共建共治共享治理体系”这一实验主题，以基层党组织建设为统领，以乡村振兴为抓手，通过实验区创建撬动义安农村社区治理高质量发展，不断构筑党建引领治理的基石，优化完善长效互动的治理体系，通过深化上下协同的治理路径，打造“以人民为中心”的治理格局，初步实现了共建共治共享的现实图景，有效提升了农村社区治理法治化、科学化、精细化水平和组织化程度，在推进农村社区治理体系和治理能力现代化方面成效显著。因此，本篇梳理总结义安区农村社区治理实验创新的缘起与基础、过程与实践、做法与经验，不仅是义安区全国农村社区治理实验创建工作的见证与思考，更为“十四五”规划下全国基层治理创新工作提供具有义安特色的宝贵经验。

社区改革：农村社区治理创新的缘起

党中央、国务院高度重视城乡社区建设。习近平总书记多次强调指出，“社区虽小，但连着千家万户，做好社区工作十分重要”①，“社会治理的重心必须落到城乡社区”②。党的十九大报告指出：“要打造共建共治共享的社会治理格局。加强社区治理体系建设，推动社会治理重心向基层下移，发挥社会组织作用，实现政府治理和社会调节、居民自治良性互动。”党的二十大报告进一步指出，要健全城乡社区治理体系，及时把矛盾纠纷化解在基层、化解在萌芽状态。党中央、国务院的决策部署和中央领导同志的指示精神，为创新新形势下农村社区治理指明了方向和目标、确定了任务和路径、增添了信心和动力。站在全面深化农村改革、推进城乡融合发展的高度，需要各方充分认识推进农村社区治理建设的重要意义。农村社区是党委和政府联系群众、服务群众的“最后一公里”，是增强基层群众获得感、幸福感、安全感的重要场域。党和政府的大政方针，要靠农村社区宣传贯彻和执行；延伸到基层的各类公共服务项目，要靠农村社区组织实施和提供。但面对基层群众日益增长的美好生活需要，农村社区治理和服务功能仍然有很多不适应的地方，特别是统筹推进城乡社区治理、保障城乡共享改革发展成果任重道远。积极回应群众最关心、最直接、最现实的利益问题，着重提升农村社区依法办事、执行政策、服务群众的能力，是健全治理体系、提升治理水平、补齐治理短板的重要内容。为全面落实党的十八大和十八届历次全会精神，深入贯彻习近平总书记系列重要讲话精神和治国理政新理念新思想新战略，主动适应农村改革发展新形势和顺应农村居民新期待，在全国社区建设部际联席会议指

---

① 2014 年 11 月 2 日，习近平总书记在福建调研时的讲话。

② 2016 年 3 月 5 日，习近平总书记在全国“两会”期间参加上海代表团审议时的讲话。

导下，民政部决定开展“全国农村社区治理实验区”建设工作。鼓励地方以全国农村社区治理实验区为载体，围绕加强党的领导、完善治理结构、提升服务功能、激发社会活力、健全发展规划等重大理论和实践问题深化探索，努力形成可推广、可借鉴、可复制的创新经验，为加强农村社区治理顶层设计提供参考。

一、开展实验区建设的良好基础

义安区（原铜陵县）作为铜陵市的经济中心，2015 年 12 月经国务院批准撤县设区。义安区总面积 845 平方千米，户籍人口 29.9 万，其中乡村人口 22.7 万，占户籍人口的 76%。全区辖 1 个国家级农业科技园区（铜陵国家农业科技园区）、1 个省级开发区（铜陵金桥经济开发区）和 4 镇 4 乡，103 个村委会，13 个社区居委会。早在 2010 年，在铜陵市探索“区直管城市社区”的同时，铜陵县便全面启动了农村新型社区建设。2017 年 12 月，安徽省铜陵市义安区被民政部确认为“全国农村社区治理实验区”。多年来义安区积极推进农村社区建设改革，积累了丰厚的经验，具备了良好的实验改革基础，是安徽省推进农村社区治理改革的前沿阵地。

（一）地理人文优势明显

2015 年 12 月，义安区经国务院批准撤县设区，丰富的地理人文资源和条件进一步凸显。

一是区位优越、通行便捷，是交通枢纽重地。义安区紧邻中国经济最发达的“长三角”地区，地处皖江城市带承接产业转移示范区核心区域，是八百里皖江的中心、世界级风景旅游度假区“两山一湖”的北大门，也是长江中下游承东启西、安徽省连南接北的重要节点；四小时交通圈覆盖上海、南京、杭州、武汉等重点城市。两条高铁（京福高铁、宁安高铁）、两条铁路（沪铜铁路、铜九铁路）与三条高速（京台高速、沪渝高速和铜南宣高速）穿境而过；铜陵长江大桥、铜陵长江公铁大桥贯通南北，直达省会合肥。城区距九华山机场仅 20 余千米；坐拥长江黄金水道 60 余千米，深水岸线资源丰富，建港条件得天独厚。

二是历史悠久、资源丰富，是青铜文化宝地。“义安”一名始现于唐文德元年（888 年）所置义安县。义安区是中国青铜文明发祥地之一，冶矿历史迄今已有3000余年，境内金牛洞古采矿遗址被列为全国重点文物保护单位。现已探明金属、非金属及与之伴生的各类稀有金属30余种，其中金、银、硫铁矿、石灰石等探明储量占安徽省的70%，是全国重点产金县区之一。凤丹、白姜等名特优农产品更是久负盛名，驰誉中外，先后被国家质检总局授予“国家地理标志保护产品”。

三是人文荟萃、山川秀美，是宜居宜游胜地。义安文化底蕴深厚，源远流长，曾涌现出陈翥、胡舜元、盛度等一批历史人物。唐代大诗人李白，北宋文学家苏轼、黄庭坚等众多文人墨客在这里留下了壮丽诗篇。境内有凤凰山风景旅游区、天井小镇文化旅游区，以及太阳岛、双龙洞、大明寺等景点。其中，凤凰山景区的牡丹花卉景观入选“中国美丽田园”，凤凰山村荣获首批中国乡村旅游模范村。天井小镇商业街以鲜明的建筑、文化和商品经营特色入选安徽省特色商业示范街区，龙潭肖村和水浒赵氏戏楼自然村入选中国传统村落，西联镇犁桥村、胥坝乡群心村、东联乡合兴村入选“全国美丽宜居村庄示范”。

四是锐意进取、蓄势待发，是科学发展高地。义安区现有一个国家级农业科技园区（铜陵国家农业科技园区）和一个省级开发区（金桥经济开发区），已逐步形成了以铜基新材料、智能装备制造、电子信息产业基地为主导，装备制造、生物医药、现代农业等齐头并进的产业发展格局。2016年，全年实现地区生产总值135.9亿元（2021年全年实现地区生产总值187.02亿元），规上工业总产值354.8亿元，财政一般预算收入34.66亿元，全社会固定资产投资219.5亿元，城镇常住居民人均可支配收入28925元、农村常住居民人均可支配收入19117元。

（二）前期改革基础扎实

义安区（原铜陵县）曾3次荣获“全国文明县城”、7次获评“全国科技进步先进县”，先后荣膺“全国文化工作先进单位”“全国群众体育工作先进县”“全国民政工作先进县”“全国计划生育优质服务先进县”“全国农村社区建设实验全覆盖示范单位”“全省第三批农村社区建设试点县”“全国农村幸福社区建设示范单位”等多个荣誉称号。

早在2008年义安区（原铜陵县）便建设了全省首个农村社区改革试点村——西联镇老观村。2009年，老观村作为全省社区建设工作会议现场观摩参观点，接待了全省300名与会代表。2010年，义安区（原铜陵县）被安徽省民政厅确立为“全省农村社区建设实验县”，由此正式拉开了义安农村社区建设改革工作的序幕。2010年以来，义安区围绕农村社区和谐人居环境打造、服务体系建设、基础设施与服务完善、农村社区管理有序文明祥和，积极开展实践，成效显著。2013年被民政部授予“全国农村社区建设实验全覆盖示范单位”荣誉称号。2015年被列入安徽省第三批农村社区建设试点县，全面推进新型农村社区治理体系建设。2016年8月，义安区启动创建全国农村社区建设示范区工作。2017年12月，义安区荣获全国首批农村幸福社区示范单位。义安区还是安徽省民政厅确定的2016—2017年度全省城乡社区协商示范区创建示范点。目前，全区农村社区建设累计投入资金达4.93亿元，其中，农村社区服务中心建设5465万元（市、区财政投入资金4905万元，乡镇、村自筹资金560万元），美丽乡村建设用于农村社区配套设施建设资金4.39亿元，打造了75个精品农村社区、22个示范型农村社区，3个农村社区入选“全国美丽宜居村庄示范”、1个农村社区入选“2016年全国村庄规划示范村”。

此外，义安区进一步巩固全国农村社区示范创建成果，扎实推进农村党的建设，不断夯实农村社区建设保障水平，紧紧围绕“打造小康社会升级版，建设美好幸福新义安”这一主题，大力推进服务型农村基层党组织建设，坚持问题导向，压实工作责任，创新制度载体，农村党的建设“三级联创”内涵和成效不断深化和拓展。2010年度、2013年度、2016年度义安区蝉联“全省农村基层组织建设工作先进县（区）”称号。

（三）实验保障措施有力

义安区坚持将组织领导、政策措施、经费保障作为推进农村社区治理的基础工作，采取有力措施强化保障。

一是组织领导到位。区委、区政府高度重视实验区创建工作，成立了义安区农村社区治理实验区工作领导小组，区委书记任组长，区长任第一副组长，区委副书记、组织部部长、人大常委会副主任、分管副区长、政协副主席任副组长，涵盖了区委办、区人大办、区政府办、区政协办、区委组织部、区委宣传部、区委政法委、区监察局、区信访局、区教体局、区民政局、区司法局、区财政局、区人力资源局、区社会保障局、区文旅委、区卫计委、区公安分局、区信息办、区妇联、团区委、区残联、各乡镇等20多家成员单位。领导小组办公室设在区民政局，具体负责组织、指导、协调创建工作。乡镇、村分别成立了相关领导小组和工作机构，明确专人具体负责，形成了党委政府领导、民政部门牵头、其他单位配合的工作机制。

二是经费保障到位。义安区将农村社区工作经费列入财政预算，对达标型社区、规范型社区、精品社区分别一次性补贴4万元、6万元、30万元，并按照每村2万元标准拨付农村社区年度专项服务经费。区财政每年安排1000万元专项经费用于农村环境综合整治，出台推进农村社区干部专职化管理“一揽子”工作方案，提高农村社区干部基本报酬，稳定干部队伍。目前，农村社区正职年平均收入4.9万元，其他干部4万元。此外，还安排了专项实验工作经费，从2017年开始，每年将实验区创建工作专项经费列入区财政预算。结合区农村基层党组织建设和美丽乡村建设，加大政府对农村社区建设的投入力度。同时，充分开展共驻共建，发动、引导社会其他各类组织和驻社区单位积极参与实验区创建工作。

三是政策保障到位。义安区先后制订出台《农村社区建设工作的实施意见（试行）》《农村社区建设基本标准（试行）》《推进城乡社区网格化服务管理工作实施方案》《全国农村社区治理实验区建设实施方案》等文件，从制度层面确定全区农村社区建设的“时间表”和“路线图”。而且，区委区政府制定下发了一系列加强基层党建和城乡社区协商的文件。

四是宣传引导到位。义安区通过召开创建全国农村社区治理实验区工作动员大会，全面动员部署“全国农村社区治理实验区”建设工作，统一思想，提高认识，明确目标任务和工作要求。一方面各级各部门利用宣传栏、政府网站、报刊等多种形式，做好宣传发动和动态报道，提高全区对农村社区治理创新的认识；另一方面义安区还重点做好面向全国的宣传推介工作，发布义安区年度实验成果，提升实验区创建工作在全国的知名度，营造良好的创建氛围。

二、农村社区治理面临的现实挑战

义安区虽然具备了良好的改革基础，形成了丰富的改革成果，但随着基层治理体系和治理能力现代化建设的深入，农村社区治理依旧面临诸多挑战和现实问题。

（一）党的基层力量需进一步充实

农村社区治理工作离不开党建引领，加强基层党建，才能进一步巩固乡村治理的根基。义安区在示范区创建过程中仍存在对基层党建工作认识不足的问题，这是制约农村社区建设改革纵深推进的重要原因。基层一些乡镇对基层党建工作的重要性认识不足，未能在思想上对党建工作充分重视，存在重经济、轻党建的倾向；对党建工作责任制执行不力，“第一责任人”意识不强，导致一些干部不愿意担起党建工作的重任，对党建工作只是被动应付；个别基层单位的党组织形同虚设，几乎所有的工作仍是行政主导。基层党内组织生活缺少创新意识和手段，存在流于形式的倾向，吸引力和凝聚力不够。在基层党员思想教育中，不注重党员的集中学习，缺乏对科学文化、基本技能、法治理念、文化素养的学习和提升，使得一些党员对政治学习兴趣不浓，导致业务理论一知半解，工作水平和能力平平，思想观念陈旧落后，宗旨意识有所淡化。一些基层党组织不注重发挥党员的先锋模范作用，致使个别党员放松了对自己的要求。有的党员党性修养不足，只顾局部利益，缺乏全局观念；有的党员工作缺乏热情和积极性，得过且过，这些都影响着全区农村社区治理的效果，因此，需要进一步充实党在基层的力量，从而推动全区农村社区实现有效治理。

（二）农村治理队伍需进一步培养

自农村社区建设工作开展以来，各村面临的最为迫切的难题就是基层人才队伍建设问题。基层治理的核心是人，其中基层干部尤为关键。由于城乡二元结构的存在，城乡之间在基础设施、发展空间、工作收入等方面差距较大，城乡呈单向流动，大批青壮年外出务工，留在农村的多是妇女、儿童、老人，从而造成农村发展的人力资源“失血过多”“补血不足”。尽管也有一些年轻人留在了农村，但多对主动参与农村社区治理缺乏兴趣与动力，为群众服务的意愿不强。虽然有一些“大学生村官”进村，在农村开展工作，但是总体上看这支队伍缺乏稳定性，不少大学生村官心思不在农村，一有机会便随时离开。农村现有的治理主体中，尽管有些地方村委会班子成员较为年轻，但往往党支部班子成员岁数较大，老龄化现象突出，这就必然造成对现代科技、农业经济、市场经验等方面的知识储备不足，无法适应农村发展新形势。农村社区人才队伍建设不足，招引难、留人难、接班难、发展难，成为持续推动农村社区治理创新发展的隐忧。因此，农村仍需不断培养和健全人才队伍，着力引导人才向农村流动，让农村发展之路越走越宽。

（三）农村治理基础保障需进一步加强

农村社区治理有效开展必须有良好的基础保障。义安区在全面推进农村社区建设过程中仍存在一些村级组织运转保障弱化的现象。部分贫困村依靠上级转移支付维持运转，但是上级的经费支持仅仅只能解决办公、水电等小部分开支，人员活动经费等方面还存在较大缺口。此外，村干部报酬普遍较低，然而，信访维稳、安全生产、农业农村、计划生育、社会治理等大量工作都要靠村干部去落实，在一定程度上影响了村干部的积极性和热情。甚至一些村组织没有集体经济收入来源，上到打井、修路等大事，下到缴电费、电话费、购买办公用品等小事，都要靠村内筹集，而“一事一议”等专项资金都是定向用于具体项目，无法用于其他开支。村级组织缺乏必要的经济基础作为支撑，即使主观有发展的意愿，往往也心有余而力不足。因此，需要进一步加强农村社区治理的基础保障，确保治理能良性运行。

三、实验区创建过程中的义安探索

按照民政部《全国农村社区治理实验区管理办法》要求，义安区自入选首批“全国农村社区治理实验区”以来，始终坚持以健全基层党组织领导的充满活力的基层群众自治机制为目标，不断促进农村基层民主健康发展。主要体现为三方面的探索。

（一）创新党建，加强基层党组织的引领作用

一是抓组织强堡垒，夯实治理主阵地。全面实施农村党组织标准化建设。大力推广老洲乡农村基层党组织标准体系。全区 99 个村已完成标准化硬件建设 91 个，同步加强网络阵地建设，推进全媒体党员教育平台建设，全面开通乡镇先锋微信、手机报，充分利用新型信息化手段服务群众，不断提升村党组织和农村社区治理的“窗口”形象。扎实推进“三三制”工作法。创新党组织设置形式，加大区域型、功能型党支部建立力度，升格村级党委 34 个、党总支 51 个，撤并村级所属党支部 113 个，成立专业合作社党支部 61 个、流

动党支部7个，设立党员中心户2700余户，基本实现了党的组织和工作“纵向到底、横向到边”全覆盖。常态开展软弱涣散党组织整顿。结合村党组织星级创评，每年按照5%～10%的比例倒排确定后进村党组织，采取区委常委联村、区直部门包村、乡镇干部到村、选派干部驻村等“四位一体”帮扶机制，一村一策、集中整顿攻坚后进村党组织。2019年全区倒排确定了6个后进村，梳理问题清单23项，确定6名区委常委联系，6家区直单位结对，增派6名“第一书记”因村施策，分类推进整顿。

二是抓班子强队伍，锻造治理主力军。多渠道选好班子。结合村“两委”换届工作，把选准“头雁”作为加强基层党组织建设的首要任务，严格选人标准，着力解决“人难选、难选准”的问题，圆满完成了2018年村“两委”换届，村“两委”正职调整近1/3，实现一人兼达55%。配套实施后备干部“三百”培养计划，动态储备培养农村社区治理生力军。多举措从严管理。深入实施村党组织带头人“523”工程。坚持每年举办一期全区基层党组织书记示范培训班。全面落实村党组织书记抓党建述职评议制度，制定《农村基层党建工作约谈提醒办法》《村干部问责暂行办法》。同时，建立党员活动日、党员佩戴党徽制度，针对农村党员实际，创新开展“五双”主题教育，开设书记夜话、党员微故事、红色教育等活动，使“三会一课”更加贴实际、接地气，让党员管理更加规范。多途径激发动力。坚持推进村干部专职化管理，配套制定基本报酬、绩效考核、问责监督“1+3”实施意见，健全集基本保障、考评管理、问责监督于一体的激励约束体系。每年拿出不少于1名公务员岗位，面向村“两委”正职招考，1名村书记当选区委候补委员，极大激发村干部干事创业积极性。

三是抓基层强发展，固牢治理主支撑。义安区积极强化基础投入，提升自我保障。制定《党建扶持发展集体经济意见》，建立区领导和区直单位联系包保机制，每年实施“三个一批”专项行动，针对不同村集体发展现状，分类型采取财政发展专项资金叠加党费补助模式，促进试点村率先示范发展。成立“1企+N村”新型联合党委，探索构建推动企业升级、村级集体经济发展、乡村振兴“三赢”模式。

（二）创新平台，激发农村基层治理活力

一是打造“三治融合”善治平台。全区坚持统筹推进，积极搭建“三治

融合”善治平台，将自治、法治、德治有机融入治理实践中。第一，自治为基，创新协商。在“7 + X”“六议”社区协商议事的基础上，实施社区协商三张清单工作法，通过梳理问题需求清单、资源供给清单、项目实施清单，创新议事协商和项目化运作方式，有针对性地解决村庄存在的问题。为充分调动村民参与村级事务，在各示范村成立党群志愿者协会，下设新理论宣教、尚孝道助老、美家园保洁、传家训爱幼、爱生活文体等志愿服务队伍，并通过积分管理办法来激励志愿者积极参加志愿服务活动。第二，法治为本，遵规守法。注重法制宣传，利用党员电教平台和 LED 高清屏幕播放反腐倡廉、扫黑除恶等相关视频，以及邀请法律顾问举办法治讲座等形式，进行法制宣传，增强村民的法治意识。全区开展了《村规民约》大体检专项活动，全面规范村民行为，提倡遵纪守法、敬老爱幼、文明友善、移风易俗的文明乡风。《人民日报》以“安徽铜陵用好村规民约送走陋习歪风”为题，专门报道了胥坝乡群心村“订村规民约，喜庆堂，让婚宴远离铺张”和天门镇金塔村“传家风家训红黑榜，将孝道有力发扬”。推行综治、安全、信访、警务、人民调解“五位一体”的工作机制，实现联片联保、十户联防，构建专群结合、警民联防的农村治安防控网络。持续深化“一村一警”包村联系制度；推进“雪亮工程”建设，监控探头实现了村庄主要路口监控全覆盖；通过“一村一法律顾问”帮助困难群众实施法律援助；加强区、乡、村三级综治中心标准化建设，完善矛盾纠纷排查调处机制；依托乡镇人民调解委员会、村调解室等，突出民情调解工作品牌，增强群众认同感。第三，德治为先，向善向美。在“弘扬孝道文化，营造温馨乡村”理念基础上，倡导敬老孝亲，改变村风民风，并开辟孝道文化墙宣传当地孝亲敬老典型事迹。实施城乡养老三级指导中心建设民生工程，通过成立老年人日间照料志愿服务队、建设老年人配餐服务中心等，对居家养老的老年人提供社区日间照料服务。每年结合各类节日举办敬老孝亲模范评先表彰活动，全区涌现各类敬老孝亲典型人物 47 人，其中获全国表彰 10 人、省级表彰 2 人、市级表彰 35 人，用身边事教育身边人，弘扬敬老爱老正能量。

二是打造“互联网 +”信息平台。打造集社区政务、社区事务、社区服务、社区管理于一体，覆盖全区、对接区级、城乡一体的“智慧社区”综合服务管理平台。推进农村社区“互联网 +”建设，建立“互联网 + 养老”服务体系，发展“互联网 + 乡村旅游”，深入推进“互联网 + 现代农业”，让信息化发展成果广泛惠及民生。目前已开通“互联网+政务服务”平台，实现区、乡镇、村三级全覆盖。大力宣传推广皖事通政务App，使农村居民足不出村就能领取证照等办件结果。义安区开展的智慧平安项目，筑起了公共安全坚固防线。智慧平安项目的公共安全视频监控系统由铜陵平安三期统一建设，全市共建视频监控前端采集设备2759个，其中全区451个接入公共安全监控平台，覆盖了所有的示范试点村。智慧金融项目，打造了“家门口”的银行。西联镇老观村建立了乡村金融服务室，配备了自动存取款ATM、便民POS机等金融产品，直接方便该村村民乃至周边村的外出务工人员、留守老人等群众办理存取款等各类金融业务，降低群众办理金融业务成本，成功打通金融服务“最后一公里”。智慧村务公开项目，开创了村务公开新模式。为打通村级“小微权力”监督“最后一公里”，全区建设了以村务公开为核心的基于互联网的“五务公开监督平台”，打造“互联网+村务公开”的新模式。村民可以通过电脑、手机随时随地在“五务公开”监督平台上查看本村的党务、事务、财务等信息，切实保障群众对村集体各项事务的知情权、参与权、监督权。

三是打造“协商共治”多元平台。全区因地制宜建立了村企联治理事会、乡贤议事会、协商议事会等多方共治平台，充分利用村民会议室、村民协商议事堂、村民纠纷调解室、妇女之家等场所，积极开展政社互动面对面、重大决策面对面、民情恳谈面对面等活动，通过灵活多样的协商共治活动，有效化解了农村社区管理缺位和治理失灵问题。同时坚持政府引导，通过社区协商、公益创投、组织培育、“三社联动”等措施，重点提升农村社区协商议事能力，积极开展社会组织公益创投项目，强化农村经济组织培育，提升多方主体参与农村社区治理的能力，激发农村社区治理的内在活力。

（三）以点带面，不断丰富农村社区治理实验改革内涵

一是坚持1个实验主题。义安区以“完善党建引领农村社区共建共治共享治理体系”为主线，同时坚持“三三制”工作法、“6+4”工作法、“四单制”模式等党建工作法，着力推进以党组织为核心的农村基层党建不断加强，确保实验区创建工作有载体、有实效。积极探索“村党组织+企业党组织”“村党组织+生产合作社党组织”“党组织+企业+合作社”等联合党建创新模式，着力提升农村基层党组织的服务能力和水平，更好地服务群众。目前

全区已经推动区域内规模较大农业、工业、服务业等企业与关联性较强的10个农村社区成立了4家联合党委，初步形成了“党员共管、服务共促、资源共享、文化共创”的格局。

二是开展多点实验创新。区实验区创建工作领导小组印发了“1+8”创新实施方案，在党建标准化“义安国标”、农村社区协商、“三社联动”创新治理、“互联网+社区信息化”、“互联网+旅游”、“互联网+养老”、“互联网+现代农业”以及农民专业合作社创新治理8个方面开展实验创新。各相关牵头部门分头指导乡镇村开展实验创新，通过“党建+”筑牢乡村社会治理根基。探索加强农村基层党建，构建自治、法治、德治相结合的治理体系，创建“党建+产业”“党建+旅游”的乡村治理路径，打造“乡贤+协商+社会组织”的治理平台，有力促进了农村经济社会全面发展。

三是注重整体成效提升。近年来，针对农村社区出现的诸多现实问题，义安区将改革重心调整到农村社区，着力提升农村社区治理水平，围绕农村社区和谐人居环境打造、体制机制创新、基础设施与服务完善、经济社会协调发展等方面重点开展实践，通过调动基层组织与群众参与的积极性，努力打造义安区农村社区的家园式氛围；通过创新治理方式和美化农村人居环境，让每一个义安农村居民享受田园诗般的生活，把义安农村社区真正建成百姓生活的幸福乐园。在实验区创建过程中，义安区把党建作为农村社区治理创新的重中之重，以标准化党建为抓手，巩固农村社区治理根基，不仅提升了基层党组织的生机活力和领导能力，而且保证了党建引领下农村社区治理各项工作有序开展，着力提升农村基层党组织的服务能力和水平。

四、在深化改革中推进农村社区治理路径转化

义安区自启动全国农村社区治理实验区创建工作以来，坚持高位推进，压实责任，分层实施，取得了一定的成效：一是基层党建逐步加强。全区以巩固农村示范区建设为根基，因地制宜将基层党建工作标准与农村示范区建设相融合，确保在党建引领下农村社区治理各项工作有序开展。二是多方共治体系逐步形成。积极引导村民广泛参与农村社区治理，提升了不同治理主体的能力。三是农民主体地位逐步提升。义安区充分尊重农民主体地位，围绕农民需求组织开展文化活动，提升乡风文明程度。同时，在良好实验基础和措施保障下，义安区通过逐步深化改革，推动农村社区发展路径实现了由

城乡建设分割转向城乡社区治理并重，由农村社区示范区建设转向农村社区治理实验区创建，由农村社区治理创新转向农村社区治理高质量发展。

（一）由城乡建设分割转向城乡社区治理并重

习近平总书记多次强调，“社区虽小，但连着千家万户，做好社区工作十分重要”①，“社会治理的重心必须落到城乡社区”②。党的十九大报告指出：“要打造共建共治共享的社会治理格局。加强社区治理体系建设，推动社会治理重心向基层下移，发挥社会组织作用，实现政府治理和社会调节、居民自治良性互动。”城乡社区是社会治理最基本的单元。随着经济社会结构加速转型，城乡社区日益成为社会群体的交汇点、社会矛盾的积聚点和社会治理的着力点。要积极防范化解社会矛盾和风险，维护基层的和谐稳定。与城市地区相比，我国广袤的农村地区更面临公共服务配套不完善、基层组织力量薄弱、人才流失严重、体制机制不健全等问题。农村迫切需要进行建设和改革，这不仅是夯实党和国家执政基础巩固政权的重要举措，也是推进国家治理体系和治理能力现代化的必然要求。义安区在改革实验探索中，逐步改变以往单边改革模式，着力统筹推进城乡社区治理，把自治、法治、德治“三治融合”作为加强和完善城乡社区治理的基础工程。以法治为保障，依法厘清政社权责关系，编制“政府职能清单”“社区职责清单”“政府购买服务清单”等，界定社区自治服务与政府公共服务边界，实现城乡社区减负增效。以德治为先导，促进乡风文明建设。以自治为基础，注重发挥基层群众性自治组织基础作用，进一步加强规范化建设，增强开展城乡社区协商、服务城乡社区居民的能力，充分发挥自治章程、村规民约、居民公约的积极作用，促进自治、法治、德治有机融合。特别是针对农村发展短板，义安区着力建立健全农村社区治理体系，以“三治融合”促进农村社区治理和谐发展。此外，义安区还推动专业社会力量服务乡村。以“三社联动”促进农村社区治理协同发展，在完善扶持优惠政策基础上，大力发展社区社会组织，以社区为平台，以社工为核心，推进社区、社会组织、社会工作“三社联动”，积极开展

① 2014 年 11 月 1—2 日，习近平总书记在福建调研时的讲话。

② 2014 年 3 月 5 日，习近平总书记在十二届全国人大二次会议上参加上海代表团审议时的讲话。

农村社区社会服务工作。

（二）由农村社区示范区建设转向农村社区治理实验区创建

早在2013年，义安区就被民政部命名为“全国农村社区建设实验全覆盖试点单位”。2016年义安区开启全国农村社区示范区创建工作，为农村社区治理实验区的创建奠定了强有力的基础。习近平总书记指出，要“把广大农村建设成农民幸福生活的美好家园”①。在示范区建设过程中，义安区始终坚持以人民为中心的核心理念，从解决农民最关心、最迫切的问题入手，不断增强他们的获得感、幸福感和满意度。依据经济结构和发展特点，义安区不搞“一刀切”，主动顺应规律、借势借智借力、激活内生动力，努力建成了一批管理有序、服务完善、文明祥和的农村社区示范区。截至2016年底，全区已成功打造68个精品社区、35个示范型农村社区，辖区内所有农村社区均已达到或超过全国农村社区建设示范社区标准。但基层建设中依然存在一些问题和不足：一是农村社区协商机制创新不够；二是农村基层各类自治组织之间协商协同不够；三是农村社区社会组织培育发展不够。为了进一步提升农村社区治理水平，义安区围绕“健全基层党组织领导的农村社区协商机制”实验主题，以健全基层党组织领导的充满活力的基层群众自治机制为目标，以改革创新精神探索加强基层党的建设，重点在党建引领农村社区治理的路径、农村社区协商机制创新和优化发展等方面开展实验，着力推动基层政府及其派出机关、农村社区党组织、村民委员会、村务监督委员会、村民小组、驻村单位、业委会、物业公司、农村社区社会组织、农村集体经济组织、农民合作组织和当地户籍村民、非户籍村民代表以及其他利益相关方广泛参与，提升村民协商议事能力，不断寻找农民群众意愿和要求的“最大公约数”，促进农村基层民主健康发展。

（三）由农村社区治理创新转向农村社区治理高质量发展

义安区农村社区治理实验区建设旨在初步建成村民自治与多方主体参与有机结合的新型农村社区。但这与国家乡村振兴规划“产业兴旺、生态宜居、乡风文明、治理有效、生活富裕”的总要求，依然有一定差距。对此，义安

① 2013年7月22日，习近平总书记到湖北省鄂州市峒山村考察时的讲话。

区将加强城乡社区治理创新，实现农村高质量发展作为新阶段的目标，力求构建党组织领导下的充满活力的农村社区共建共治共享治理体系，推动农村基层党组织建设更加标准规范，农村多方主体共治格局更加民主完善，农村社区治理能力更为精准全面，农村社区治理体系更加成熟定型。具体从四个方面深化创新实践：一是加强党建标准化建设，夯实农村社区治理基础。坚持党对一切工作的领导，健全党的农村工作领导体制机制，在深化“三三制”工作法、“6+4”工作法、村级小微权力“1+3”（“1”是指厘清一张村级权责管理清单；“3”是指流程化规范、信息化服务、体系化监管）管理模式基础上，重点从构建农村党建标准化新格局、打造基层“质量党建”新模式和建设社区党建带社建新体系三个方面，推进农村基层党建标准化建设，全力打造农村基层党建“义安国标”，推动以党组织为核心的农村基层党建不断加强。二是深化多方主体共治，激发农村社区治理活力。三是推进“互联网+”建设，提升农村社区治理水平。结合义安区社会服务管理信息化建设工程，加快推进农村“互联网+”建设，重点开展农村智慧社区建设。四是优化农村社区资源配置，完善农村社区治理体系。全区坚持统筹推进，将自治、法治、德治有机融入治理实践中，综合开展乡村法治建设，广泛开展乡村德治文化建设，探索村民自治有效实现形式，实现三者的良性互动与有效融合，进而塑造美丽乡村新风貌。

“十四五”时期开启了我国社会主义现代化新征程，这既是新时代安徽省创造高品质生活、推动高质量发展的关键五年，也是义安埋头苦干、爬坡过坎、鼓足干劲的崭新五年。全区在巩固农村社区治理实践经验的基础上，将不断推动党领导下政府治理和社会调节、居民自治良性互动，全面提升农村社区治理法治化、科学化、精细化水平和组织化程度，促进农村社区治理体系和治理能力现代化，进一步实现农村社区治理能力更为精准全面，农村社区治理体系更加成熟完善的高质量发展目标。

理念跃升：党建引领凝聚起善治共识

城乡社区是党和政府联系群众、服务群众的“最后一公里”，以党建统领城乡社区治理工作是城乡社区治理逻辑转换的一个显著特征。2021 年 4 月 28 日，《中共中央 国务院关于加强基层治理体系和治理能力现代化建设的意见》，明确党对基层治理的领导是新时代基层治理现代化建设的统领，必须“以加强基层党组织建设、增强基层党组织政治功能和组织力为关键”“以加强基层政权建设和健全基层群众自治制度为重点”。通过对义安区“党建国标、组织共建”的创新实践考察发现：党在统合其与国家、社会的关系中，构建了以党的领导为轴心体系，具有纵向全域统筹、横向广泛辐射的特点。值得注意的是，城乡社区作为人类社会生活共同体的微细胞，义安将基层党组织的政治功能和城乡社区治理功能有效结合起来，不仅直接影响群众的获得感、安全感、幸福感，也是影响党领导城乡社区治理领导力、服务力、公信力的重要因素。然而，对于党建如何引领城乡社区治理，理论界多从应然维度强调时代意义，实务界多从实然维度探索行动路径，这就迫切需要我们用理性的思维分析研判地方城乡社区治理实践中党建引领的有效性、典型性、规律性，提炼具有示范效应和推广价值的义安党建引领城乡社区治理新样本。

一、国家治理谱系中的党建逻辑

2012 年党的十八大首次将“社区治理”写入大会报告。此后，党中央对社区治理的战略方向提出了新的要求，党建引领也被视为贯穿社会治理和基层建设的一条红线，成为新时代城乡社区治理的新方向。2015 年，中共中央办公厅、国务院办公厅印发《关于深入推进农村社区建设试点工作的指导意见》，以及 2017 年《中共中央 国务院关于加强和完善城乡社区治理的意见》都强调充分发挥基层党组织领导核心作用。2019 年，中共中央办公厅印发的

《关于加强和改进城市基层党的建设工作的意见》明确“加强和改进城市基层党建工作的重要性紧迫性”。党的十九届四中全会提出要“建立健全以党的政治建设为统领，全面推进党的各方面建设的体制机制”，党建引领成为新时期社区治理的重要指针。党的十九届四中全会提出要“构建基层社会治理新格局”，把更多资源下沉到基层，更好提供精准化、精细化服务。党的二十大报告指出，要增强党组织政治功能和组织功能，并推进以党建引领基层治理，持续整顿软弱涣散基层党组织，把基层党组织建设成为有效实现党的领导的坚强战斗堡垒。只有搞清楚基层社会治理的逻辑和规律，党建引领的内容、特点、机制等问题才能顺理成章地解决。否则，党建逻辑与治理逻辑冲突，就难以取得治理成效，也无法赢得群众对党的信任和拥护。

作为民政部首批“全国农村社区治理实验区”，义安区以《中共中央 国务院关于加强和完善城乡社区治理的意见》和中共安徽省委、安徽省人民政府《关于加强和完善城乡社区治理的实施意见》文件精神为指导，立足本区实际，以加强基层党组织建设为统领，以推进乡村振兴为抓手，以实验试点为载体，提出了“完善党建引领农村社区共建共治共享治理体系”这一实验主题，牢固树立创新、协调、绿色、开放、共享的发展理念，扎实推进农村社区治理平台共建、农村社区治理事务共治、农村社区治理成果共享，搭建了义安党建的“四梁八柱”，按照全域统筹、一核多方、互联互动、规范高效的目标，着力构建党组织引领基层治理的工作格局。由此来看，义安区以党组织共建深入探索全方位合作共赢机制，对于健全乡村治理体系，打造新型治理共同体以及全面推进乡村振兴战略具有重要意义。

实践证明，农村社区党建作为一项政治任务的重要性逐步增强，党建引领已成为中国特色社会主义社会治理事业的最大优势和最鲜明特征，凡是党建工作做得好的地方，农村社区的共建共治共享效果就会较好。目前，全国重视农村社区党建的政治环境趋于成熟，面对严峻复杂的宏观形势和持续加大的下行压力，义安区委审时度势、主动作为，认真贯彻落实中央和省、市决策部署，牢牢把握稳中求进工作主基调，主动应对并有效化解各类风险挑战，坚定不移地把方向、管大局、作决策、促落实，努力画好“最大同心圆”、形成“最大公约数”，汇聚众志成城、共谋发展的强大合力。那么，在这个新的发展形势中，义安党建如何发挥领导力，在农村社区治理的价值理念整合、政策体系整合、治理主体整合等方面发挥作用，如何领导其他主体，发挥领导而非“包办”作用，如何固根基、扬优势、补短板、强弱项，推动党建创新机制与基层治理现代化的深度融合，这都是开辟党建引领基层治理创新的重大时代课题。

二、党建引领理念下的现实样态

党建引领基层治理创新是以基层治理现代化为目标，将基层党组织的领导作用和发展优势转化为基层治理效能的过程。在这一过程中，亟待把资源、服务、管理放到基层，把基层治理同基层党建结合起来，把加强基层党的建设、巩固党的执政基础作为贯穿社会治理和基层建设的一条红线。由此，义安区认真贯彻落实新时代党的建设总要求，牢固树立大抓基层的鲜明导向，围绕“一抓双促”构建了以党的领导为轴心体系，以提升基层组织力为重点，突出政治功能，压实工作责任，创新制度载体，深度融合自身党建品牌，努力把基层组织体系优化起来，把农村干部人才组织起来，把农村党员群众凝聚起来，为推动共建共治共享农村社区治理格局提供坚强组织保障，走出了一条符合时代特征、解决实际问题、具有义安特色的农村社区治理新路。

（一）机制创新，将党的建设与治理体系有效衔接

强国必先强党，抓发展必先强党建。义安区坚持党的全面领导，正确认识我们党作为执政党的国家治理功能，推动党的建设的治理转向。一是严抓党建述职。义安区坚持完善基层党建三级联述联评联考工作，全面落实基层党组织书记抓党建工作，并将“双向述职评议”制度延伸到村一级。同时，创新述职和评议方式，推动述职、评议与全面落实乡镇党代会年会、积极试点开展区党代会年会工作相融合，不断强化抓党建的意识和氛围。二是常态提醒教育。义安区致力于严明责任与推动工作相结合，明确根据基层党建重点工作任务及日常督查了解情况，对农村基层党建工作滞后、重要任务不清、关键领域环节不明等 11 种情形进行约谈提醒，通过事前预防、层层负责方式，倒逼上级党组织和党员领导干部切实履行监督指导责任，唤醒基层党组织的责任意识。三是突出引领带动。义安区在全市率先组建犁桥水镇区域性联合党委，打造“党建 + 乡风美德银行 + 产业发展”综合示范体，实现党建引领基层治理新突破。实施党建引领、扶持、壮大村级集体经济“三个一批”专项行动，不断提升村集体自我保障能力和服务群众水平。启动省级党建引

领信用村建设试点，提升金融助力乡村振兴。

（二）堡垒搭建，将党建引领与治理能力有力衔接

基层党组织是农村社区发展的“旗帜”。义安区坚持把加强基层党的建设、巩固党的执政基础作为贯穿社会治理和基层建设的一条红线，深入拓展标准化党建。一是扎实推进党建标准化。义安区统筹实施村级组织活动场所“标准化、规范化、开放化”建设，全区 99 个村部办公和服务用房面积均达到 300 平方米以上，实现外观标识、村部标牌、上墙制度、“三务”公开栏、党建文化墙“五统一”。义安区自 2017 年起对照标准化阵地建设新要求，全面推进农村基层党组织标准化建设，同步加强网络阵地建设，推进全媒体党员教育平台建设，全面开通乡镇先锋微信、手机报，充分利用新型信息化手段管理服务群众，有力地提升村党组织“窗口”形象。老洲乡作为全省唯一国家标准化管理委员会整乡推进试点，成效得到中组部、国家标准委领导肯定。二是持续开展软弱涣散村整顿。义安区结合村党组织星级创评，每年按照 5% ~10% 的比例倒排确定软弱涣散村党组织，采取区委常委联村、区直部门包村、乡镇干部到村、选派干部驻村“四位一体”帮扶机制，一村一策，集中整顿攻坚软弱涣散村党组织，2014 年以来 39 个软弱涣散村全部实现转化提升。2020 年按照“不忘初心、牢记使命”主题教育，不设比例地确定 8 个软弱涣散村，梳理问题清单 35 项，确定 8 名区委常委联系，8 家区直单位结对，增派 8 名“第一书记”因村施策，分类推进整顿。三是全面实施“三三制”工作法。义安区围绕提升党组织服务能力和水平，实施以“三张网络通组户、三支队伍进家门、三项保障建机制”为主要内容的“三三制”工作法。创新党组织设置形式，依托理事会设立地域型党支部，加大农民专业合作社、流动党员等重点领域功能性党支部建立力度，共调整成立 34 个村党委、51 个村党总支、358 个地域型党支部、61 个合作社党支部、7 个流动党支部，基本实现了党的组织和工作“纵向到底、横向到边”全覆盖。

（三）育贤纳能，将党建目标与人才战略有机衔接

基层党组织是拉动村庄经济、稳定村庄秩序的“头雁”。义安区坚持以“人才为第一资源”的人才观，大力实施人才强区战略，培养造就了一支技术精、作风硬、善攻关的创新型党务人才队伍。

一是选得准。义安区大力选拔“一好四强”乡镇党委书记，全面实施村党组织“两推一选”，不断优化乡村党组织班子结构。结合村“两委”换届工作，义安区把选准“头雁”作为加强基层党组织建设的首要任务，严格选人标准，着力解决“人难选、难选准”的问题，圆满完成了2018年村“两委”换届，村“两委”正职调整近1/3，实现一人兼达55%。义安区还配套实施后备干部“三百”培养计划，动态储备、培养农村社区治理主力军。

二是育得好。义安区深入实施村党组织带头人“523”工程，做好蚌埠、淮北、亳州等地114个村党组织书记来义安区挂职交流工作，连续7批累计选送30名村书记赴市内外名村挂职。同时，坚持每年举办一期全区基层党组织书记示范培训班，组织赴小岗、黄埔村等实地学习取经。全面建立党员活动日、党员佩戴党徽制度，明确每个月15日为固定“党日”，并利用“先锋在线”平台全程纪实。针对农村党员实际，创新开展“五双”主题教育，开设“书记夜话”、党员微故事、红色教育等活动，使“三会一课”更加贴实际、接地气。

三是促得动。义安区创新实施以“职位管理、目标管理、绩效管理、问责管理”为主要内容的村干部专职化管理，配套制定基本报酬、绩效考核、问责监督“1+3”实施意见，健全集基本保障、考评管理、问责监督于一体的激励约束体系。每年拿出不少于1名公务员岗位，面向村“两委”正职招考。2016年区乡党委换届中，1名村书记当选区委候补委员，2名村书记进入乡镇党委班子，极大激发了村干部干事创业的积极性。

（四）资源链接，将党建功能与要素整合有序衔接

以党建国标引领农村社区治理，需固牢治理主支撑。义安区坚持主动适应基层社会群体结构和社会组织架构的变化，推进基层党建工作创新，把党组织建在最活跃的社会细胞中。

一是注重基础保障。义安区全面落实农村基层党建保障工程三年行动计划，连续两年将其纳入民生工程，区财政每年投入农村基层党建经费近5500万元，确保每个村党组织工作经费达12万元，村“两委”正职年收入达5.1万元、其他村干部4.3万元，并统一购买了城镇职工养老保险、人身意外伤害保险。

二是加强力量配备。义安区选优配强乡镇党委班子，8个乡镇和1个办事

处均配备了1名分管党务工作的专职副书记和1名组织委员。组织委员按照要求全部进入乡镇党委班子，平均年龄33岁，全部具有大专以上学历。同步按照每个乡镇不少于1人要求配齐配优组织员和组织干事，共配备组织员9名、组织干事12名，均专职专用于基层党建工作。

三是强化自我保障。义安区先后制定了《扶持发展集体经济意见》《党建引领扶持发展集体经济实施意见》，配套实施“三个一批”专项行动，建立区领导和区直单位联系包保机制，每年针对不同村集体发展现状，分类型采取财政发展专项资金叠加党费补助模式，促进试点村率先示范发展。此外，义安区还创新试点成立“1企+N村”新型联合党委，探索构建推动企业升级、村级集体经济发展、乡村振兴“三赢”模式。

三、组织共建中的实践效能

义安区以党建为切入点，先行先试，大胆探索，通过机制创新、堡垒搭建、育贤纳能、资源链接等措施，让党组织真正冲在了农村社区治理的第一线；采取主体责任和工作内容相结合的模式，把党建作为农村社区治理的红色引擎；以党建标准化推动全区经济社会高质量发展，打造了具有义安特色的农村基层党建标准化体系。这不仅大力提升了基层党组织的生机活力和领导能力，推进规范党的阵地建设、组织设置、党内活动、为民服务、工作机制，更是因地制宜地将基层党建工作标准与农村社区治理实践相融合，保证了党建引领下农村社区治理各项工作的有序开展，使党的工作有“深度”、基层组织有“力度”、党员服务有“温度”。

（一）组织力夯实，打造一批叫得响的党建品牌

义安区构建了“党建标准化”新格局。一方面，对标达标促规范，实施村级组织活动场所“标准化、规范化、开放化”建设，全区99个村部办公面积均达到300平方米以上，实现外观标识、村部标牌、上墙制度、“三务”公开栏、党建文化墙“五统一”。创新实施服务型农村基层党组织“三三制”工作法、村级事务民主决策“6+4”工作法、村级小微权力“1+3”管理模式、“书记夜话”等特色党建品牌，充分发挥基层党组织“战斗堡垒”作用。另一方面，打造党建标准化工作新格局。依托标准化手段，以改革完善基层党建工作运行机制为突破口，以推进基层党支部标准化建设为重点，以强化

农村基层党组织领导作用为根本，以“一张清单明任务”“一套流程抓规范”“一本台账严管理”“一项机制促晋级”的“四一规范”为抓手，以各类驻村单位、企业、群团组织、社会组织以及广大群众共同参与为依托，推行“条块联动、组织联建、党员联管、活动联办、资源联用、服务联做”，全面规范阵地建设、组织设置、党内活动、为民服务、工作机制，打造义安区基层党建标准化工作新格局。

（二）向心力增强，培育一批素质过硬的党员干部

义安区大力推进了“优质高效党建”。一是选准头雁强引领。结合村“两委”换届，选优配强村党组织书记，健全从优秀村党组织书记中选拔乡镇领导干部的制度。加大在优秀青年农民中发展党员的力度，加强“五双”主题教育、为民服务全程代理，稳妥开展不合格党员处置工作。两年来，村“两委”正职调整近1/3，“一人兼”比率达55%。深入实施村党组织带头人“523”工程，乡镇党委书记、村党组织书记利用夜晚时间开展“书记夜话”等活动，累计深入658个村组3200户农户，收集民情信息5000余条，化解矛盾纠纷120余起。二是强化政治组织引领。创新党组织设置和活动方式，实施党支部建设提升行动、“头雁”队伍优化行动、后备干部“三百”行动、后进村党组织整顿行动。通过健全抓乡促村推进机制，全面落实村级组织运转经费保障，推动“三张清单”工作法、党组织书记履行党建工作述职评议向农村党支部覆盖，有力提升基层党组织生机活力和领导能力，充分发挥基层党组织的“红色战斗堡垒”作用。

（三）服务力提升，构建一套行之有效的管理体系

义安区建设了“社区党建带社建”新体系。一是构建了常态化的民主治理体系。两年来，义安区通过建立党员活动日制度，实行“规定动作”和“自选动作”的“4+5”党内活动方式，创设“书记夜话”、车间课堂、党员微故事、红色教育等学习活动，建设常态化党员学习活动体系。创新实施“职位管理、目标管理、绩效管理、问责管理”的村干部专职化管理，健全基本报酬定期调整、绩效考核、问责监督“1+3”管理机制，建设集基本保障、考评管理、问责监督于一体的党员干部激励约束体系。通过深化“三张网络通组户、三支队伍进家门、三项保障建机制”的“三三制”工作法，强化为

民服务点对点、亲情服务面对面、常态服务心贴心，构建全覆盖的为民服务体系。通过深入推进“村级事务六步决策，财务支出四档核资”的“6+4”工作法、“互联网+”村级小微权力清单制度，建设村级事务议事决策程序化、财务支出规范化、监督管理经常化的民主治理体系。二是提升自我保障。制定《党建扶持发展集体经济意见》，建立区领导和区直单位联系包保机制，每年实施“三个一批”专项行动，针对不同村集体发展现状，分类型采取财政发展专项资金叠加党费补助模式，促进试点村率先示范发展。

（四）引领力释放，发展一批活力强劲的村企联建模式

义安区以区域化党建为依托，实现“村企联建谋共赢”。一是“党建+”建设，拓展“国标内涵”。实施党建标准化引领工程，认真设计“标准化+”新载体，积极推动标准成果转化。“标准化+现代农业”通过积极推广老洲乡现代农业标准化示范区项目，并将标准化的概念逐步引入农业设施建设、产业项目和合作组织中，推动了集体经济转型、农民致富增收和新型业态培育；“标准化+旅游服务业”通过编制旅游发展规划、举办旅游节庆活动、落实旅游扶持政策，进一步开拓各乡镇旅游市场，力争以服务标准化促进乡村旅游向规范化、规模化、品质化转型，使得全区全域旅游热度持续上升。“标准化+全程代理”通过将老洲乡“基层党组织为民服务全程代理服务规范”向全区推广，实现农村社区全程代理服务标准化。二是区域化党建引领，聚合乡贤促发展。近年来，义安区统筹推进乡村治理现代化，探索加强农村基层党建，创建“党建+产业”“党建+旅游”的乡村治理路径，有力促进了农村经济社会全面发展。如老洲乡光辉村创建“党建+产业”“党建+旅游”发展模式，打造“乡贤+协商+社会组织”治理平台；天门镇金塔村以乡村振兴为契机，聚合乡贤激发活力，通过引进安徽梦思康中药材生态产业园龙头项目，三产融合重点发展乡村旅游；胥坝乡群心村“传育立行，弘扬红色文化引领乡村治理创新”。党建引领在带动集体经济发展壮大的同时，推动人居环境显著改善、促进乡风文明落地生根。

四、面向治理现代化的善治展望

中国改革开放的基本路径是科学的顶层设计与地方基层的率先探索相结合，鼓励“领跑一公里”和解决“最后一公里”相结合。党的十九届五

中全会指出，坚持把解决好“三农”问题作为全党工作重中之重，走中国特色社会主义乡村振兴道路，加快农业农村现代化。实践证明，义安区结合自身发展需求探索的“党建国标”模式，实现了对行政力量和社会力量的多层次有机整合，取得了较为显著的成效。未来，要实现农村社区治理效能的最大化就必须完善基层党建引领治理的制度体系，充分发挥基层党建的制度优势。

（一）以党建为引领，加强党对农村社区治理的全面领导

习近平总书记指出：“基层党组织是贯彻落实党中央决策部署的‘最后一公里’。”[①] 在农村社区治理中，党的全面领导制度健全了，提升治理效能的创新工作就抓住了核心要点。义安区强化基层党建引领治理的体制创新，不仅能够对各类治理资源进行宏观调控，而且可以对政府、社会、城乡社区等多方治理主体进行整合优化，为农村社区治理创新提供坚强保障。一是牢固树立党建引领的思想。各级党组织坚持大抓基层的鲜明导向，抓紧补齐基层党组织领导基层治理的各种短板，正确认识基层党组织建设和农村社区治理之间的关系，把党的组织优势转化为农村社区的治理优势，使基层党组织成为引领农村社区治理的战斗堡垒。二是突出基层党组织的政治功能。党在农村社区治理中发挥着政治引领作用，始终坚持正确的政治方向是农村社区治理的前提和基础。三是将党的领导下沉，扩大党组织覆盖面。在驻区单位、“两新”组织及其他社会组织中完善基层党组织设置，确保党的基层组织形成全覆盖，把各领域基层党组织建设成为实现党的领导的坚强战斗堡垒，充分发挥广大党员在改革发展稳定中的先锋模范作用。

（二）以居民为主体，推动农村社区治理实现共建共治共享

习近平总书记指出：“加强和创新社会治理，关键在体制创新，核心是人。”[②] 只有真正依靠和发动群众，把“以人民为中心”的理念和精神融入基层党建创新实践，尽可能调动一切积极因素，才能最大限度发挥党建功

---

① 2020 年 6 月 29 日，习近平在中共中央政治局“深入学习领会和贯彻落实新时代党的组织路线”第二十一次集体学习时的讲话。

② 2014 年 3 月 5 日，习近平总书记在全国“两会”上参加上海代表团审议时的讲话。

乡村振兴给乡村社会带来深刻变化，为基层实践创新创造了新机遇；另一方面，基层实践需要顶层设计提供方向与指引，以推动顶层设计“落脚生根”、取得实效。因此，未来如何聚焦基层党建推动乡村振兴，将我国的制度优势在基层更好地转化为治理效能，实现党、国家和社会共建共治共享的良好局面，仍是义安需要深入思考和探索的重要课题。

高位推进：形成人人有责的共建格局

党的十九届四中全会首次提出“建设人人有责、人人尽责、人人享有的社会治理共同体”。党的十九届五中全会进一步要求“发挥群团组织和社会组织在社会治理中的作用，畅通和规范市场主体、新社会阶层、社会工作者和志愿者等参与社会治理的途径”。党的二十大进一步强调“发展壮大群防群治力量，营造见义勇为社会氛围，建设人人有责、人人尽责、人人享有的社会治理共同体”。这为新时代完善多方主体参与社会治理的途径提供了根本遵循和科学指引。面对社会发展和居民需求多元化等治理难题，为了加强农村社区治理体系建设，实现党领导下政府治理和社会调节、居民自治良性互动，全面提升农村社区治理法治化、科学化、精细化水平和组织化程度，促进农村社区治理体系和治理能力现代化，义安区以加强基层党组织建设为统领，积极组织协调辖区党组织、党员、社会组织和群众参与农村社区服务管理，扎实推进农村社区治理平台共建、农村社区治理事务共治、农村社区治理成果共享，营造协同共治氛围。

一、以多方主体汇聚治理新能量

多方主体的有效协作配合，是推进基层治理现代化的有效路径。义安区始终秉承协同治理理念，坚持党建统领全局，把党组织建设作为推动农村社区治理体系建设的“红色引擎”，推动基层组织建设和农村社区治理深度融合、齐头并进，积极引导党员、乡贤、专家、群众和社会组织等多方参与，加快构建共建共治共享的社会治理格局。义安区坚持党委领导，通过农村社区协商、公益创投、组织培育、“三社联动”等重点措施，提升多方主体参与农村社区治理的能力，激发农村社区治理的内在活力。

（一）下移组织重心，强化核心引领

社会治理主体是实施治理行为的能动力量。不同社会主体之间的相互关系及其地位角色构成了治理的基本格局。在新的社会治理格局中，社会治理主体多元化，党委领导是根本，政府负责是关键，社会协同是依托，公众参与是基础。多方社会主体合作共治，是社会治理走向现代化的重要标志。党的全部工作要靠党的坚强组织体系去实现。义安区通过创新制度载体，深度融合自身党建品牌，优化基层组织体系，组织农村干部人才，凝聚农民党员群众，为推动共建共治共享农村社区治理格局提供坚强组织保障。通过健全党的领导体制机制，深化“三三制”工作法、“6 +4”工作法、村级小微权力“1 +3”管理模式，推进基层党建标准化建设不断加强，以改革完善基层党建工作运行机制为突破口，以推进基层党支部标准化建设为重点，以强化农村基层党组织领导作用为根本，构建农村党建标准化新格局。一方面，大力推进“优质高效党建”，强化基层党组织政治引领力，打造基层“质量党建”新模式。建立党员活动日制度，创设“书记夜话”等学习活动，创新实施村干部专职化管理，建设党员干部激励约束体系，建设“社区党建带社建新体系”。另一方面，以农村社区党组织为核心，村委会为主导，发挥党员干部的示范带动作用，引导村民积极参与，促进农村社区资源共享，事务共管，形成以基层党组织为核心，基层群众自治组织、社会组织、群团志愿组织积极参与的村级“多方共治”格局。农村社区治理的复杂性和综合性需要充分发挥区、乡镇政府主导作用，动员全社会力量广泛参与，扩大社会合作，探索互利共赢的建设和运营模式，建立政府主导、多方参与的推进体系。通过健全机制、完善政策，挖掘资源、形成合力，充分调动全社会力量积极参与农村社区建设。

（二）下沉专业要素，汇聚乡贤智力

农村社区治理得好不好，不仅在于党建引领得好不好，也在于各方各界是否广泛参与。一是鼓励和引导乡贤为家乡发展献计出力。义安区组织协会、乡贤会、理事会、企业协会等各界力量共同参与，共同治理，共享创建成果。农村党组织积极动员外出发展成功人士回乡创业发展，以乡贤聚合带动实施“归雁经济”发展新产业，推动“互联网 + 现代农业”“互联网 + 乡村旅游”

“互联网 + 健康养生 + 养老”“互联网 + 文化产业”发展，带动一、二、三产业融合发展，实现农旅、商旅、文旅有机结合，推动村庄和社区内涵式发展。二是因地制宜建立村企联治理事会、乡贤议事会、乡贤理事会、协商议事会等多方共治平台，推动乡贤成为农村社会治理的重要力量。利用乡村贤达威望高、号召力强的优势，通过灵活多样的协商共治活动，协助村党组织做好村企协调、服务和管理，构建区、乡镇、村三级联动的乡贤联谊机制，以“7 + X”农村社区协商模式深化村企、农村社区协商联治，建立乡贤治理参与、联络、培养、评价机制，让乡贤参与公共事务决策咨询、基层协商民主建设、矛盾纠纷调解等工作，在一定程度上解决了农村社区管理缺位和治理失灵问题，为农村社区治理助力。三是通过发展乡贤文化，挖掘和培养乡土文化能人，以乡情、乡亲、乡愁为纽带，吸引和凝聚各方面人士返乡创业发展，充分发挥“新乡贤”的示范带动作用。通过成立“乡贤会”，以“乡贤会”的力量带动社会和村民参与，群策群力，并通过发展“互助式”养老，解决农村困难老人的养老问题，解决外出务工人员的后顾之忧。如老洲乡光辉村创建“党建 + 产业”“党建 + 旅游”发展模式，打造“乡贤 + 协商 + 社会组织”治理平台；天门镇金塔村以乡村振兴为契机，聚合乡贤激发活力，通过引进安徽梦思康中药材生态产业园龙头项目，三产融合重点发展乡村旅游。

（三）紧密依靠群众，渲染共享氛围

义安区以农村社区党支部为核心，村委会为主导，其他社会组织、自治组织为补充构建农村社区治理的组织框架，发挥党员干部的示范带动作用，引导村民积极参与，促进农村社区资源共享、事务共管、民主协商；发挥农村社区党组织的统领作用和农村社区的自治主体作用，统筹协调村民、社会组织关系，有效调动辖区社会力量和资源，引导和支持辖区企业、村民、各类社会组织有序参与农村社区治理；发挥社区社会组织的专业支撑作用，引导各类社会组织参与社区事务，并不断加强农村社区社会组织自身建设，丰富组织形式和服务内容，吸纳更多村民有序参与农村社区公共事务和公益事业，促进农村社区成员更好自我管理、自我服务和自我教育。此外，义安区广泛开展社会组织公益创投活动，激发社会组织活力。通过公益创投形式，充分实现社会组织和农村社区服务供需对接，建立社会组织承接项目、社工团队执行项目、面向社区实施项目的机制，搭建起农村社区、社会组织、社

会工作者“三社联动”的平台。

本着群建群享的原则，义安区针对农村社区建设的特点广泛调动村民和社会各界参与农村社区建设的积极性。一方面，充分发挥村委会的主体组织作用，畅通社情民意沟通渠道，通过网站、微信、QQ 群和农村社区信息网络平台等新媒体，积极推动农村社区协商骨干力量学习各种议事案例，提升多方主体的协商议事能力，让更多主体依法有序参与农村社区治理，使农村社区各项决策充分反映民意。深入开展在职党员进农村社区活动，探索实施“四单制”服务模式，构建关爱服务品牌，提升社会关注度和群众满意度。另一方面，社会各界聚合力，积极开展全区机关、团体、企事业单位与农村社区各类共建活动，借助其资金、物资优势，共同推动农村社区发展。如东联镇分别组织开展了经济发展、居家养老、敬老爱幼、矛盾调解、文化科普、志愿者服务、环境整治、文明新风等活动，调动了退休老党员、老干部、乡贤主动参与的积极性和热情，取得了非常好的效果。

二、以“三治结合”筑牢共治奠基石

自治、法治、德治“三治结合”是“枫桥经验”创新发展的重大成果。义安区坚持发展新时代“枫桥经验”，以自治为基础、法治为保障、德治为先导，最大限度地把特色优势转化为治理效能。自治、法治、德治“三治结合”将发挥乡村治理的最大能量，营造人人共建共治共享的氛围，最大限度地激发农村发展活力。群众自治是基础，法治建设是保障，道德建设与法治建设刚柔相济、相得益彰。义安区在农村社区建设工作中，着力建立健全以“一约四会”为主要内容的村民自治体系，不断健全党组织领导的村民自治机制，强化法律在解决农村事务和化解矛盾问题中的权威地位，增强基层社会治理定力，形成公民守法、公正用法、公益普法的法治局面，充分发挥道德评议会在德治、善治中的作用，形成“三治结合”治理体系。

（一）聚力村民协商议事，夯实自治基础

群众自治是基础。义安区建立和完善村规民约、村民议事会、道德评议会、禁赌禁毒会、红白理事会“一约四会”，完善民主管理、规范民主决策、强化监督制约，构建基层民主自治体系。在“7 + X”“六议”农村社区协商议事的基础上，实施农村社区协商“三张清单”工作法，即通过梳理问题需

求清单、资源供给清单、项目实施清单，创新议事协商和项目化运作方式，有针对性地解决村庄存在的问题。为充分调动村民参与村级事务，在各示范村成立党群志愿者协会，并通过积分管理办法来激励志愿者积极参加志愿服务活动。健全村民协商长效机制，使协商制度化、规范化和程序化，制定了村民协商委员会议事制度、村民议事协商规则、村民议事协商程序等制度；建立协商工作清单，明确村民协商内容；建立协商协助工作清单，明确议事内容和准议规则，做到“三议三不议”；协商事项坚持“六议二公示”。在建立健全农村社区协商长效机制的基础上，进一步提升多方主体协商议事能力。综合运用参与式需求调查技术、开放空间会议技术、冲突调解技术等，提升乡镇和农村社区干部对民主协商相关政策和基本理论的认知能力，从事农村社区协商工作的实务操作能力。

共建共治共享理念的施展，需要建立切实有效的协商共治平台，义安区积极探索线上线下相互融合的协商共治平台。充分利用村民（代表）会议、村民协商议事堂、村民纠纷调解室、妇女之家等场所，搭建农村社区参与平台，完善农村社区工作协商委员会制度，推广农村社区治理的“三事分流”工作机制，积极开展政社互动面对面、重大决策面对面、民生大巡访等活动，引导村民广泛参与农村社区协商。同时，通过建设网上民主监督、网上民主议事、网上矛盾调处等模块，让群众可以利用 PC 端、手机端参与议事协商活动。通过累计积分奖励的形式，提高农村群众参与网上协商议事的积极性。利用平台数据分析功能对“网络民意”进行记录和分析，为农村社区事务决策提供参考和依据。

（二）强化“三大法宝”，提升依法治理保障水平

在社会治理过程中，需要法治来统筹各方力量，平衡利益关系，规范治理行为，进而保障村民利益的公平、公开、公正，让村民的知情权、参与权、表达权、监督权等各项权利得到有效落实。义安区抓好宣传教育“法宝”，守好矛盾调解“法宝”，大力实施法律服务“法宝”。一是注重法制宣传，利用党员电教平台，以及邀请法律顾问举办法治讲座等形式，进行法制宣传，增强村民的法治意识。全区通过《村规民约》“大体检”专项活动，全面规范村民行为，提倡遵纪守法、敬老爱幼、文明友善、移风易俗的文明乡风。培育村民的法治精神，使老百姓感受法治正义，领悟法治精神，增强法治意识，

形成百姓崇法循法行动自觉，鼓励村民运用法治思维和法治方式解决问题、化解矛盾。以案释法，通过法治宣传教育，让村民自觉学法、守法、遵法，引导村民正确地行使权利、表达诉求、解决纠纷、维护权益。二是推行综治、安全、信访、警务、人民调解“五位一体”工作机制，实现联片联保、十户联防，构建专群结合、警民联防的农村治安防控网络。通过健全农村公共安全体系，推进“雪亮工程”建设，持续深化“一村一警”包村联系制度；通过健全应急管理机制，完善突发事件风险管控体系、突发事件监测预警服务体系，加强基层综合应急队伍和应急信息员队伍、核心应急救援力量以及综合应急保障能力建设；通过加强区、乡镇、村三级综治中心标准化建设，完善矛盾纠纷排查调处机制，依托乡镇人民调解委员会、村调解室等，突出农村社区民情调解工作品牌，增强农村社区群众认同感。三是深入挖掘本土法治资源，发挥律师、公证员、基层法律服务工作者的专业优势，组建婚姻家庭、劳动争议、医患纠纷、环境污染等调解委员会，建立区域性、行业性专业人民调解委员会，实现区、乡镇、村三级调解平台网络全覆盖，行政村实现法律顾问全覆盖。在此基础上，推进法律服务平台建设，推动法律服务团队入户服务、按需服务，通过“一村一法律顾问”为困难群众提供法律援助。

（三）弘扬德治文化，提高村民文化道德素养

德治是乡村治理的先导。义安区坚持以德化人，涵养文明乡风，农村社区治理行稳致远；坚持社会主义核心价值观，深化新时代文明实践中心建设，并通过道德评判团、乡风评议会、家风家训传承、“最美评选”等载体和活动，引导群众崇德向善、见贤思齐，形成家庭和美、邻里和睦、社会和谐的友善氛围，让全社会正气充盈。一是通过积极开展家风家训等主题活动，以及大力开展移风易俗、孝老敬亲、崇德向善的新民风建设，弘扬优秀传统文化。同时，注重非物质文化遗产、民间艺术文化和优良民风民俗的挖掘、保护和传承。二是发挥文化礼堂主阵地作用。引导群众办理红白事从高档酒店走向文化礼堂，使文化礼堂成为自愿、自主、自觉承办红白事的场所，也使文化礼堂成为培育婚丧新风的学堂、实现节俭治安的媒介。三是通过积极引导农民围绕传统节日开展主题实践活动，丰富群众文化生活，把乡风文明、传统文化和农民群众日常生活紧密结合起来。比如：妇女节，开展“好婆婆”“好媳妇”“好女儿”评选活动；重阳节，开展“好孝星”“好夫婿”评选活

动；中秋节，开展“美好人家”评选活动；元旦，开展“十星级文明户”“五好家庭”评选活动等，让村风民风更加淳朴。四是建立完善村规民约、村民议事会、道德评议会、禁赌禁毒会、红白理事会“一约四会”组织。在每个美丽乡村建设中心村，均选举产生村民理事会，同时制订村民公约，规范村民行为。红白理事会在广泛征求群众意见的基础上，完善制度保障，制定红白事的办理流程、标准要求，将其纳入村规民约，公示上墙。发挥道德评议会作用，对村民婚丧事宜、孝敬老人、保护儿童、诚实守信等民间风气定期进行评议，引导群众遵守道德规范。

三、以技术赋权创新治理平台

义安区以农村社区治理和村民自治中的突出问题为出发点，从农村社区村（居）民最关心、最直接、最迫切的需求入手，调动全社会力量积极参与农村社区建设，通过智慧化的农村社区管理与服务，打造安全、便捷、宜居的新型农村社区。通过“智慧社区”建设，农村社区管理者、用户和各种智慧系统形成各种形式的信息交互，实现更加方便快捷的管理，从而为群众提供一个安全、舒适、便利的生活环境。同时，持续加大农村网络基础设施的投入力度，为农村社区的智慧政务、智慧平安、智慧金融等信息化项目顺利实施打下了坚实的硬件基础。

（一）深入推行智慧政务，畅通百姓诉求平台

推进“互联网+政务服务”和智慧政务是进一步深化“放管服”改革创新的重要内容，也是政务服务数字化转型的重点工作。“互联网+政务服务”建设与推广的初衷，就是为了发挥智慧政务快速、精准和高度集约等优势，进一步优化政务服务。义安区以“互联网+政务服务”工作为契机，通过“互联网+”、大数据、云计算、物联网等先进技术，打造以促进社区信息资源共享、业务协同为重点，以提升农村社区服务管理效能为目标，集政务、事务、服务、管理于一体，覆盖全区、对接区级、城乡一体的“智慧社区”综合服务管理平台。通过加强跨部门、跨区域业务协同，形成“一口受理、一门服务、协同办理、区域通办”的智慧社区运行机制。以贴近广大农民生活的智能应用和服务为切入点，通过智能服务终端和手机移动端将农村社区服务延伸，构建智慧社区综合服务管理体系。通过“减证便民”措施，让

“数据跑”代替“群众跑”，提升政务服务质量。同时通过进一步完善和拓展“互联网+政务服务”平台功能，以保障和改善民生为重点，加快农村社区综合服务信息化建设，为农村社区多样化服务提供统一应用和可扩展支撑，为农村群众提供“实时在线”的个性化服务。

（二）深入实施智慧平安项目，筑牢百姓安全平台

开展智慧平安示范社区建设工作，是提升社会治理社会化、法治化、智能化、专业化水平的具体举措。义安区坚持数据引领，全力推动大数据、人工智能与平安社区建设、社区警务工作的深度融合，提高预测预警、精确打击和动态管理能力。通过深入推进“雪亮工程”和综治中心建设，在农村社区重点区域安装视频监控，探索建立视频资源共建共享机制。推进网格化与信息化深度融合，探索“物联网+”农村社区治理新模式，依托社会服务管理信息化平台，提高社会治理的精细度。完善农村社区“易治理”平台功能和应用，在加强农村社区网格化信息平台基本模块建设的基础上，进一步优化信息采集、问题受理、处置反馈、考核评价等功能。完善网格员巡逻线路和定点签到、轨迹保存等功能，完善网格事项上传、分办等功能，确保网格服务精细化、精准化。完善网格走访巡查机制和任务流转办理机制，进一步将日常工作数据作为对农村社区网格员考评的依据，如网格化管理的到位率、网格信息的更新频率、群众的满意度等。通过协调银行等金融机构将服务向农村延伸，建设村级金融服务站，解决农村金融机构网点少、金融服务缺位等问题，方便农村群众办理存取款等金融业务。

（三）深入实施智慧治理项目，建设基层治理数据平台

义安区用数据决策、用数据管理、用数据服务，搭建起云上平台，夯实基层治理的数字底座。首先，推进网格化社会服务管理体系建设，以全市社区网格管理服务平台为基础和依托，对全区公共服务资源和信息网络进行整合，建立综合式、集成式、共享式的农村智慧社区数据功能模块。制定网格化管理工作手册，推进网格工作标准化和规范化。完善集人、地、物、组织于一体的网格化农村社区管理与服务模式，实现农村社区网格化数字化管理，提升农村社区治理的精细化程度和现代化水平，实现农村社区治理无盲点、全覆盖，真正把网格工作做实做细。其次，将不同层级、不同部门、分散孤

立、用途单一的各类农村社区信息系统向“互联网+政务服务”平台迁移或集成，最大限度整合基层业务应用系统、服务终端和管理台账，消除“信息和数据壁垒”，推进农村社区信息系统集约化建设。通过智慧治理项目，全面掌握义安区人口、房屋等的详细数据，并录入专门信息系统，为基层治理工作提供数据支撑和决策支持。

四、以养老服务巩固厚德向善阵地

为了更好地满足农村老年人多样化、多层次养老服务需求，义安区确定了构建“四个平台”、落实“四个保障”、实现“四个转变”的工作思路，在辖区内全面抓好托底养老，全面完善居家养老，全面发展社会化养老，全面推进“互联网+养老”，在养老服务主体、对象、方式、产品等方面进行多元化探索，除开展集中养老服务外，还积极拓展社会代养、居家养老、邻里互助养老等服务，积极构建“居家养老+社区养老+机构养老”的“三位一体”养老服务体系。

（一）组建“三支队伍”，提升养老服务质量

义安区通过政府购买服务或增设公益性岗位，引导和鼓励企业、社会组织、个人参与养老机构服务管理，鼓励成立为老服务社会团体，支持老年协会参与政府购买服务，并大力培育发展社会组织，开展养老机构工作人员、护理人员技能培训。具体来说，一是组建专业养老服务队。通过政府购买居家养老服务，签约专业养老服务机构，对农村高龄老人、伤残、计划生育特殊困难家庭老人、困难家庭失能老年人提供“助洁、助餐、助浴、助医、助急”服务，为居家老人提供家政、医疗、生活照料等专业养老服务。二是组建互助养老服务队。通过培训留守妇女、低龄老人、老年协会成员的养老服务技能，建立互助养老服务队。养老服务中心、分中心在“老年人集中活动日”组织服务队集中为老年人提供服务。三是组建志愿者服务队。通过整合卫健委、民政局、文旅局、文明办、共青团、妇联、老龄委等部门及社会爱心企业志愿者，以“互联网+”为媒介线上招募志愿者，建立志愿者服务队。此外，积极鼓励市场孵化养老产业，大力发展“银发经济”。支持企业在城乡建立若干全产业链基地，发展养老服务业，有效形成老年产业集群效应以及集群之间的互动效应。探索建设养老服务产业示范园区，实现技术创新和管

理创新，引领区域性企业、机构集聚，打造特色、优势产业基地。

（二）探索“智能养老”，养老服务更加多元化

应对和解决老龄社会的诸多挑战和问题，必须有综合性的对策措施，需要多种体制、机制的完善与配合，需要政府、市场、社会组织、社区、家庭等多方面的力量相互协调、共同应对。大数据、移动互联网等技术的兴起，为提高养老服务水平创造了条件。智慧养老平台是一种运用物联网、互联网、移动互联网、智能呼叫、云技术、GPS定位技术等信息技术，创建的“养老系统＋服务＋老人＋终端”的智慧养老服务模式，能够帮助养老机构提升管理效率，并且涵盖机构养老、居家养老、城乡社区日间照料等多种养老形式，让老人在家就可以享受到专业、智能的服务。依托人工智能和技术进行智能化养老，可以让老年人的生活更有质量。鉴于此，义安区充分利用“互联网＋”居家养老服务平台，为老年人提供网上挂号就医、网上购物、定位查询、联系呼叫、应急救援、服务调度、信息咨询、投诉办理、养老档案动态管理等服务。一是全面推广“互联网＋养老”系统。结合“智慧铜陵”建设，利用信息手段和互联网技术，建立标准统一、互联互通、高效便捷的智能化养老服务网站，扶持12349养老服务信息平台发展，拓展服务内容，扩大服务范围，推广具有紧急救援、“一键通”等功能的养老服务信息呼叫终端，发展养老便捷服务。此外，义安区还积极支持企业和机构利用互联网、物联网等技术手段创新居家养老服务模式，促进养老服务质量不断提升。二是开展线下上门服务。义安区以民政部门工作人员和社区网格员为主，深入各社区宣传养老服务政策，对符合上门服务的对象做好登记和网上申报工作，安排专业服务人员为老年人提供个性化服务，让老年人在家就能享受专业人员提供的高质量照料。三是服务供给种类和数量实现平衡。利用大数据平台，养老服务供需错配问题可以得到合理解决，老年人急需的就餐、医疗、保健、护理等刚性需求实现有效供给。智慧养老平台上专业的健康知识、护理技能、心理咨询服务以及医疗服务能够精准推送给有需要的人员。

（三）试点“医养结合”，专业化照护延伸到家

“医养结合”区别于传统的生活照料养老服务，是在生活模式、服务方式、服务环境、服务力量上实现资源共享的一种新型养老模式。“医养结合”

不仅要做到养老机构和医疗机构的“硬结合”，还要做到医养结合专业团队与老年人互助团队之间的“软结合”。专业团队是医养结合机构的主要服务力量。医养结合机构需要一支包括临床医生、康复医生、心理医生、护士、护理员在内的专业团队。义安区辖区内养老服务中心、分中心积极探索“医养结合”新模式，让老年人居家养老也能享受健康照护。通过搜集老年人需求联系医生提供上门服务，让医疗资源与养老资源相结合，逐步建立起合理高效的医养结合模式，为老年人建立“家门口”的健康服务。一是深入推行“两卡制”刷脸服务。通过居民刷身份证提供认可，服务的医生刷绩效卡提供服务的方式，让管理者、服务者和受益者紧密联系起来。二是深入推进家庭医生签约服务。通过建立“基层首诊、双向转诊、急慢分治、上下联动”的分级诊疗机制，提供上门医疗巡诊、重点老人监管、指导护理、紧急医疗救援、设立家庭医生和家庭健康管理师等一系列服务，人民群众的获得感、幸福感大为提升。三是扎实开展医养融合式服务。义安区积极促进医疗卫生和养老服务相结合，鼓励医疗机构到养老机构设点，开展医疗服务。鼓励有条件的医院开设老年病科，做好老年慢性病防治和健康护理工作，探索面向养老机构的远程医疗服务。鼓励医疗机构开办养老机构，拓展城乡社区医养结合型服务。此外，义安区还积极加强老年人日间照料中心、托老机构与社区型医疗卫生服务机构的合作。区医疗卫生服务机构为老年人建立健康档案，为日后诊疗方案制订与调整提供重要的依据；与老年人家庭建立医疗契约服务关系，开展医疗保健等服务。

上下协同：完善人人尽责的共治机制

2017 年，民政部发文先后确认义安区等全国 51 个单位为全国农村社区治理实验区，安徽省共 5 个单位入选，实验时间为 3 年。义安区确定以“完善党建引领农村社区共建共治共享治理体系”为实验主题，为全面推进乡村振兴战略实施奠定了坚实基础。区委、区政府多次召开全区全国农村社区治理实验区创建工作动员会，聚焦推进实验区创建工作科学化、制度化、规范化建设，统筹建立区、乡镇（街道）、村（社区）三级联动机制，对接实验需求、整合治理资源、优化工作方式，形成了纵向联动、横向协同、上下贯通的共治新格局。

一、优化顶层设计，健全“三级联动”工作机制

新时代，全面深化“三级联动”工作机制是破解组织间行动壁垒，通过资源整合和目标重构，更好地推进服务型政府建设的有效举措。不断建立健全“三级联动”工作机制，是全面深化服务型政府建设、推动乡村振兴目标如期实现的关键所在。在现有的行政体制下，各部门负责的工作不同，机关工作内容繁多，极易在项目运转过程中产生信息壁垒，仅仅依靠各部门发现一个问题解决一个问题的方式，很难有效提高行政效率。这就要求加强顶层制度设计，根据“三级联动”建设的总体要求，制定符合地方实际运行的实施意见，清晰界定部门间横向联系、纵向联合的功能定位和具体职责，形成相关部门合力推进“三级联动”工作发展的良好制度环境，从而保证项目在“三级联动”机制下有效运转。

（一）建立多层次领导协调机制，强化组织保障

一是创新基层党建，强化治理引领。义安区不断深化农村社区党的建设

“三级联创”内涵，通过整顿软弱涣散村党组织、创新组织设置和活动方式、探索基层组织下沉等方式，强化农村社区党组织对治理工作的组织领导。探索建立农村社区大党委，吸收驻村单位、社区社会组织党组织等负责人进入农村社区大党委，整合党建资源，形成党建合力。进一步推行和完善“三张网络通组户、三支队伍进家门、三项保障建机制”的“三三制”工作法，提升农村党组织服务能力。创新“双学、双征、双送、双诺、双优”为主要内容的“五双”主题教育活动，形成村级党员教育管理长效机制。总体上，义安区探索建立了“社区吹哨、部门报到”机制，以区域化党建联盟为抓手，突出条块结合，健全工作机制，促进各类驻区单位广泛参与、充分发挥作用，形成了工作合力。

二是成立工作专班，制订实施方案。义安区将实验区创建工作列入区委、区政府年度主要工作内容，将创建工作作为“一把手”工程，实行“一把手”负责制，分管领导具体抓。各单位对目标任务同步细化分解，制定了实施“路线图”和“时间表”，形成“纵向联动、横向互动、整体推进”的良好工作格局。同时，成立了以区委和区政府主要负责同志任组长、分管负责同志任副组长、有关单位主要负责人为成员的义安区创建全国农村社区治理实验区工作领导小组；先后召开动员会和领导小组会议，安排部署全国农村社区治理实验区创建工作。各乡镇、村也分别成立了相关领导小组和工作机构，明确专人具体负责，形成党委政府领导、民政部门牵头、其他单位配合的工作机制。区级层面印发了《义安区创建全国农村社区治理实验区实施方案》，制订了《义安区创建全国农村社区治理实验区 2019—2020 年具体工作计划》，区直部门、乡镇办、示范村形成了各层级实验区工作实施计划。

三是构建多元组织体系，实现共治共享。义安区通过构建“1 + 1 + X”的多元组织体系，以村（社区）党支部为核心，村（居）委会为主导，其他社会组织、自治组织为补充，构建城乡社区治理的组织框架，发挥党员干部的示范带头作用，引导村（居）民积极参与，促进城乡社区资源共享，事务共管，民主协商。同时，加强城乡社区网格化管理，以智慧城市建设为基础，完善城乡社区网格建设。按照“任务相当、方便管理、界定清晰”的要求，以村民组或社区党支部为单位划分网格，明确村（社区）党委书记为网格主任、“两委”工作人员为网格长、党支部书记（组长）为网格员，形成村

“试点先行，稳妥推进”的原则，努力增强基层群众自治组织的独立性，明确村（居）委会不再承担行政性事务，明确村（居）委会的独立民事责任和独立财产权，实行“居财居管”“居务居理”，探索发展城乡社区经济，自主解决城乡社区问题，提高村（居）委会的事权财权和行动能力，切实发挥村（居）委会在自我服务、自我管理中的“特别法人”作用。同时，梳理城乡社区履职和协助工作事项清单，严格执行城乡社区工作事项准入制度，应当由基层政府履行的法定职责，不得要求村（居）民委员会承担；依法需要村（居）民委员会协助的工作事项，要提供必要的经费和工作条件。此外，精简城乡社区会议和工作台账，全面清理基层政府各职能部门要求村（居）民委员会出具的各类证明。基层政府统一对城乡社区工作进行综合考核评比，在年底一次性进行，各职能部门不再单独组织考核评比工作。

三是加强“三社联动”，激发多方参与城乡社区治理活力。义安区不断加大孵化培育、人才引进、资金支持、购买服务等扶持力度，落实税费优惠政策，重点培育发展城乡社区公益服务类、慈善互助类、调解治理类等社区社会组织。建立城乡社区购买微公益服务机制，制定义安区微公益服务目录，支持社区党建联盟成员、城乡社区共治理事会成员、村（居）委会、公众申报微党建、微共治、微自治项目。在城乡社区明确社会工作岗位，为有需要人群提供帮困扶弱、心理抚慰、关系调适等服务，帮助培育社区社会组织、开展城乡社区活动、参与城乡社区协商、促进城乡社区发展。各级党政部门、群团组织下沉到城乡社区开展的社会服务工作中，应依托社会工作服务机构、其他专业社会组织、社区社会组织开展，其下沉的资源、资金、项目应实行统筹。鼓励城乡社区服务中心（站）工作事项外包，实行政府购买服务，鼓励自治组织和社会组织承接。在此基础上，积极开展“社会工作＋”介入行动试点，发挥重点项目示范带动作用，促进社区、社会组织、社会工作深度融合发展，并积极引导驻社区单位、其他社会力量和市场主体参与农村社区治理，增强农村集体经济组织支持社区建设的能力。

四是推行网格化治理，实现城乡社区服务管理精准化。城市社区以居民小区（楼栋）、机关企事业单位聚集地等为基本单元，农村社区以自然村落、村民小组或一定数量住户为基本单元，综合考虑地域范围、人员结构、管理难度等因素，科学合理划分网格。在此基础上，把党的建设落实到网格，在网格中建立党组织，并深化民情“五步工作法”，推进党的工作和党组织活动进楼入户。同时把管理资源下沉到网格，每个网格至少配备1名网格员，一般由社区工作者（村民小组长）担（兼）任，实行分片负责、责任到人。把具体工作下沉到网格，做到需求在网格发现、信息在网格采集、隐患在网格排查、环境在网格维护、服务在网格开展。乡镇（办）履行网格治理机制主体责任，建立健全网格化综合服务管理机制，进一步优化流程，科学配置资源，建立健全考评机制，有效解决矛盾问题和满足/实现群众诉求。

五是探索城乡社区治理创新引智工程。义安区围绕党建群团服务、综合管理服务、事务受理服务、社区社会服务、自治共治服务等服务内容，聚焦城乡社区党组织、基层群众自治组织、社区社会组织、共治组织等基层组织，关注党务人才、服务人才、治理人才等人才队伍，以社区工作者、社会工作者、社区规划师、康复理疗师、心理咨询师、婚姻家庭咨询师、矛盾纠纷调解员、文化体育指导员、健康生活指导员、居家养老服务员等为主要对象，分级设立区、社区二级城乡社区治理学院，引入城乡社区治理的专业支持机构，提供定制化的政策研究、方案设计、人员培训、实务督导、项目评估等技术服务，为快速推进全区城乡社区治理创新工作提供智力保障。

（二）聚焦民生服务，建立横向协同平台

一是突出以城带乡，优化治理路径。义安区努力优化农村社区治理融入城乡一体化建设规划机制，通过以城带乡，建设现代精品农村社区。在政策制定上，义安区完善了《农村社区布局规划及建设标准》，明晰了现有各村未来区域分布和功能定位，合理划分城乡社区范围和布局。由此，全面推进“五通”（通路、通电、通电话、通电视、通网络）、“五化”（硬化、亮化、绿化、净化、美化），在所有农村社区组建完善“农民文化和体育运动队伍、志愿者队伍、治安巡逻队伍和清洁保洁员队伍”四支队伍，增强农村社区基础实力。在全区农村社区建设全覆盖、各项建管机制不断完善的基础上，进一步推进精品农村社区服务中心工程项目，实现了全区精品农村社区全覆盖。通过不断深化农村产业改革，推动社区产业发展定位、产业示范带动、产业培管培训、产业提质增效等良性发展，持续激发农村发展新活力，农民获得感大大增强。

二是提升城乡社区综合服务设施建设水平。义安区按照每百户不低于30

平方米的标准，加强城乡社区党群服务中心规划建设。除国家另有规定外，所有以群众为对象的党建服务、公共服务、协商议事、网格管理服务、文化宣传以及志愿服务、专业社会工作服务原则上在城乡社区党群服务中心办理。城乡社区党群服务中心大门悬挂社区党组织、村（居）委会牌子以及社区标识。城乡社区党群服务中心为民服务阵地面积要大于总面积的五分之四，办公室面积小于五分之一，原则上不单设工作人员办公室。按当地居民使用价格标准落实城乡社区党群服务中心水电、燃气、电信等价格。同时，创新城乡社区党群服务中心运营机制，通过群众协商管理、委托社会组织运营等方式，扩大开放比例和提高使用效率；围绕“十五分钟生活圈”，探索建设一批规模不等、各有侧重的城乡社区“邻里中心”，使之成为基层党建纽带、自治共治载体、群众服务阵地、睦邻营造空间。

三是健全多元供给的城乡社区服务体系。义安区着力增加农村社区公共服务供给，促进城乡社区服务项目、标准相衔接，逐步实现均等化。将城乡社区服务纳入政府购买服务指导性目录，完善政府购买服务政策措施，按照有关规定选择承接主体。鼓励设立社区基金会或者联合公益基金会成立社区专项基金，形成多元化投入机制。规范城乡社区公共服务，推行首问负责、全程代办、全科服务等制度。提升城乡社区医疗卫生服务能力和水平，更好满足居民群众基本医疗卫生服务需求。积极开展以生产互助、养老互助、救济互助等为主要形式的农村社区互助活动，鼓励和引导各类市场主体参与社区服务业。

四是促进城乡社区服务资源共享。义安区积极建立区、乡镇（办）面向城乡社区的治理资源统筹机制，推动人、财、物和责、权、利对称下沉到城乡社区，增强城乡社区统筹使用人、财、物等资源的自主权，并注重运用市场机制优化城乡社区资源配置。城乡社区服务场所“一室多用”、综合利用，城乡社区工作人员则由区、乡镇（办）调配管理、“全科化”发展。在城乡社区资源配置公共政策决策和执行过程中，基层政府或派出机构、有关部门应组织群众有序参与听证、开展民主评议。同时，探索建立城乡社区公共空间综合利用机制，合理规划建设文化、体育、商业、物流等自助服务设施；建立机关企事业单位履行城乡社区治理责任评价体系，推动机关企事业单位积极参与城乡社区服务、环境治理、治安综合治理等活动，面向城乡社区开放文化、教育、体育等活动设施。

五是完善城乡社区服务，提升共享红利。义安区紧扣服务农村群众的根本目标，以群众的需求和获得感为工作努力方向，不断创新农村社区服务方式，提高群众的满意度。不断增强农村社区服务大厅功能，积极推行“一站式”服务，所有办事程序和服务项目及时公开，真正实现“小事不出社区，大事有代理”。在医疗养老方面，持续将居家养老服务纳入民生工程，对特困老人服务进行补助，在农村社区普遍建设老年人居家养老服务中心，同时完善农村社区卫生室阵地，为村民提供卫生保健、健康教育服务，开展以智能体检为主的健康体检项目建设。同时，秉承内生为主、外引为辅的方针，探索孵化社区社会组织。在内生方面，政府每年投入一定经费或引入社会资本成立社区社会组织孵化基地，并为“入壳”孵化的社会组织提供办公场所、办公设备、资讯服务、注册辅导等服务；在外引方面，构建政府向社会工作机构常态化购买公共服务机制，探索从专业社会工作机构引进社工开展社会服务。

三、创新协同方式，多种载体平台提升联动实效

义安区因地制宜建立了村企联治理事会、乡贤议事会、协商议事会等多方共治平台，通过灵活多样的协商共治活动，有效化解了农村社区管理缺位和治理失灵问题。同时全面制定和修订了《村民自治章程》《村规民约》，出台了《全区关于推进城乡社区协商的实施方案》《城乡社区协商目录》等社区协商文件，规范了议事流程，建立健全农村社区协商议事长效机制。在此基础上，充分利用了村民会议、村民协商议事堂、村民纠纷调解室、妇女之家等场所，积极开展政社互动面对面、重大决策面对面等活动，引导村民广泛参与农村社区治理，提升了多方共治能力。

（一）创新“协商共治”多元平台

首先，城乡社区协商结合。根据中央和省、市关于开展城乡社区协商的相关文件精神，义安区制定了《义安区关于推进城乡社区协商的实施方案》，并配套印发《铜陵市义安区城乡社区协商目录》，做到“三议三不议”。各村均按照“7＋X”模式成立社区协商委员会，开展议事协商。协商事项坚持“六议二公示”，“六议”即村民“民主提议”，社区“两委”联议，社区工作协商委员会“民主商议”，重大事项乡镇党委、政府审议，属村（居）民代

表会议决策事项村民决议，村（居）“两委”承诺“践议”；“二公示”即协商议事工作进展情况和办理结果及时向群众公示，接受群众监督。同时，义安区逐步完善以农村社区党组织为领导核心、村民委员会为主体、社区服务中心为阵地以及村务监督委员会依法监督、社会组织和村民代表等参加的农村社区议事制度，在全区农村社区实施村级事务民主决策“6+4”工作法，即村级事务“六步协商决策”、村级财务“四档核支”。在组织体系建设方面，农村社区积极组建村民理事会，构建农村微观自治组织体系，充分发挥村民理事会在亲缘、人缘、地缘方面的优势，实现村民自我管理、自我教育、自我服务、自我监督，切实保障农民群众参与管理的权利。

其次，夯实协商平台。在城乡社区设立社区协商委员会，在城乡社区党组织、居（村）民委员会的领导下开展工作。委员会成员由城乡社区结合实际确定，可参照“7+X”模式。“7”为七类固定人员（均为兼职），即城乡社区党组织负责人、居（村）民委员会负责人、居（村）务监督委员会代表、居（村）民代表、妇女代表、驻社区（村）单位代表（包括社区社会组织、业委会、物业公司、驻地单位、农村集体经济组织等）和其他有一定威望的同志（老党员、老干部、“两代表一委员”、党外人士、群团组织负责人等），具体人选由城乡社区党组织提名，居（村）民代表大会推选产生。“X”即涉及的利益相关方，根据协商事项动态调整，人员数量不限。协商专业性、技术性较强的事项，应邀请相关专家学者、专业技术人员、第三方机构参与并进行评估。

最后，拓展协商各类形式。城乡社区协商要根据不同协商事项的具体特点和要求，因地制宜、因事制宜，积极拓展协商形式，开展灵活多样的协商活动。农村社区结合参与主体情况和具体协商事项，采取以居（村）民议事会、居（村）民理事会、妇女议事会、驻村（社区）单位共建联席会等为主要形式的会议协商；以民情恳谈日、党群议事日、城乡社区警务室开放日等为主要形式的“固定日”协商；对于涉及面广、关注度高的事项，要经过专题议事会、民主听证会等形式进行协商；涉及利益相关方不多的，也可采取个别走访、单独约谈、小范围恳谈等形式开展协商；根据需要，开展小区协商、楼栋协商、业主协商、居（村）民小组协商，协调解决不同利益主体诉求；充分利用居民议事厅、调解室、百姓说事点、妇女之家等社区场所，畅通民意表达渠道，发挥群众的智慧，用群众习惯的方式来解决群众身边的事情；积极加强城乡社区信息化建设，开辟社情民意网络征集渠道，发挥居（村）民QQ群、微博、社区微信公众号等作用，为居（村）民搭建网络协商平台。

（二）创新“互联网+”服务平台

一是提升城乡社区信息化建设水平。义安区利用物联网、云计算、移动互联网等信息技术，通过对各类与社区居民生活密切相关信息资源的整合、提升与共享，按“3+X”模式开展智慧社区建设，努力实现群众“吃、住、行、游、购、娱、健”等生活要素的信息化，形成服务便捷、管理精细、生活智能、环境宜居的社区生活新业态。推动政务服务“一张网”进城乡社区，实现系统集成和信息数据互通共享。推行“一口式”综合受理服务，做到城乡社区公共服务事项“一号申请、一窗受理、一网通办”。推进流程再造，探索推广电子签章、电子证照的应用，实现群众办事“最多跑一次”。大力发展城乡社区电子商务，完善各类信息服务载体，便于群众了解掌握社区情况，畅通诉求表达渠道，提供及时有效服务；引导群众运用网络新媒体密切人际交往、参与公共事务、开展互助服务。

二是完善综合服务平台建设。以保障和改善民生为重点，进一步完善和拓展社会服务管理信息化平台功能，不断加快农村社区综合服务信息化建设，努力做到农村社区服务各类人群全覆盖，其中重点提高农村社区健康医疗、社区养老、就业、物业、公益志愿、文化教育等方面服务水平。具体来说，义安区充分利用互联网、移动互联网、物联网等新技术，整合网上服务、服务热线、移动终端、网络电视、自助服务终端、电子显示屏等平台载体，为农村社区多样化服务提供统一应用和可扩展支撑，为农村群众提供“实时在线”的个性化服务。

三是推进农村社区信息系统集约化建设。义安区整合基层业务应用系统、服务终端和管理台账，建设农村社区“统一工作云桌面”，消除“信息和数据孤岛”。同时，规范农村社区综合管理平台的信息共享范围、共享方式和共享标准，增强部门协同服务能力，实现农村社区服务事项的全人群覆盖、全口径集成和全区域通办。

自实验区创建以来，义安区创新敢为、灵活施策，不断探索完善工作机制，在实践中分析研判，整合资源，统筹推进，通过强化纵向贯通、横向联动、平台联合，有效推进了农村社区建设制度完善，切实解决了项目落地难的瓶颈问题，增强了项目推进的可操作性，极大提高了工作效率，推动形成了农村社区治理合力。

资源整合：推进人人享有的共享服务

乡村振兴战略是继社会主义新农村建设之后更加深入全面系统解决“三农”问题的重大部署。党的十八大以来，“三农”工作的重要性日益凸显，并取得了重大突破。党的十九大报告明确提出乡村振兴战略，指出农业、农村、农民问题是关系国计民生的根本性问题，必须始终把解决好“三农”问题作为全党工作的重中之重。2021 年 4 月《中华人民共和国乡村振兴促进法》出台，强调治理资源向农村倾斜，逐步健全全民覆盖、普惠共享、城乡一体的基本公共服务体系，为全面实施乡村振兴战略提供了有力法治保障。党的二十大报告明确指出：“全面建设社会主义现代化国家，最艰巨最繁重的任务仍然在农村。”乡村振兴是一项长期性、系统性的工程，而资源共享既是打造共建共治共享治理格局的目标，也是实现乡村振兴过程中具有基础性和决定性的一环。实施乡村振兴战略，要充分发挥农村的资源优势，因地制宜利用好乡村各类治理资源，将资源优势转化为治理优势，解决好农村产业发展、生态环境保护、资源分配等一系列问题，从而实现资源的有效共享。

随着工业化、信息化、新型城镇化、农业现代化的发展，义安区农村经济和社会结构加速转型，农村基层治理面临许多新情况。农村人口结构、利益主体和农村居民服务需求发生深刻变化，农村社会事业和公共服务长期滞后，不能满足农村群众日益多样化的服务需求。尤其是与城市社区相比，义安区农村治理水平明显滞后，城乡发展差距日益扩大，城乡发展一体化要求治理重心向农村倾斜。在政策与实践的双重推动下，义安区致力于农村基层治理的改革探索。早在 2006 年，义安区已开始探索农村社区建设工作，积累了一定的治理经验，为农村社区治理创新奠定了坚实基础。打造新时代共建共治共享的社会治理格局，是中国特色社会主义进入新时代的客观要求，也是推进国家治理体系和治理能力现代化的重要内容。对于“共建共治共享”

而言，其中最为重要和关键的是“共享”。义安区的改革创新亦是如此，如何实现人人共享治理成果和治理资源，如何利用资源共享进一步推动主体共建共治，实现农村基层治理体系的良性循环，是义安区创建全国农村社区治理实验区的重难点。基于此，义安区结合农村实际情况，从资源识别、资源整合、资源分配等维度破题，初步探索出具有义安特色的资源共享之路。

一、聚焦美丽乡村，强化环境资源共享

中共中央、国务院出台《关于实施乡村振兴战略的意见》强调：“乡村振兴，生态宜居是关键。良好生态环境是农村最大优势和宝贵财富。必须尊重自然、顺应自然、保护自然，推动乡村自然资本加快增值，实现百姓富、生态美的统一。”生态宜居是实施乡村振兴战略的关键环节，是提高广大农村群众生态福祉的重要基础和保障。作为乡村治理的内容之一，美丽乡村建设是实现生态宜居的重要途径。义安区充分发挥生态环境优势，坚持“生态宜居村庄美、兴业富民生活美、文明和谐乡风美”总基调，全面推进美丽乡镇建设、中心村建设和自然村环境整治，为农村产业发展打下基础。

（一）以“标准高、布局优”为理念，坚持统筹规划

党的十九大明确提出了“建成富强民主文明和谐美丽的社会主义现代化强国”的奋斗目标，把“坚持人与自然和谐共生”纳入新时代坚持和发展中国特色社会主义的基本方略，进一步明确了建设生态文明、建设美丽中国的总体要求。构建生态文明的美丽中国，需要以美丽乡村建设为起点，制订布局合理的规划方案。义安区坚持把规划作为美丽乡村建设的“头道工序”，坚持区域村庄布点规划“一盘棋”、中心村建设规划“一张图”，围绕村庄整治规划、产业发展规划、土地整治规划“三规合一”，高起点、高标准编制完成65个省级中心村建设规划。坚持保护、治理和建设“三位一体”，根据各中心村不同的区位条件、资源禀赋、发展基础、文化底蕴等实际，从细节入手，突出特色，在建筑风格上体现风土人情，在单个节点上张扬村庄个性，着力打造如“梦里水乡、古韵犁桥”“温馨福地、孝亲金塔”“碧水秀野、文脉棋杆”等一批“一村一景、一村一韵”优美乡村。与此同时，义安区按照“设计、征询、讨论”的办法，落实规划批前公示和批后告示制度，发动广大群众共同参与和监督规划的执行，在建设过程中，多次组织规划设计单位开展

现场指导，确保规划有效执行、落实有力。

（二）以“农民盼、民生需”为导向，改善人居环境

改善农村人居环境是建设社会主义新农村的重要内容，直接影响农村群众生活幸福感。大力推进农村基础设施建设和城乡基本公共服务均等化，是推动群众共享生态环境资源的基础。针对城乡人居环境差异较大，农村人居环境状况不平衡等问题，义安区坚持按照“六个一”工作法（一个方案、一本规划、一批项目、一套班子、一本账目、一项考核）和“四先四后”工作思路（先规划后建设、先整治后建设、先清拆后整治、先地下后地上），围绕硬化、亮化、绿化、净化、美化、文化、公共服务均等化“七化”内容，省级中心村重点实施垃圾处理、卫生改厕、房前屋后环境整治、道路畅通、污水处理、沟塘清淤等基础设施建设和公共服务配套等方面建设；市级中心村主要实施垃圾处理、饮水安全巩固提升、卫生改厕、房前屋后环境整治、道路畅通 5 项内容，综合示范带以“三清四拆一改”为重点开展环境综合整治。近年来，义安区累计完成房屋外立面改造 12626 户 240 余万平方米，清理垃圾杂物等 15 万吨，拆除违章建筑、危房等 12 万平方米；新增污水处理设施 52 套，新建（改建）三格式卫生厕所 5936 个，已建成的省级中心村垃圾、污水处理率均达到 100%；完成绿化 140 万平方米，村庄建成区绿化覆盖率达 50%；新增农村社区服务中心 58 个、公厕 128 座、文体活动广场 92 处，安装路灯 4412 盏，新修组组通、户户通道路约 223 千米，促进了基本公共服务均等化，农村人居环境明显改善。

（三）以“内在活、乡风美”为要素，丰富乡村内涵

生态宜居的实现，兼具改善生态环境和提升乡风文明的双重使命。如果说生态环境是“骨骼”，乡风文明则是乡村振兴的“魂魄”。而乡风文明建设由于周期长、见效慢，且不容易考核，在地方实践中存在个别领导把它当作“虚功”“慢活”，不愿投入太多精力的现象。义安区充分认识到乡风文明的重要性，结合各省级中心村自然景观、村情民俗、人文历史及经济发展特色等，完成省级中心村主题定位、村口标识和文化长廊设计工作，将核心价值观、村规民约、家风家训、农耕文化及廉政文化等用图文并茂的形式进行展示，新增农民文化乐园 9 个，绘制文化墙 2 万余平方米，设置文化长廊、道

旗等文化标识。加大对农村传统技艺、传统民俗、传统风情等非物质文化的传承和保护，重点抓好水浒村“赵氏戏楼”、泉栏村“铜陵县抗日民主政府”、兴桥村“敌后县委联络站旧址”等古建筑、历史遗存等的保护与开发，使它们重新焕发生机与活力。同时，深入开展示范评比活动，共评选产生“美好人家”示范户310户，形成了群众学习先进、赶超先进的浓厚氛围。同步开展法治村、平安村等创建活动，不断提升村庄文明指数。

（四）以“聚民心、顺民意”为原则，突出以人为本

乡村振兴战略的根本目的是维护广大农村群众利益，提升群众幸福感、获得感。因此，实施乡村振兴的各个环节都应体现“以人为本”这一原则。基于此，义安区坚持把美丽乡村规划、建设、管护等关键环节、重大事项和重要工程，向群众公开，听群众意见，请群众监督。对于多数群众不同意干的，坚决不干；对于应该干但群众一时想不通的，深入细致开展思想工作，争取群众的理解和支持。各村成立美丽乡村建设村民理事会，通过宣传引导、培训指导、组织观摩等方式，把美丽乡村建设的政策、规划原原本本地交给群众，引导群众主动参与美丽乡村建设全过程，在“三清四拆”方面不搞“一刀切”，不大拆大建，切实做到农民的事情自己办、自愿办。

（五）以“强保障、促推进”为机制，注重协调发展

农村生态环境建设要突出绿色、协调、可持续，实现区域协调发展、人与自然协调发展。义安区坚持“村为主、乡镇负总责、区直部门参与指导”工作机制，调整区领导联系、区直部门结对帮扶和区美丽办实事包片联村指导等制度，加强对于美丽乡村建设工作的领导和指导。紧抓美丽乡村建设乡镇、村“两个主体”不放松，乡镇均建立“一把手”负责制，成立中心村现场指挥部，并挂图作战。村“两委”实行定人定户定项目联系负责制，成立村民理事会负责宣传动员工作，确保工作有人抓、抓具体。完善“周统计、月通报”的调度工作机制，召开全区美丽乡村建设工作推进（调度）会，印发《督查通报》《工作简报》等，有效推动义安区美丽乡村建设扎实有序推进。与此同时，按照“多个渠道供水、一个池子蓄水、一个龙头放水”的思路，坚持并完善“政府奖补＋项目整合＋村民自筹＋村企共建”的多元化资金筹集方式，切实加强专项资金管理，确保资金高效、安全运行。

（六）以“村庄美、百姓富”为根本，坚持建管并重

为推动美丽乡村建设的长效管护，义安区进一步规范美丽乡村建设项目投标程序，对所有工程项目实施分级招投标，并做好标前审核管理、招投标过程监管及标后活动的监督管理。认真落实“周统计、月现场会”推进机制，加强项目建设的跟踪问效，严格按照相关技术导则及行业标准，强化指导服务，确保工程质量。与此同时，结合农村公共服务运维机制改革工作，修订完善《铜陵市义安区美丽乡村建设长效管理办法》，全面落实农村污水集中处理、亮化、绿化等设施的市场化运维，按照10万元/村的标准，重点对已建成的前四批51个省级中心村的卫生保洁、绿化、公共服务及基础设施进行管护，做到有制度、有资金、有人员，近年来累计拨付长效管护专项资金930万元，确保美丽乡村长治久美。

二、坚持科技赋能，促进产业信息共享

习近平总书记指出：“产业兴旺，是解决农村一切问题的前提。”[①] 乡村振兴的重点是产业要兴旺。产业兴旺就是把大力发展农村生产力放在突出位置，做大做强高效绿色种养业、农产品加工流通业、休闲农业和乡村旅游业、乡村服务业、乡土特色产业，培育农业农村发展新动能。党的十九届四中全会提出将科技作为社会治理体系建设的支撑力量，将前沿科技融入农村产业发展是基层治理的一大趋势。近年来，义安区紧紧围绕产业兴旺的目标，依托现代信息技术推动农业生产经营、管理水平、服务体系和产业链条等环节优化提升，全面提高了农业信息化水平。

（一）互联网+传统农业，创新产业发展模式

2016年，农业部、发展改革委、科技部等8部门联合印发《“互联网+”现代农业三年行动实施方案》，强调要加强新型职业农民培育、新农村建设，大力推动网络、物流等基础设施建设，依托互联网技术推动传统农业向现代农业转型是农村农业发展的必然趋势。义安区瞄准产业发展趋势，着力推动互联网技术与传统农业相结合，促进农村产业壮大。一是创新农业生产模式。

① 2018年9月21日，习近平总书记在十九届中央政治局第八次集体学习时的讲话。

义安区积极引导新型农业经营主体加快推进物联网技术在设施园艺、畜禽水产养殖、质量安全等领域的示范应用，引领智能化、精准化农业生产。在畜禽标准化规模养殖基地和水产健康养殖示范基地，推进饲料精准投放、疾病在线诊断、废弃物自动回收、节能节本等智能设备应用普及和互联互通。截至目前，全区建成农业物联网示范点近10个，其中安徽张林渔业公司充分运用物联网技术建成的省级大口黑鲈水产良种场、国家级水产良种场已通过农业农村部预验收，正在创建国家级“皖鲈一号”水产新品种基地，水产物联网推广应用成效明显。二是创新产品销售模式。产业兴旺的最终目的是实现农业强、农村美、农民富，农产品销售程度的好坏直接关系到农村产业的兴衰。为提高产业发展的示范带动作用，义安区积极引导各类新型农业经营主体与第三方电子商务平台深度对接，培育壮大农业电商龙头企业。2019年，市级以上农业产业化龙头企业销售收入达26.7亿元，其中电商销售额超1亿元。与此同时，积极推广“电商企业+基地+专业合作社+农户”“你种我销、你养我卖”典型模式，全年建设1个省级电商示范镇、4个电商示范村，培育6家农村电商重点企业和6个知名品牌。建成铜陵市农产品线上线下展示交易中心，京东村级合作站点200多个，销售范围覆盖铜陵一县三区，3年累计销售额突破3亿元，带动5000余人就业，带领广大农民实现增收致富。

（二）互联网+质量监管，提升农业管理水平

一是健全农产品质量安全监管网格。义安区按照“统筹资源、合作共建、互联互通、实际适用、节约高效”的原则，在全区8个乡镇农业经济技术综合服务中心建立岗位责任制度、巡查检查制度、信息上报制度、学习培训制度和考核奖惩制度等；将全区划分为7个乡（镇）属地网格（除五松镇）、99个村级基础网格，确定60名区级监管员、39名乡（镇）级监管员、209名村级协管员，明确各层各级责任人及其监管职责、监管对象，实现辖区内所有生产经营主体生产过程监管网格化全覆盖。二是构建农产品质量安全追溯体系。以农业“三品一标”为重点，投资40余万元，建立了区级农产品质量安全追溯平台，与安徽省农产品质量安全追溯平台对接，按照“带证上网、带码上线、带标上市”要求，将全区56家规模企业和“三品一标”认证主体纳入平台统一管理，目前已有25家农业经营主体的50多个农产品实现质量安

全追溯。三是拓宽信息技术在产品监管的应用范围，建立健全农业投入品常态化监管机制。义安区制定出台《铜陵市义安区农药市场准入备案管理办法（试行）》，建立农药市场准入登记备案书制度，实行农药市场准入管理和兽药、饲料及饲料添加剂市场准入管理。构建以铜陵市西联乡谷丰化肥销售中心等 3 家经营企业为主体的农业投入品配送网络，配送农业投入品量占全区农业投入品总量的 80% 以上。将全区 62 家农资经营店全部纳入义安区农产品质量安全追溯平台管理，同时结合中国农药数字监督管理平台和种子生产经营备案管理系统，全面掌握农资来源和流向，实现全区农药投入品 100% 纳入平台管理。

（三）互联网 + 信息平台，健全农业服务体系

方案指出，要重点推进以大数据为核心的数据资源共享开放、支撑决策，以互联网技术运用为着力点，全面提升政务服务能力和水平；同时以互联网运用推进涉农信息综合服务，加快推进信息进村入户。发展成果的共享依赖于信息资源的共建共享，义安区全面整合各类信息资源，创新农业服务载体，丰富农业服务内容，从而促进农业服务体系的健全。一是整合信息资源。义安区坚持政府主导、企业运营、社会参与，依托村委会、村级电商服务站、乡村金融网点、农民专业合作社等载体，建设村级益农信息服务站并统一在省信息进村入户平台登记注册，利用村级板块建立村网页，并定期更新维护，积极利用平台提供服务。目前全区建设益农信息服务站 62 个，其中标准站 3 个、简易站 59 个，全区村级益农信息服务站覆盖率达 60% 以上。二是创新服务载体。义安区探索农业农村政务管理系统建设，逐步形成基于云计算和大数据技术的农业农村政务服务。目前正在推行涉农政务服务事项网上申报、网上审批，提升涉农部门服务农业农村的能力。三是丰富服务内容。义安区充分利用新型职业农民教育、农村实用人才培训等现有培训项目资源，开展对新型农业经营主体的“互联网 +”现代农业知识培训，近两年来完成 550 名新型职业农民的培训任务。面向新型农业经营主体、电商网点经营者、有条件有意愿参与电商经营的农户、驻村点经营者、大学生村官、村“两委”、农村创业致富带头人等开展物联网技术培训，加强实务操作指导，做好物联网典型示范。

（四）互联网＋乡村旅游，优化农业产业链条

推动乡村产业兴旺，一个重要的着力点就是切实推动农村一、二、三产业融合发展，这是拓宽农民增收渠道、更好构建现代农业产业体系的重要举措。义安区在农业迅速发展的基础上，结合自身生态资源，着力发展乡村旅游，有效促进农村一、二、三产业融合发展。一是坚持提质增效，完善基础设施建设。义安区积极配套完善旅游交通标识、停车住宿、旅游厕所等基础设施，提高旅游服务质量，努力满足广大游客需求。与安徽云游新媒体有限公司达成合作协议，制作建立“云游库”旅游综合信息平台，利用互联网技术，收纳全区主要景区景点、旅游乡镇、旅游示范村、宾馆饭店、民宿农家乐、旅游商品、特色美食、非遗文化、历史名人 9 大类 98 个词条资源信息，通过与政府网站、微信公众号、过境短信等连接，便于游客查找旅游相关信息，受到广大游客一致好评。二是坚持因地制宜，推进产业融合发展。结合义安特色、区域品牌、生态资源、人文历史、休闲旅游等农业资源，通过农业电商推广，大力发展“互联网＋”休闲农业和乡村旅游，实现“互联网＋游、乐、食、住、购”，促进一、二、三产业融合发展。广泛运用互联网技术，促进“互联网＋旅游商品”发展，引导各地将农副产品开发为土特产品、旅游纪念品、特色食品等乡村旅游商品，推进乡村旅游重点村全面与旅游电商、现代物流等企业建立合作关系，延长销售链条，农业综合效益不断提升。三是坚持整体营销，多渠道开展旅游宣传。通过新华社、中央广播电视总台、安徽广播电视台、安徽新媒体集团等主流媒体的宣传报道，义安区乡村旅游的影响力不断扩大。同时，通过常态化举办凤丹文化旅游节、“中国·铜陵田园艺术季”、梧桐花谷鲁冰花文化旅游月、兰花展、啤酒龙虾节等 20 余场具有影响力的特色旅游主题节庆活动，进一步提升义安区乡村旅游知晓度。

三、突出以人为本，助推发展成果共享

构建共建共治共享的社会治理格局，关键在于治理成果的共享。在乡村振兴战略背景下，共享发展成果的形式更为丰富和多样，盘活闲置资源、形成多方利益联结、实现多方主体共享产业发展成果、切实推动农民增产增收，是新阶段共治共享的重要体现。

（一）以股份制改革为契机，盘活闲置资源

一是开展清产核资，摸清改革家底。义安区对集体所有资产进行全面清查，按村、村民组界定权属，分级分类登记造册，清产核资结果经集体经济组织成员会议或成员代表会议确认，在村内张榜公示后，报区、乡（镇）财政、农业（林业）、审计等部门备案。清查的集体资产范围包括：集体所有的耕地、林地、山岭、荒地、滩涂、水面等资源性资产，用于经营的房屋、建筑物、机械设备等经营性资产，以及用于农村教育、文化、卫生等公益事业的非经营性资产。二是开展股份制改革，夯实改革基础。义安区按照尊重历史、观照现实、程序规范、群众认可的原则，统筹考虑户籍关系、农村土地承包关系、对集体积累的贡献等因素，协调平衡各方利益，妥善确认农村集体经济组织成员身份，解决成员边界不清的问题。同时因地制宜合理确认集体经济组织成员的股份或份额，根据清产核资结果，分别将村、组资产量化到本集体经济组织成员，对于集体经济比较薄弱、以农业为主、负债较多的村，经集体经济组织成员民主讨论决定，设置一定比例的集体股。三是发展股份合作，构建改革机制。首先，资源变资产。义安区对各村集体统一经营的耕地、林地、园地、“四荒”地、水面等资源，进行清查核实，评估作价，通过村集体股份经济合作社量化入股到经营主体，按合同约定获得收益分红，变集体资源为入股资产。对闲置或低效利用的集体经营性资产，进行清查核实，评估作价，通过村集体股份经济合作社量化入股到经营主体，按股比获得收益分红，盘活集体资产入股经营主体。开展“三权”（农村土地承包经营权、林权和农民住房财产权）抵押贷款试点，切实解决农户及经营主体融资难的问题。其次，资金变股金。义安区将投入村的涉农项目资金和村集体申请到的财政专项扶持资金，分类按不同股比量化为股金，通过契约合同入股的方式，由村集体股份经济合作社以优先股投入经营主体，按持股比例参与收益分红。将村集体股份经济合作社自有积累资金、农民自有资金，在尊重群众意愿的基础上，以优先股形式投入效益较好的经营主体，按股比获得收益分红。将财政补助给农业企业、农民合作社的发展类、扶持类资金等，按照有关规定确认给所在村集体股份经济合作社和农民持股，享有分红权利，项目的经营权不变。最后，农民变股东。在依法自愿的前提下，规范开展土地适度流转并进行股份化运作。在生态条件较好、人文旅游资源丰富的村，

结合美丽乡村建设，组织农民盘活闲置房屋资产，以住房使用权入股，采取“旅游公司＋农户”“旅游公司＋村集体股份经济合作社＋农户”以及组建股份合作社等形式，发展休闲农业与乡村旅游，增加农民财产性收入、家庭经营性收入和工资性收入。

（二）以社会化服务为基础，完善共享机制

一是建设公共服务站点。义安区在完善农技推广、动植物疫病防控、农产品质量安全监管“三位一体”的公益性服务体系基础上，整合农业、林业、水利、气象等服务资源，建设设施配套、人员精干、运行规范的“一站式”乡镇农业公共服务中心，同时以村集体经济组织、农民合作社、家庭农场等为载体，建设村级服务站点，推动农业公共服务向村社和农业生产经营主体延伸。推进气象信息进村，推动气象为农社会化服务省市美好乡村中心村全覆盖，初步建立了覆盖城乡的气象服务体系。二是培育新型服务主体。义安区重视经营性服务主体的发展壮大，重点培育具有自主服务品牌的专业化农业服务企业，扶持发展辐射带动力强的服务型联合社（体），开展基层供销合作社与农村各类合作服务组织融合发展试点、新型农村合作金融试点。鼓励发展社会服务组织，培育会计审计、资产评估、法律咨询等涉农中介服务组织，建立委托和购买机制，开展政府将适宜行业协会承担的服务职能逐步转移给行业协会试点，推动产学研共建共享。三是加强服务装备建设。义安区积极推进农机服务装备建设，完善农机购置补贴政策，大力推广全程机械化技术，引导经营性服务主体购置使用大型动力机械、深松机械、秸秆还田机械等先进装备，开展农机作业服务。推进农产品质量安全检测装备建设，建立市、县农产品质量检验检测中心、乡镇和主要农产品生产基地、批发市场的质量安全检测室，完善农业信息化装备建设，整合各涉农信息化系统，建立信息综合服务网络，加强农产品质量安全管理信息化建设，初步实现了农产品流通环节质量可追溯。四是打造为农服务平台。义安区依托铜陵市农村产权交易中心，探索建设区镇联动的农村产权流转交易市场，将集体资产处置、资源流转等统一纳入农村产权交易中心，进一步完善交易规则和流程，规范交易行为，提升服务质量。搭建农村土地承包经营权确权登记颁证信息管理应用平台，实现土地承包经营权确权登记颁证数据库在区镇范围内互联互通，促进了土地承包合同管理、权属登记、经营权流转和纠纷调处等业务

工作的信息化。同时，搭建金融支农服务平台和农业经营主体信用服务平台，探索农村土地承包经营权、农民住房财产权等农村产权的抵押贷款，建立信用约束机制，将信用等级作为项目扶持、资质认定、信贷授信以及示范社、龙头企业评选等的依据。搭建农产品流通营销平台，推进农产品批发市场、农产品集配中心和农产品终端销售网络建设。

（三）以农民合作社为支撑，搭建共享平台

义安区坚持现代农业发展方向，围绕“注重规范、创新模式、提升水平、加强服务”的要求，深入推进农民专业合作社组织平台建设，不断提高义安区农民专业合作社组织化程度，增强农产品市场竞争力，促进农民增收。一是突出示范引领，加快合作社组织化。义安区按照“公开、公正、民主、透明”的原则，集中力量培育申报一批省、市级示范社，以示范社为典型进行推广，鼓励农民专业合作社创建国家、省、市、县（区）四级示范社，带动农民专业合作社稳步向前发展。截至目前，义安区共有示范社 87 家，其中国家级示范社 6 家、省级示范社 11 家、市级示范社 60 家。二是创新发展模式，推动农业生产产业化。引导农民以各类承包经营权、资产、资金、技术等多种生产要素作价入股建立农民专业合作社，鼓励合作社对农业生产中的耕、种、防、收等全部或部分作业环节开展社会化服务。探索开展省级土地股份合作试点，采取“保底收益 + 按股分红”的收益分配模式发展特色产业。截至目前，全区共成立土地股份合作社 3 家，农户入股经营耕地面积达 648.31 亩。其中同明水稻专业合作社领办的林丰土地流转合作社，积极调整产业结构，建立黑斑蛙养殖基地，预计可实现年利润近 50 万元。三是聚焦体制机制，促进服务管理规范化。义安区开展农民合作社风险排查，建立健全各项内部管理和财务管理制度；开展“空壳社”专项清理，对列入经营异常名录的农民合作社开展调查核实，共排查 78 家，指导规范经营 142 家，办理注销 71 家。四是强化人才建设，促进经营管理高效化。广泛开展面向以理事长为主的经营管理人才，以会计为主的理财能手，以专业技术人员为主的种养能人的培训。同时结合新型职业农民培育民生工程项目，分类型、多形式大力培养合作社专业技术人才，切实提高农民合作社的人才素质，完成年度 250 人的新型职业农民培训任务，为合作社持续健康发展提供了强大的人才支撑。五是开展融资担保，保障生产资金长效化。义安区大力支持农民合作社开展

无公害农产品、绿色食品、有机农产品及地理标志农产品“三品一标”认证，鼓励农民合作社注册商标，对开展产品认证、产地认定、商标注册的合作社给予补贴。提升农民专业合作社信贷服务水平，与金融部门共同建立农民专业合作社信用档案，创新服务方式，加大政策扶持力度，实现农民专业合作社贷款额度有更大突破，开展“劝耕贷”，解决新型经营主体“贷款难、融资贵”的难题。目前已累计发放 67 笔 3226 万元，贷款余额 1905 万元，办理贷款贴息 26 笔 23. 39 万元，缓解了农民合作社的财务压力。

习近平总书记强调：“共同富裕是社会主义的本质要求，是中国式现代化的重要特征，要坚持以人民为中心的发展思想，在高质量发展中促进共同富裕。”① 构建共建共治共享的基层治理格局最终是为了全体人民共享治理成果，它与共同富裕的本质要求具有异曲同工之处。近年来，义安区从产业发展与盘活资源的两个方面切入，重点围绕美丽乡村建设和科技创新引领，推动环境资源、产业信息等要素合理流动，为资源共享创造了良好条件，初步探索出符合共同富裕要求、具有地方特色的共享路径，为构建共建共治共享的治理格局提供了有益参考。

① 2021 年 8 月 17 日，习近平总书记在主持召开中央财经委员会第十次会议时的讲话。

党建引领篇

基础不牢，地动山摇。只有把基层党组织建设强、把基层政权巩固好，中国特色社会主义的根基才能稳固。

——2020 年 9 月 17 日，习近平总书记在基层代表座谈会上的讲话

农村基层党组织是基层党组织的重要组成部分，是党联系农村基层群众的桥梁和纽带，是确保党的路线方针政策和决策部署贯彻落实的基础。如何提升农村基层党组织的组织力是加强基层党组织建设的重点。2021 年 7 月，中共中央、国务院印发《关于加强基层治理体系和治理能力现代化建设的意见》（中发〔2021〕16 号），提出要"加强乡镇（街道）、村（社区）党组织对基层各类组织和各项工作的统一领导，以提升组织力为重点，健全在基层治理中坚持和加强党的领导的有关制度"，进一步强调农村基层党组织是农村各类组织和各项工作的领导核心，无论农村社会结构如何变化，无论各类经济社会组织如何发育成长，农村基层党组织的领导地位不能动摇、战斗堡垒作用不能削弱。只有毫不动摇地坚持和加强党对农村工作的领导，充分发挥农村基层党组织在引领发展、服务群众、民主建设、培育人才、生态保护等方面的主力军作用，才能确保乡村振兴战略的稳步实施。然而，当前农村基层党组织的组织力在一些地方还存在不足，比如组织引领力、组织创新力、组织向心力、组织吸引力、组织规范性以及组织廉洁性不强等，这些问题的存在弱化了党组织的力量。

2021 年正值全面推进乡村振兴的开局之年，作为"主战场"的农村，必须要牢牢抓好基层党组织建设这个"牛鼻子"，全面增强农村基层党组织的政治功能和组织力。近年来，安徽省铜陵市义安区始终坚持"抓党建就是抓发展，抓发展必须抓党建"的工作理念，积极寻求党建工作与乡村振兴的结合点，初步形成了一批可复制、可推广的经验和做法。本篇主要梳理和介绍了义安区的"三三制"工作法、互联网 + 村级"小微权力"清单制度，以及双龙村的楼宇党建、重新村的村落党建，通过对这些典型案例作基本背景的介绍、政策导向的分析、实践做法的梳理、经验模式的总结以及发展路径的思考，呈现出义安区探索形成的好做法、好经验。这些案例从不同层面突出了农村基层党组织的作用和功能，在党组织的坚强引领下，义安区农村社区治理最终实现了村级服务提质增效、议事决策民主有序、村级权力公开透明、百姓生活质量明显提升。

“党建 + 服务”：构建农村基层党组织服务供给机制

——基于“三三制”工作法的调查

基层党组织服务功能的强化是建设学习型、服务型、创新型马克思主义执政党的基础工程，对于密切党同人民群众的血肉联系，提高党的执政能力、夯实党的执政基础，具有重要意义。新形势下，基层党组织服务群众、做群众工作的任务更为繁重，这对强化基层党组织的服务功能提出了新的要求。为此，党和国家高度重视基层服务型党组织的建设，从党的十八大作出“创新基层党建工作，加强基层服务型党组织建设”的重大部署，到中共中央办以厅出台《关于加强基层服务型党组织建设的意见》提出建设基层服务型党组织的“六有目标”，再到党的十九大提出“党支部要担负好直接教育党员、管理党员、监督党员和组织群众、宣传群众、凝聚群众、服务群众的职责，引导广大党员发挥先锋模范作用”，以及党的二十大要求“持续整顿软弱涣散基层党组织，把基层党组织建设成为有效实现党的领导的坚强战斗堡垒”，基层党组织的工作重心逐渐转到服务发展、服务民生、服务群众、服务党员中。在党和政府的号召下，各地基层党组织围绕“强化服务功能”开展了丰富的实践，安徽省铜陵市义安区创新构建的“无缝服务”型农村基层党组织服务供给机制，为强化农村基层党组织的服务功能提供了一个重要参考。

一、问题提出

习近平总书记强调指出：“党的十八大提出了加强基层服务型党组织建设的重大任务。当前和今后一个时期，要以此来指导党的基层组织建设”，“把基层党组织的工作重心转到服务发展、服务民生、服务群众、服务党员上来。”[①] 强

① 2013 年 6 月 28 日，习近平总书记在全国组织工作会议上的讲话。

化基层党组织的服务功能已成为服务型基层党组织建设的重点和难点之一。

作为党的基层组织，构建和完善服务型基层党组织遵循的是“全心全意为人民服务”的根本宗旨，是“以人为本、执政为民”理念的外化和体现。当前对服务型基层党组织的研究仍避不开对党组织的职能和作用问题的讨论，主要是政治功能和服务功能①，由此形成两种研究进路。第一种是从服务型基层党组织的政治功能出发，探讨服务型基层党组织的建设与联系群众、组织群众、引导群众②等作用的实现之间的关系，体现的是基层党组织治理社会方式转变的逻辑，即从管理到治理的转变，由此而展开的意义明晰③、问题解析④、路径探析⑤等探讨，落脚点是治理效能的提升。作为执政党的基层组织，基层党组织政治功能的强化和凸显既是题中之义，也是必然要求和基本前提。但随着基层党组织面临的社会环境的变迁和历史条件的制约，通过强化服务功能以不断提高其凝聚力和战斗力具有了历史必然性，由此产生了基层党组织功能转变的任务⑥。在此基础上所形成的第二种研究进路以如何强化和发挥基层党组织的服务功能为导向，落脚点在于服务效能的提升。对于基层党组织服务功能的发挥和实现，学术界主要讨论的是主客观两方面的因素。主观因素方面，首先是意识观，认为服务价值观念的确立决定着基层党组织及党员的服务行为⑦，组织功能的定位⑧和服务意识的培育⑨是必要的前提和条件；其次是素质观，从服务功能的主体出发，通过用人选拔、技能培训等提高党员干部个

---

① 赵大朋．城乡一体化背景下的服务型村级党组织建设：基于有效服务供给的视角［J］．探索，2017（6）：93－98.

② 王华华，冯治．新时代农村服务型党组织建设与农民政治生活幸福感提升联动关系探微［J］．理论导刊，2020（6）：35－42.

③ 沈小璇．加强基层服务型党组织建设的思考［J］．求实，2013（S1）：46－49.

④ 孙黎海．基层服务型党组织建设的理论架构［J］．理论学刊，2013（8）：22－25＋127－128.

⑤ 杨蕾，殷焕举．基层服务型党组织建设的路径探析［J］．中州学刊，2013（6）：22－25.

⑥ 高新民．论党的基层组织的功能转换［J］．理论学刊，2003（4）：77－79.

⑦ 吴春梅，席莹．农村基层服务型党组织建设：农民需求与有效供给［J］．理论与改革，2015（3）：54－57.

⑧ 朱佩明．强化中国共产党基层党组织服务功能的思考［J］．探索，2009（6）：47－50.

⑨ 姬栋玲．基层服务型党组织建设研究综述［J］．山西师大学报（社会科学版），2014，41（S2）：14－17.

体服务能力①，通过完善基础服务性建设提高基层党组织的整体服务能力②。客观因素方面，认为服务功能的载体构建具有基础性的意义，阵地资源整合、服务中心构建②等是常见的实现方式。但是在实际落实过程中，基层党组织的服务功能却往往容易出现流于形式、悬浮于群众、服务供需错位等问题。通过制度规范解决和防范上述问题便显得尤为重要。而以解决现实问题为导向的制度构建往往侧重于保障制度的设计，比如制定考核、资金、监督等的辅助性制度，而忽视诸如服务供给机制等的程序性制度的建设。事实上，解决问题的根本不应只是通过辅助性制度去保障和防范，更应在程序性制度上下功夫。

综上所述，对于基层党组织服务功能的强化和实现，学术界形成的主要观点是通过服务功能的再造实现职能的转变，思想观念的转变是前提，组织载体的建设是基础，并辅以制度保障。任何组织作用的发挥，都是以其在制度设计中的功能为前提。这些服务功能重塑的路径虽然能够实现基层党组织服务架构的形成，但由于这些制度侧重于保障和引导性功能，因此其体现出的成效仍在于服务理念的强化，而非服务功能的落实。公共服务的提供作为一种具有公共性的行为，保障性制度与程序性制度的构建是同等重要的。因此，构建有效的服务供给机制，对于实现基层党组织服务功能具有重要意义。基层党组织服务供给机制的构建体现的基本逻辑是通过权力配置下的资源整合，构造完善的服务机制，从而改变原有科层体制下的管理惯性，实现基层党组织服务功能的转变和实现。鉴于此，本部分通过分析义安区农村基层党组织服务供给机制的构建，并剖析机制背后的运行逻辑，总结其实践效能，以期为铜陵市、安徽省乃至全国农村基层党组织服务功能的切实发挥提供经验参考。

二、农村基层党组织服务供给机制的构建过程

一直以来，义安区对如何进一步加强农村基层党组织建设、切实发挥基层党组织功能的问题十分关注，并积极探索实践。近些年，随着经济高速发

---

① 孙黎海．基层服务型党组织建设的理论架构[J]．理论学刊，2013（8）：22－25＋127－128.

② 刘红凛．基层服务型党组织建设的困境与进路[J]．探索，2015（3）：19－24.

展、城乡转型推进，义安区依托自身基础条件，加大城乡统筹力度，加强村级活动场所建设，加强党员干部队伍管理教育，使得农村基层党组织建设基础不断夯实，城乡一体化发展的党建新格局基本形成，为建设服务型农村基层党组织、强化党组织服务功能奠定了良好基础。与此同时，经济社会多元化和城乡一体化发展的新形势、新任务，不仅对基层党组织提出了更高要求，同时也暴露出其在发展过程中存在的一些共性问题。第一个是功能定位亟须转变，主要表现为服务的行政化色彩强烈。由于受传统观念和工作惯性影响，义安区基层党组织仍然习惯运用行政命令和示范引导相结合的手段开展工作，表现出服务的行政化偏向。服务的行政化偏向主要是基层党组织从管理到服务的理念转变不够彻底，业已习惯的权力依赖性管理模式由于行为惯性而被渗透和延续，从而在服务工作中产生行政化思维倾向。由此可能产生的后果主要体现在三个方面：一是服务逻辑颠倒，服务的指向不清；二是服务主动性不强，服务的运动化特征明显；三是服务的重视程度低，得不到必要的保障和支持。① 第二个是服务体系亟须优化，主要表现为服务机制不健全。服务机制的不健全，往往导致服务活动流于形式并产生资源浪费。在压力型体制下，服务的各项“硬性指标”成了必须完成的任务，服务机制的不健全使得一些基层党组织往往采用形式主义的方式“应付”，由此导致服务活动的初衷被扭曲，实际效果大打折扣。第三个是服务方法单一，主要表现为工作思维、方式固化。思想观念的陈旧严重阻碍着基层党组织服务方式的创新和发展，同时单一的服务供给方式与多元的服务需求之间的结构性矛盾，也使得基层群众的需求得不到及时、有效的满足。

任何组织作用的发挥，都是以其在制度设计中的功能为前提。因此，这些现实问题迫切要求基层党组织转变工作方式，从“管理型”向“服务型”转变，建立寓教育管理于服务之中的基层党组织运行新机制。基于此，义安区创造性地构建出了一套以服务功能发挥为导向的、较为系统的农村基层党组织服务供给机制，即“三三制”工作法，并出台《关于实行“三三制”工作法创建服务型农村基层党组织的意见》等政策文件配套落实。具体而言，“三三制”工作法包括以下三个方面内容。

---

① 赵大朋．城乡一体化背景下的服务型村级党组织建设：基于有效服务供给的视角［J］．探索，2017（6）：93－98.

首先，三张网络通组户，构建全覆盖的为民服务体系。一是建立联组到户的组织网络。以自然村为单位普遍成立村民理事会，同步设立党支部，由理事支部成员担任党员中心户联系邻里群众。二是建立双向互动的信息网络。依托县乡先锋网信息平台，加强乡村综合服务中心信息化平台建设，逐步建成集党员在线服务、基层党建信息发布、群众诉求收集汇总等多功能于一体的综合性党建工作信息系统，实现县乡村三级联网互通。三是建立起全程服务的代理网络。深化为民服务全程代理，并与区乡党务、政务服务机构联网并轨，实现“一室受理、全程代理”。

其次，三支队伍进家门，推进亲情式的为民服务方式。一是村组干部上门式服务。义安区按照密切联系服务群众的要求，全面推行村组干部“五进家门”行动。二是党员中心户巡访式服务。义安区规定每个党员中心户负责联系5～15户，每周逐户开展一次巡访，及时了解群众需求，按照“能办的事随手办、组内办，办不了的事上报村里分类办”原则开展服务。三是党群志愿者组团式服务。义安区村党组织在梳理分析群众需求的基础上，整合“六大载体”，设立若干志愿者服务岗，同时，依托农村产业协会、农民专业合作社，大力发展农机、植保、防疫、储运等专业服务队伍，为群众提供专业化生产服务。

最后，三项保障建机制，落实常态化的为民服务保障。一是深化服务承诺制。义安区采取自主认领和组织认定相结合的方式，进行民意事项的细化分解，形成《服务计划书》，向群众作出公开承诺，接受群众监督。二是推行村民直评制。义安区制定《铜陵市义安区村级班子及成员年度综合考核评价办法》，突出强化群众话语权重，建立群众直接评价村干部制度，评价结果与村干部待遇直接挂钩。三是实行经费补助制。区财政加大经费补助力度，保证每个村每年有不少于10万元的固定工作经费，着力推进村级组织活动场所服务功能升级。

三、农村基层党组织服务供给机制的运行逻辑

在不同地域环境以及不同发展阶段，农村基层党组织面对的外部环境和体制空间不尽相同，农民的实际需求各不一样，开展服务的内容和方式也存在很大差异。因此分析“三三制”工作法背后的运行逻辑具有重要的现实意义。“三三制”工作法是通过技术赋能、协同服务和柔性反馈等方式构建起具

有网络化、协同化和柔性化等特征的农村基层党组织服务供给机制，由此实现服务体系的完善、服务内容的丰富、服务质效的保障。

（一）技术赋能，实现服务模式网络化

农村基层党组织服务供给机制构建语境下的技术赋能是指通过网络技术的嵌入和运用，形成服务的新方式、新路径，由此激发和强化农村基层党组织的服务能力，实现服务供给的创新。义安区“三三制”工作法通过网络技术嵌入农村基层党组织，推进服务结构再造、业务办理重塑和服务方式变革，从而克服传统科层体制的路径依赖和组织惯性，实现服务网络化和扁平化，提升服务供给的效率。

首先，通过构建信息网络实现双向赋能效应。信息的互联共享是现代化农村基层党组织服务的重要内容之一，但传统的服务供给方式具有严重的信息传递障碍，信息流动成本较高，并且偏重于信息的单向传递而非双向互联。而信息技术的创新能够使公民个体和社会组织获取信息的能力与范围大幅提升，有效降低信息获取的门槛。[①] 义安区“三三制”工作法通过构建信息网络，畅通了信息流动的渠道，降低了信息传递的成本，从而实现服务主客体的双向赋能，主要体现在信息供给和信息交互的方式转变两个方面。一方面，依托县乡先锋网信息平台，义安区进行了乡村综合服务中心信息化平台建设，逐步建成集党员在线服务、基层党建信息发布、群众诉求收集汇总等多功能于一体的综合性党建工作信息系统，实现县乡村三级联网互通。通过这个信息网络平台，基层党组织可以及时发布各类宣传、服务信息，村民可以便捷地获取各类所需信息。另一方面，村民也可以通过信息网络平台随时随地向村党组织反映意见和诉求。同时，这个平台还建立限时办理、回复制度，使得基层党组织能够及时收集到民情民意，并及时反馈解决。

其次，通过网络技术的平台聚合效应实现代理网络的构建。“只跑一次”改革是近些年党和国家深化“放管服”改革的重要抓手，其核心导向是使服务供给更加便民、利民、惠民。为民服务的全程代理作为“只跑一次”改革的积极回应和地方探索，与其他形式的创新实践一样，也需要以各部门间的

---

① 关婷，薛澜，赵静．技术赋能的治理创新：基于中国环境领域的实践案例［J］．中国行政管理，2019（4）：58－65.

联动、信息壁垒的破除、办事效率的提升等为基础和前提。而“互联网+”的运用可以推动政府服务的数字化和一体化，同时基于互联网的信息通信技术能够有效提高政府的行政审批效率和部门联动。[①] 义安区“三三制”工作法通过网络技术的平台聚合效应，在横向上打破了各部门间的服务壁垒，将“串联”式业务转变成“并联”式业务，提高了部门联动的效率，实现了信息的实时共享，从而打造了真正“面向群众”的“一站式”服务；在纵向上压缩党组织各层级间的冗余，与区乡党务、政务服务机构联网并轨，实现组织服务的扁平化，大幅降低时间流动成本，提升办事审批效率。义安区农村基层党组织服务供给机制通过横向的整合与纵向的压缩，构建起“一室受理、全程代理”的网络基础，从而实现了为民服务的全程代理网络的构建。

（二）协同服务，发挥服务效能最大化

农村基层党组织服务供给机制构建语境下的协同服务指的是在基层公共服务领域中由各个服务主体的子系统构成的开放的服务整体系统，系统中的诸要素或子系统通过非线性的相互协调、共同作用实现系统的有序、持续运作，从而发挥服务系统的最大效能。协同理论追求的是如何促进各个子系统之间的协作，进而发挥系统的最大功效。[②] 由此可见，服务系统效能最大化的两个前提在于服务主体的丰富和主体间的协调。义安区“三三制”工作法就是从多方联动和深度协调两方面着手，实现农村基层党组织服务供给效能的最大化和主体的多元化。

首先，通过架构多层复合、参与主体多元实现协同服务的多样化。在纵向上，建立联组到户的组织网络实现架构的多层复合。义安区在传统依托村级党组织活动场所设立农村服务平台的基础上，进一步向下延伸服务触角，以若干自然村为单位，成立村民理事会，依托村民理事会设立党支部，建立以村党组织（社区服务中心）—党支部（村民理事会）—党小组（党员中心户）为框架的农村基层组织三级管理服务网络，实现了从组织到群众各个层级都能够参与服务供给。在横向上，联动社会志愿组织实现多方共同参与。

① 郁建兴，等.“最多跑一次”改革：浙江经验，中国方案［M］.北京：中国人民大学出版社，2019.

② 李汉卿.协同治理理论探析［J］.理论月刊，2014（1）：138－142.

架构的多层复合使得从村组干部到基层党员都有效地参与党组织的服务供给。除此之外，为了进一步拓展参与主体，村党组织在梳理分析群众需求的基础上，整合“六大载体”，设立若干志愿者服务岗，并吸收入党积极分子和群众自愿参与。多方的联动为基层党组织服务供给的主体奠定了坚实的基础，同时开放性的组织网络也使得成员的吸纳和更替具有了保障，基层党组织服务供给活力进一步增强。

其次，通过深度衔接融合、服务功能互补实现协同服务的协调化。各服务主体间从无序作用到相互协调、共同作用的转变是发挥服务供给机制最大效能的关键。为此，义安区在实施“三三制”工作法中成立了三支队伍，分别是村组干部队伍、党员中心户队伍和党群志愿者队伍。通过“三支队伍进家门”划定不同主体的服务范围和职责，实现不同层级对应不同主体间的有效衔接，不同权力对应不同服务内容间的有效衔接，从而避免服务供给交叉或遗漏现象的发生，实现服务的深度衔接融合。另外，“三三制”工作法搭建的组织网络具有开放性，通过服务主体的多元化力求实现服务种类的全覆盖。依托农村产业协会、农民专业合作社等，大力发展农机、植保、防疫、储运等专业服务队伍，为群众提供专业化生产服务，从而弥补党组织专业性服务供给匮乏的不足。不同主体服务功能的互补，使得基层党组织的服务供给内容从单一走向多元，实现了服务供给领域和范围的全方位拓展，服务效能极大增强。

（三）柔性反馈，促进服务供给质效化

所谓柔性反馈，区别于传统依靠自上而下的行政强制方法，是以非强制性方式激发主体的主动性与创造性，通过反馈增强其责任意识和成就感，从而在主观上改变其行为方式和价值理念。柔性反馈作用的有效发挥关键在于形成主客体间的良性互动。义安区“三三制”工作法从服务供给主客体间的良性互动入手，通过构建“三项保障建机制”，实现服务供给的高质量和长效化。

首先，从服务供给主体角度来看，“三三制”工作法以深化服务承诺制度为方法，增强服务主体的主动性和责任感。村组干部、党群志愿者、中心户党员等服务供给主体以自主认领和组织认定相结合的方式，将服务事项进行细化分解，形成《服务计划书》，向群众作出公开承诺，接受群众监督。服务

供给主体通过作出公开承诺，不仅能够明晰其责任和义务，使服务内容更加明确，同时还能够转变其思维，从硬性任务的完成变为承诺的遵守，从而实现从“被动做”到“主动干”思维方式的转变。其次，从服务供给客体角度来看，“三三制”工作法突出强化群众话语权，建立群众直接评价村干部制度，将评价结果与村干部待遇直接挂钩。通过星级评定，群众对服务供给的效果作出客观评价，这在一定程度上能够对服务供给主体发挥监督和激励作用。最后，从主客体间的良性互动角度来看，服务供给主体对客体作出服务承诺，产生履行义务和责任，从而调动其主动性和责任感。而服务主客体大都生活在同一生活区域，周围人的评价和肯定具有极强的激励作用，服务供给客体的正面评价能够极大增强服务供给主体的满足感和成就感，从而产生正向反馈。同时服务客体又大都是同村近邻，在面子效应的作用下会使这些主体保障其服务质量，从而实现反向兜底。除此之外，“三三制”工作法还分级设立困难党员关爱资金，加大关怀帮扶力度，激发党员的主体意识和创争热情。

在服务供给主客体的良性互动下，服务供给主体的主动性、责任感得到有效激发，其服务行为和价值观念从被动消极变为主动积极；服务供给客体的及时反馈，正向产生满足感和成就感，反向产生兜底，对服务供给主体产生激励和监督作用。主客体间的良性互动使得服务供给主体的行为方式和价值理念发生根本性转变，由此使服务供给质量和可持续性得到提升和保障。

四、农村基层党组织服务供给机制的实践效能

义安区通过技术手段、多方协同、观念重塑等方式强化了农村基层党组织的服务供给，构建起了具有网络化、协同化、柔性化特点的服务供给机制。服务供给机制的完善“对外”使得基层治理力量得到充分释放和利用，“对内”有效转变了基层党组织服务供给的思想与行为，最终实现了党组织与群众之间服务的“无缝化”。

（一）打通了服务群众的“神经末梢”

基层党组织是联系群众、服务群众、密切群众的坚实堡垒，但“最后一公里”的跨越仅靠基层党员干部是无法有效实现的，因此要有效激活和利用基层党组织的“神经末梢”，使多方主体参与服务供给，从而实现基层党组织

的协同服务。义安区“三三制”工作法通过多方协同机制充分激活了基层党组织的“神经末梢”，使农村基层党组织的服务供给更加具有开放性，服务供给的主体更加丰富。

一方面，“三三制”工作法在进行架构多层复合规划时，充分考虑了激活“神经末梢”的任务和功能。因此在组织网络构建时，除了成立村党组织、党支部等传统党组织外，还专门以自然村为单位普遍成立村民理事会，同步设立党支部，由理事支部成员担任党员中心户联系邻里群众。通过这一末端层级的设立，在充分吸纳和发挥基层党员力量的同时，也使得基层党组织的覆盖范围和组织触角进一步向下延伸。除此之外，为了使基层党组织跨越“最后一公里”，有效嵌入基层群众当中，在构建基层党组织与村民间的直接联系和服务的过程中，设立“党员中心户”队伍，定期定户地开展联系和寻访工作，从而实现基层党组织向下再延伸。

另一方面，“三三制”工作法不仅有效激活了基层党组织的“神经末梢”，同时还广泛地拓展了“神经末梢”。“三支队伍”的成立，有效整合了“六大载体”，设立了若干志愿者服务岗。通过这些平台的整合和志愿岗位的设立，吸纳和引导入党积极分子和群众自愿参与志愿服务，从而有效激发和利用基层群众的力量。此外，义安区基层党组织还积极联动农村产业协会、农民专业合作社等社会组织和自治组织，充分发挥各类基层组织的协同作用。多方协同使得农村基层党组织的“神经末梢”更具开放性，同时还带动越来越多的村民群众参与服务供给，涌现出诸如钟鸣镇九榔村“小嫂子”服务队等一批广受当地群众好评的志愿服务团队，农村基层党组织服务供给队伍的生机和活力显著增强。

（二）改进了服务群众的工作作风

基层党组织服务供给在思想上表现出的行政化倾向，在行动上呈现的运动化特征是导致服务型党组织工作作风逐渐消极应付、活动流于形式、服务难以长效等问题的症结所在。因此，要想切实转变基层党组织的服务功能，保证服务供给走向接地气，必须从向服务型基层党组织工作作风的转变入手，从而使服务供给主体的思想和行动主动化、积极化。义安区“三三制”工作法从价值理念引导、服务方式规范两个方面，转变了农村基层党组织服务供给主体的思想和行为，农村基层党组织的工作作风得到了有效改善，服务群众由“嘴上说”变为“脚下行”。

一方面是思想上正向引导。行动是思想的外化和现实体现，思想在潜移默化中指导着行动的产生、方向和结果。因此改进基层党组织的工作作风首先应该从价值理念的引导和重塑开始。义安区“三三制”工作法通过技术赋权和柔性反馈机制，明确了各主体对应的不同权力和责任，实现其从“无权感”到“责任感”的转变，同时及时的反馈增强了各主体的成就感和荣誉感，实现其“效能感”的增强。从消极应付到积极主动的思想转变，所带来的影响是基层党组织服务供给的各主体行为方式的改变。不仅体现在服务工作由“门难进、人难找、脸难看、事难办”到“群众动嘴、干部跑腿”的转变，更体现在党员干部更加注重自身的价值引领作用，积极主动地去引领群众、发动群众、组织群众参与基层服务的供给。从村组干部的以身作则，到党员中心户的示范引领，再到群众的吸纳和参与，党组织的价值引领作用在基层党组织、基层党员、基层群众的层级中不断向下延伸，带动了越来越多的人参与公共服务的供给，基层公共服务的活力不断增强。

另一方面是行动上反向推动。虽然思想的转变在很大程度上改善了服务供给的行为，但这种改善靠的是主观上的自觉，客观上的理性保障和规范也同等重要。“三三制”工作法实现了基层党组织服务流程的制度化构建，即通过推行“上门式、巡访式、组团式”服务，充分发挥了村组干部、党员中心户和党群志愿者三支队伍的能动作用，积极开展面对面、心贴心的人性化服务，变“群众到处找干部”为“干部主动找群众”，把办事场所由室内搬到了屋外，有效杜绝了“门难进、人难找、脸难看、事难办”和“不给好处不办事，给了好处乱办事”现象，使群众真切感受到“人好找、事好办”。

（三）实现了服务供给的无缝衔接

传统的基层党组织服务供给存在严重的碎片化、错位化、形式化等问题，服务活动在村民中难以有效落地，这些都是服务供给“裂缝”的具体体现。而服务供给无缝衔接的实现既需要服务需求反馈的畅通和及时，更需要服务供给的全面和直接，这些则要求进一步下沉基层党组织服务。服务下沉是保障基层服务供需平衡的有效举措，目的是及时把握服务需求的反馈，构建直接面向群众的服务供给，实现服务的便民化。

从义安区农村基层党组织的实践来看，技术赋能下服务供给的网络化从根本上转变了基层党组织的服务供给方式。一方面，信息网络平台的双向赋能使得党政组织与群众间的沟通更加顺畅，双向信息流通更加及时、便捷，群众的需求、意见等能够直接表达，党组织能够及时收集和反馈；另一方面，代理网络的构建则从业务服务的办理入手，按照“一室受理、全程代理”的要求，使得业务办理从乡镇下移到村组，从多部门聚合到一中心，真正实现了“小事不出组、常事不出村、大事不出乡”。

平台的下沉是保障服务供需平衡的基础，而权力的下沉则是强有力的支撑。义安区通过“三支队伍进家门”，不仅实现了服务供给权利和义务的下沉，还转变了党员干部对收集需求的方式和解决问题的方式。一方面，党员干部通过进村入户做群众工作，主动问询村民的实际需求，从而填写民情联系卡。民情联系卡按照“有忧报忧、有喜报喜、无事报平安”的原则，交支部集中报村党委（总支），由村党委（总支）进行梳理汇总并按照职责要求和流程进行处理。另一方面，“三支队伍”的成立赋予了不同层级、不同成分的成员不同的权力和职责，服务权力得到了有效下放，使其在“上门式、巡访式、组团式”服务过程中按照“能办的事随手办、组内办，办不了的事上报村里分类办”原则开展服务。服务权力的下沉形成了“群众动嘴、干部跑腿”的服务机制，在提高服务效率的同时，拉近了同群众之间的距离，转变了工作方式，树立了良好形象。

五、结论与思考

在新形势下，基层党组织服务功能的强化既是适应基层党组织功能转换的现实需要①，更是马克思主义政党价值理念的本质回归。本部分结合义安区探索创新的“三三制”工作法，分析了其农村基层党组织服务供给机制的构建背景和过程，并剖析了该机制的运行逻辑及其实践效能，由此产生了两点思考。

作为一种地方性创新实践，义安区农村基层党组织服务功能的强化并不是依靠传统自上而下式的任务“发包”和动员，而是通过程序性的服务机制再造，从根本上重塑基层党组织的服务流程，从而实现服务功能的强化。基

① 孙黎海．基层服务型党组织建设的理论架构［J］．理论学刊，2013（8）：22－25＋127－128.

层党组织服务供给机制所构建起的服务流程具有主动化、便捷化、全面化的特点。从以往群众找人办事到村组干部上门服务、全程代理服务的转变，实现的是服务供给的主动化，是供给主体服务理念和行为的根本性转变。技术手段的运用则使得服务权力进一步下沉，服务流程因平台载体的信息化而变得更加便捷。而多方主体间的协同在丰富服务内容的同时，也使得服务流程更加协调，服务效能有了全面提升。由此可见，作为一种过程性的行为活动，程序性制度的构建对于服务供给的有效落实具有关键性的意义，是发挥基层党组织服务功能的有效途径，是实现服务供给的根本性转变、服务效能全面提升的有效方式，而这些成效的实现仅靠保障性制度的倡导和督促是远远不够的。

基层公共服务建设是一项长期而紧迫的任务，需要多方的广泛参与和深度配合，通过党建引领形成的“一核多方”服务体系是充分发挥基层党组织优势的有效途径。基层党组织作为党联系群众、凝聚群众、引导群众的中坚力量，既具有执政党所拥有的领导和统筹地位，也具备凝聚群众、动员群众、引领群众的广泛基础。通过基层党组织，一方面可以凭借共产党强大的影响力和统筹力，实现多方主体的动员和协调；另一方面可以依靠众多基层党员的示范引领，带动群众积极参与自我服务，从而实现公共服务的共建共享。因此，强化农村基层党组织的服务功能对于带动农村基层公共服务发展具有重要的现实意义。

“党建 + 楼宇”：探索村民自治的有效实现路径

——基于双龙村楼宇党建的调查

习近平总书记强调指出：“党建工作的难点在基层，亮点也在基层。”“基层党建既要发扬优良传统，又要与时俱进，不断适应新形势，拓宽基层党建的领域。”① 为了推动基层党组织的创新发展，党的十八大以来党和国家将基层党建纳入党建工作的重点。党的十八大强调要“创新基层党建工作，夯实党执政的组织基础”。党的十九大除了强调要突出强化基层党组织建设的作用外，还特别强调“要推进党的基层组织设置和活动方式创新，加强基层党组织带头人队伍建设，扩大基层党组织覆盖面”。党的二十大报告进一步要求，要“积极发展基层民主”，“健全基层党组织领导的基层群众自治机制”。推动基层党组织的创新发展逐渐成为基层党建工作的重点。

一、问题提出

基层党组织的有效性与影响力的提升，既与其组织形式、运行机制及活动方式的完善有关，更依赖于这些因素与基层社会结构之间的内在耦合度。经济的发展、社会的进步使得基层社会结构的演变速度与变化程度急剧增大。但基层党组织的组织体系表现出传统科层体制所具有的客观的组织惯性，由此产生的影响是基层党组织作用发挥的传统空间急剧缩小，效能急剧下降。耦合度的降低对基层党组织原有的组织形式、运行机制和活动方式等方面产生了新的要求。因此不断创新基层党组织建设的形式与内容，以适应不断变化的基层社会结构，对于提升基层党组织的有效性与影响力具有重要意义。

改革开放后，面临社会主义市场经济的确立、社会流动的加强所带来的基层社会结构的深刻变化，基层党组织的形式在不断地发生转变。总体上看，

① 2018 年 11 月 6 日，习近平总书记在考察上海陆家嘴金融城党建服务中心时的讲话。

中国基层社会结构呈现出由集体化向异质化不断转变的趋势，由此形成了基层党组织形式从“机械团结”到“有机团结”演进的向路。[①]“机械团结”模式下依托的是封闭性、行政化的人民公社结构，这一时期的乡村基层成了被国家控制的“细胞组织”，[②] 由此形成了“公社党建”的模式。改革开放后，伴随人民公社体制的解构，乡村治理进入了“乡政村治”模式，由此出现了诸如“村委会党建”“街居党建”“社区党建”等基层党建模式。这些新型党建模式在改革初期有效实现了“公社转变”的需求，承担起了基层党建的任务。但随着经济的快速发展，这些党建模式不可避免地出现了“悬浮化”“离散化”[③] 等不适应现象。进入后税费改革时期，资源的广泛下乡、政策的深度扶持，使得农村基层迎来较大发展，基层社会结构也更加多元化和异质化，由此对基层党组织形式产生了“有机团结”的要求。“有机团结”党建模式在组织形式上要求更加灵活开放，在运行机制上要求更加深入有效，在活动方式上要求更加多方协同。依据“有机团结”的不同程度，形成了“区域化党建”“楼宇党建”等现代化党建新模式。其中的“楼宇党建”是基层党组织应对外部复杂环境变化而衍生出的更加深入基层的适应性创新。

现代化的发展使得楼宇建筑逐渐增多，楼宇是城市化进程中空间张力作用下横向上土地的集约化、纵向上空间的拓展化的产物，具有较大的异质性和流动性。[④] 为了增强基层党组织的“黏性”和效力，近些年开展了广泛的楼宇党建实践探索。楼宇党建即是“支部建到楼上”，它以楼宇为活动载体，以楼宇中的成员和组织为行动核心，以社会效益和社会责任为行为准则，[⑤] 通过党组织形式、运行机制、活动方式的适应性转变，从而发挥联系群众、凝聚群众、引领群众的作用，进而促进社会经济发展，提升基层治理水平。当前对楼宇党建的研究主要集中于商用楼宇党建的分析和探讨。不同于民住楼宇，

---

① 唐文玉．从单位制党建到区域化党建：区域化党建的生成逻辑与理论内涵［J］．浙江社会科学，2014（4）：47－54＋156.

② 郭正林．中国农村权力结构［M］．北京：中国社会科学出版社，2005.

③ 章荣君．新时代基层党建带动乡村治理效能提升研究［J］．湖湘论坛，2021，34（4）：48－57.

④ 周俊，徐久娟．从嵌入到整合：商务楼宇党建新发展：基于上海市H镇的实证分析［J］．东北大学学报（社会科学版），2020，22（1）：58－64.

⑤ 李锦峰．“楼宇社区”：商务楼宇党建的观念重塑与空间再造：基于上海市淮海中路街道楼宇党建的经验分析［J］．探索，2019（1）：101－107.

商用楼宇具有强烈的纯粹经济空间特征而表现出社会和文化功能的缺失[①]，具体呈现为归属感和身份认同的降低，由此产生的是“组织难覆盖、场所难建立、活动难开展、作用难发挥”的普遍性党建问题。随着商务楼宇的“楼宇社区化”[②]，如何正确处理经济发展、社区治理和文化建设之间的关系成为基层党建工作面临的不可避免的现实问题。由此而展开的楼宇党建模式主要包括“整合式”党建[③]、“联动式”党建[④]、“嵌入式”党建[⑤]以及“融合式”党建[⑥]。相比之下，有关民住楼宇的党建研究就比较欠缺，大多是依托“社区党建”而展开，仍属于“社区党建”的范畴。随着城镇化的发展和乡村振兴战略的实施，乡村的楼宇也越来越多，住进楼宇的农民与日俱增，并表现出“半城半农”的居住特点。这些农民的适应性问题和需求，以及村组形式的变迁对基层党组织的形式和内容产生了更多更新的要求。因此，民住楼宇的党建问题研究便越来越具有现实意义。

鉴于此，本部分试图通过对义安区天门镇双龙村“楼宇党建”模式的分析，探讨其基层党组织形式与内容适应性转变的内在机制，为农村楼宇党建治理效能的实现提供实践经验和现实参考。

二、楼宇党建的背景动因

双龙村位于义安区天门镇西，东与天门村接壤，南与五峰村毗邻，北与铜陵市郊区相通。总面积8.35平方千米，总人口2883人，辖24个村民小组，1036户。其中有8个自然村、1个双龙新村安置小区，劳动力1820人，外出务工890人。双龙村于2017年5月3日成立党委，村“两委”成员6人，下设3个党支部、9个党小组，党员108名。

---

① 汪鸿波，费梅苹．商务楼宇社区：城市社区治理的空间转向［J］．学习与实践，2018（8）：95－103.

② 肖剑忠，陆文荣．楼宇社区党建研究：以杭州市下城区为例［J］．中州学刊，2017（6）：11－17.

③ 陈海燕．整体性推进商务楼宇党建文献综述研究［J］．理论视野，2020（3）：86－92.

④ 郑希智，王萌．朝阳CBD核心区商务楼宇党建实践与成效［J］．北京党史，2018（1）：53－55.

⑤ 叶敏．巩固薄弱地带：城市楼宇上的政党建设策略：对上海J区N街道“支部建在楼上”经验的政治社会学分析［J］．华中科技大学学报（社会科学版），2019，33（1）：118－126.

⑥ 夏远永．楼宇党建工作的现实挑战和机制建设［J］．中共杭州市委党校学报，2017（6）：31－35.

双龙村的楼宇党建探索具有鲜明的实践背景。双龙新村安置小区的新型城市社区化空间形态的形成源于双龙泉项目安置点的建设。安置点回迁全部为双龙村村民，主要涉及原龙口、牌楼、牌一、牌二、牌三、中湖6个村民组，回迁村民聚居于同一个安置小区。由此，原有的自然村落已经被打乱，原本以地域划分的党组织（党小组）设置随之受到影响，基层党组织形式亟待优化。同时，村民从村居到楼居的转变产生较多适应性问题和需求，这对基层党组织建设的内容产生了新的要求。为了适应环境的转变，双龙村基层党组织借鉴已有城市社区“楼宇党建”经验，结合双龙村民半城半农的居住特点，在双龙泉安置点开展了“党建引领，楼宇自治”的基层党建实践，通过新形式的党建引领，奋力打造和睦宜居新双龙。

三、空间再生产：楼宇党建的实践逻辑

双龙村的楼宇党建主要是通过空间再生产，实现基层党组织形式的适应性转变、运行机制的深化、活动方式的优化，从而增强基层党组织的组织“黏性”和功能效力。

（一）政治空间再生产：优化组织架构

乡村楼宇党建的政治空间再生产是指楼宇的生活空间和组织的政治空间的嵌入与融合，一方面，通过改变组织的结构、形式、机制等实现组织政治空间的重塑，从而使其更好地嵌入楼宇形式的生活空间当中；另一方面，通过目标、载体、成员等方面的融合，实现楼宇生活空间与政治空间的融合，由此双向实现楼宇政治空间的再生产。

横向上，将楼宇生活空间纳入基层党组织的政治空间。双龙村通过基层党组织网络的划定和拓展，实现将楼宇生活空间纳入基层党组织的政治空间。一方面，双龙村成立双龙新村安置小区双龙新村党支部，在区域层面上专门统筹和引领新型城市社区化空间形态的各项基层党务工作，从而实现基层党组织的针对性覆盖；另一方面，依据楼宇生活空间的样态特征，双龙村对基层党组织网络进行重新划分，根据楼栋的分布和党员户的数量，合理划分党小组覆盖范围，将34名党员分别划入相应的党小组（龙口党小组、牌楼党小组），推选产生党小组长。

纵向上，将基层党组织的政治空间嵌入楼宇的生活空间中。双龙村除了

扩大基层党组织在新型空间形态中的覆盖范围，合理划分党组织的基层网络外，还注重基层党组织在楼宇生活空间中的进一步延伸，主要是通过党员中心户、楼长等的楼宇嵌入实现组织触角的延伸。为此，双龙村在重新划定基层党组织网络的时候，注重考虑各楼宇的党员分配，力求每栋楼都有党小组长、党员中心户或党员。同时，双龙村还注重发挥基层先锋的作用，组织各单元户代表推荐选举楼长，保障每栋楼宇都有先锋模范。由此，在纵向上延伸基层党组织的触角，使基层党组织更加深入地嵌入楼宇的生活空间当中。

（二）治理空间再生产：促进主体协同

党建引领下的村民自治是实现共建共治共享的基层治理格局的基本形式，因此有效发挥基层党组织引领群众自治的作用是保障基层治理有效的关键。由此，治理空间的再生产即是从协同自治的角度出发，在党的领导下，吸纳多方主体，统筹协调各主体间的关系，以保障各主体作用的充分发挥，从而提升治理效能。

一是充分发挥基层党组织的统筹协调作用。一方面，由党支部牵头成立双龙新村安置小区业主委员会，对小区进行自主管理，负责小区公共设施的日常维护工作；另一方面，双龙村楼宇党建变村党支部为安置点小区党支部（双龙新村党支部），变村民组长、党小组长为楼长，通过身份的适应性转变，以更加符合实际情况的需求，由此为基层党组织作用的发挥奠定基础。同时，双龙村建立起了小区党支部—楼长—党员中心户为框架的三级管理服务网络，形成党支部书记负责小区、楼长负责楼栋、党员中心户主动联户的工作责任机制。组织架构的转变在制度上既明确了各组织层级的职责和任务，同时也保障了基层党组织统筹协调作用的发挥。

二是充分发挥多方主体的协同作用。一方面，双龙村依托政治空间在楼宇中的嵌入和延伸，重点发挥党员中心户的作用，争取每栋楼都有党员中心户，没有党员住户的，将群众信赖的入党培养考察对象、热心人士等作为楼长。通过强化基层党组织的“神经末梢”，在党组织的统一领导下，党员中心户按照“三三制”工作法要求做好为民服务工作，并对邻里产生示范和带动作用。另一方面，积极吸纳宗族老人、村庄能人、村庄乡贤参与理事会，调动村内资源参与村庄治理，从而拓展协同治理的成分和力量。

（三）服务空间再生产：实现精准服务

双龙村将农村基层服务型党组织建设引入农村楼宇党建，在小区安置点实施“三三制”工作法，依托楼宇党建的组织形式和运行机制，发挥党组织、党员服务群众职能，建立全覆盖的服务群众体系，积极组织开展上门式服务、巡访式服务和组团式志愿服务。

首先，成立服务队。依托楼宇党建下的党组织架构，双龙村组建4支志愿服务队，包括治安巡防、文体活动、卫生保洁、独居老人关爱等。同时设立党员综合服务岗6个，力争实现为民服务“无死角、全天候”。

其次，优化服务内容。在已有服务的基础上，楼长和党员中心户根据居民需要，扩大服务内容，分区域配备计生服务志愿者、社保服务志愿者等，方便群众办事。同时，针对村民变居民，“单门独院”变“楼上楼下”过程中出现的各种困难和矛盾，楼长、党员中心户、志愿服务队等积极上门解决实际困难，调解矛盾纠纷，提供有效服务。

最后，完善服务模式。着力构建“123”服务模式，“1”是指一个服务理念，楼宇党建下的党组织成员定期走访楼层居民，为民代办事务；“2”是指两个服务平台，即党组织信息服务平台和楼宇党建信息平台，通过党组织信息服务平台定期发送党建信息和党章内容，楼宇党建信息平台是通过建立QQ群或微信群，提供政策咨询和劳动就业等服务；“3”是“三个一”，即“一区两岗服务”，单元综合服务岗和公共区域网格化服务岗，“一单元周走访”，单元综合服务岗每两周要走访各住户，以及“一张服务承诺登记表”，党员围绕服务群众开展承诺。

（四）生计空间再生产：提升生活质量

双龙村楼宇党建的目的是适应基层环境的变化，保障基层党组织影响力和有效性的发挥。除了通过对组织自身进行适应性改变外，双龙村还通过基层党建带动社区的发展，从而提升村民的生活质量。

一方面，促进集体经济发展。双龙村依托楼宇党建形成的基层党组织进行统筹和协调，从而盘活老村部和原小学的村集体房屋资产，实现老旧集体资产的效益再生。同时，凭借基层党组织的影响力和信誉度，由党组织牵头，积极争取与流转承包大户进行合作，联营发展构树产业化及鳜鱼养殖高效农业项目，不断创造和优化发展条件，促进集体经济发展。

另一方面，培育社会组织。基层党组织虽然是基层服务供给的主体，但并不是唯一的力量。多种类型的主体是保障基层服务全面、有效、专业的关键。因此，双龙村通过村集体经济的发展和壮大，在为社区服务的完善提供了坚实基础的同时，积极培育诸如家政服务公司等专业社会组织，扩大基层服务的队伍，拓展基层服务的内容，提高基层服务的专业性。

四、楼宇党建的实践效能

双龙村的楼宇党建通过政治空间和生活空间的融合互嵌，缩小了村级治理半径；通过治理机制的深化，扩大了村民自治空间；通过服务体系的优化和发展空间的提升，提升了村级组织服务能力。

（一）缩小了村级治理半径

随着基层社会的日益多元化和异质化，基层党组织面临的环境更加复杂和多样。而传统治理单元容易造成"一刀切""悬浮化"等问题，使得纷繁复杂的基层事务越来越难以有效处理，基层党组织效用的发挥大打折扣。为了解决这个问题，双龙村通过楼宇党建转变了基层党组织的组织形式，从而实现了治理单元的缩小。

一方面，组织网络的重划实现了治理单元横向的缩小。双龙村在双龙新村安置小区专门成立了小区党支部，使得安置小区的党组织网络覆盖从原来的村、社整体组织网络变为现在的村、社双轨组织网络，实现了传统自然村与新型城市社区化空间的组织网络区分。由此，在横向上缩小了基层党组织的治理单元，使得基层党组织的治理更具有针对性和适应性。

另一方面，层级机制的重建实现了治理单元纵向的缩小。双龙新村安置小区这一新型城市社区化空间具有传统村（居）空间所不具有的天然单位属性，即楼栋。双龙村的楼宇党建充分利用了这一天然的单位属性，对基层党组织的层级结构进行了重建，建立起了小区党支部—楼长—党员中心户为框架的三级管理服务网络，形成党支部书记负责小区、楼长负责楼栋、党员中心户主动联户的工作责任机制。这一机制有效利用了楼宇的单位属性，使得基层党组织从对应整个社区缩小到对应每个特定的楼栋，甚至是对应每个楼栋中的户主。由此，基层党组织治理、服务工作的职责范围更加清晰明确，工作内容更加具体翔实，从而有效保障了基层党组织工作的内容。

（二）扩大了村民自治空间

双龙村的楼宇党建在实现基层党组织形式、运行机制转变的同时，也构建起了村民自我管理、自我服务的平台，使得村民更加直接地参与共建共治共享，从而为基层党组织的活动开展注入了生机和活力。

一方面，构建了更多的自治平台。原来的基层自治平台多为村民理事会，或者是村民代表参与座谈会等形式，村民自治参与的广度和深度均有限。而双龙村通过楼宇党建，实现村民自治参与平台的扩大。党支部牵头成立的双龙新村安置小区业主委员会打通了村民对小区进行自我管理的渠道，实现了由村民负责小区的公共服务设施日常维护工作。同时，楼宇党建实现了村民组长、党小组长到楼长的转变，并建立了基层党组织的第三层级即党员中心户，这些成员均由村民选举产生，并由村民代表担任。这些职位的转变和设置，使得村民的参与途径明显增多以及参与程度明显增强。

另一方面，吸纳了更多的自治力量。自治平台的增多在扩大村民参与渠道的同时，也使得广大的基层党员、宗族老人、村庄能人、村庄乡贤等被充分吸纳和利用。通过这些党员、乡贤能人的示范引领，在基层形成了自我管理、自我服务的良好风气，越来越多的村民参与了社区治理和服务。除此之外，楼宇党建所成立的志愿服务队也广泛吸纳了基层志愿群众，积极联动了其他社会组织参与社区服务的供给，极大地拓展了服务群众的内容，从而实现了为民服务“无死角、全天候”。

（三）提升了村级组织服务能力

楼宇党建在强化基层党组织的政治作用的同时，也注重自身服务属性的强化，“三三制”工作法在楼宇党建中的运用，实现了基层党组织服务功能的转变和提升。

一方面，服务方式更便捷。楼长、党员中心户、志愿服务队等的设立转变了服务工作方式，使得基层服务更加直接。这些服务主体大都是同一楼栋的住户，当村民有困难和矛盾时，他们可以直接上门帮助解决问题，调解矛盾纠纷，从而使服务更加及时和直接。同时，党组织信息服务平台和楼宇党建信息平台等网络化平台的建设和完善也有效破除了基层党组织提供信息服务的壁垒，拓宽了村民获取信息的渠道和路径，降低了村民获取信息的成本，使得村民与基层党组织间的沟通更加便捷和直接。

另一方面，服务内容更细化。治理单元的缩小使得基层党组织的服务供给更加具体，实现了对新村安置小区和自然村村民不同治理需求的区分，使得新村安置小区村民当前的诸如小区基础设施不完善、物业管理有待提高等的诉求得到了有效聚焦。除此之外，党员中心户、楼长等的主动联户、走访工作使群众的具体需求能够得到及时有效上报，从而使基层服务的供给紧跟群众的实际需求，实现服务的贴心和细致。

五、经验启示

双龙村楼宇党建通过组织形式、运行机制、活动方式的适应性转变实现了基层党组织的有效嵌入和作用发挥。从双龙村楼宇党建的实践来看，基层党组织突破生活空间的障碍而有效嵌入楼宇是前提和基础，依据生活空间转变的特征调整党组织运行机制是效能发挥的关键，构建多方协同治理的秩序化体系是提升效能的保障。

（一）楼宇党建的进入策略：吸纳式组织嵌入

实际上基层党组织在村民生活空间中的深度嵌入和融合并不十分容易，村民的弱参与、生活空间的个人利益与政治空间的集体利益之间的张力等成为楼宇党建面临的实现问题。对此，双龙村采用吸纳式的组织嵌入方式，实现了基层党组织政治空间与村民生活空间的融合。

基层党组织政治空间与村民生活空间在空间形态、主要内容等方面存在较大的异质性，二者的直接融合并不容易。因而建立政治空间和生活空间的有效连接成为实现两者相互嵌入的关键。由此，双龙村楼宇党建通过小区党支部—楼长—党员中心户为框架的三级管理服务网络，形成党支部书记负责小区、楼长负责楼栋、党员中心户主动联户的工作责任机制，使得基层党员被有效纳入基层党组织的组织架构当中，从而实现党组织向村民连接的构建。此外，双龙村楼宇党建还注重吸纳乡贤能人，设置楼长，从而实现村民向党组织连接的构建。双向连接的构建既实现了党员的下沉，缩短了与村民的距离，同时还充分调动了多方力量，从而破解了党组织的嵌入障碍，实现了基层党组织政治空间与村民生活空间的融合。

（二）楼宇党建的作用策略：回应式服务供给

基层党组织作用的发挥不能单靠党组织自身的力量，需要广大基层群众自我服务、自我建设的协同。基层党组织政治空间与村民生活空间的价值和活动内容的错位是造成基层党组织效用降低的主要原因。因此，保障基层党组织效能发挥的关键在于使政治空间与生活空间的价值导向和活动内容相协调，建立基层党组织与群众的利益相关性，从而提升基层党组织作用的效力。

为了使基层党组织能够有效嵌入小区楼宇，双龙村在规划基层党建之初便以协调政治空间与生活空间的价值和活动内容为导向，通过积极回应村民群众的需求，建立服务机制，制定服务内容，构建起与村民间的直接利益关系，从而调动基层多方力量，包括党员、乡贤能人、社会组织等，参与基层服务和治理。具体来说，双龙村的回应式服务供给明确回应了村民的需求和问题。村民生活空间的转变产生了许多适应性问题，包括生活习惯的改变、邻里矛盾纠纷等，因此，双龙村基层党组织以这些问题为工作重心制定服务内容，并依据服务内容构建服务供给机制，以此回应村民的适应性问题。同时，双龙村广泛吸纳基层党员、乡贤等，使群众服务群众，从而保障服务的有效性。

（三）楼宇党建的自治策略：组织化治理构建

在市场化和城市化的冲击下，农村社会呈现出原子化的总体趋势，村民间的互助、联结、协调、规约等功能趋于弱化①。就双龙村的楼宇党建实践来看，其通过楼宇党建对安置点小区进行了政治性组织建构，从而推动了小区村民的再组织化。

一方面是制度供给。双龙村依托基层党组织的组织建设，将党组织的组织网络覆盖到整个小区。同时依据楼宇的空间特征，设置了小区党支部—楼长—党员中心户三级管理服务网络。除此之外，还将“三三制”工作法等规范性制度引入楼宇党建当中，使得基层治理的组织网络更加完善和规范。由此可见，制度的建立和完善使双龙村村民协同自治更加规范、程序更加明晰、

---

① 孙柏瑛，胡盼．党建引领的精准扶贫与乡村社会的再组织［J］．南京大学学报（哲学·人文科学·社会科学），2021，58（3）：73－81＋159.

平台更加成熟。

另一方面是组织动员。村民自治既需要党建引领下的制度构建和完善，同时也需要各方自治主体的深度协同和参与。楼宇党建的组织嵌入，有效建立了基层党组织与村民间的直接利益关系，由此调动村民的参与积极性，从正向产生激励效应。同时，楼宇党建还注重组织和吸纳群众，设置党员中心户、楼长、志愿队，成立业主委员会等，为积极动员和吸纳群众提供多种渠道，从反向产生推动效应，通过正反双向的激励和动员实现了对村民的再组织。

“党建+村落”：创新村民协商的有效实现方式

——基于自然村协商议事的调查

重新村地处胥坝乡中部，区域面积398公顷，其中耕地3006亩，林地山场509亩，可养殖水面1002亩。2020年村集体经济收入10.5万元，农村常住居民人均可支配收入为25065元。重新村属于典型的洲圩区，随着经济社会快速发展，村里外出务工人员增多、村民自治组织结构松散、村级党组织缺少治理抓手等问题日益凸显。据统计，重新村总户数767户，整户常年外出的达328户，占比超过四成；全村总人口2262人，外出务工人员达1366人，占比超60%，留在村里的基本上是老年人、妇女、儿童等困难群体；全村22名村民组长，有15人常年外出务工，55名村民代表也有过半数常年在外。自义安区开展全国农村社区治理实验区创建以来，胥坝乡重新村紧紧围绕实验主题，充分结合村情实际，持续探索“党建+”自然村协商理事会建设，走出了一条党建引领的以自然村为单元的村民协商自治的治理新路。

一、问题提出

协商单元是基层协商体系的基本要素，协商单元的范围及属性不但影响协商路径、技术的选择，对协商的效率和成效也有重要的影响。对于基层协商单元的选择，本质上是对协商规模的划定，由此展开的讨论多围绕协商规模的效率与民主的平衡①、行政与自治的均衡②、规模与形态的协调③等角度

---

① 邓大才．“合并浪潮”：农村基本建制单元重组与民主争议：以发达国家农村基层建制单元为考察对象［J］．山东社会科学，2019（1）：61－68.

② 邓大才．均衡行政与自治：农村基本建制单位选择逻辑［J］．中共中央党校（国家行政学院）学报，2019，23（1）：35－42.

③ 熊万胜．协调乡村基本治理单元规模与形态［N］．中国社会科学报，2017－06－07（6）.

展开分析，涉及的影响因素包括人口数量、居住方式等。而这其中的核心问题在于，协商单元过大或过小都不利于协商民主活动的有效开展。由此，选择合适的协商单元规模变得十分关键。

为此，我国也进行了诸多实践探索，一种是协商自治单元的上移，伴随“合村并组”的浪潮，以整合后的行政村为单元开展协商民主活动。虽然这种形式有利于村民的统一管理和组织，但其弊端也十分明显，即因居住环境、时间成本等因素导致村民参与度低下，协商效率也大打折扣。由此形成了第二种实践，即协商自治单元的下移，将行政管理权向上收缩到行政村级，将协商自治权向下分散到自然村、村民小组等更小的单位规模层面上。

为了鼓励各地基层开展广泛的协商自治的单元创新实践，党和国家相继出台各种政策文件予以支持和引导。2014 年，中共中央、国务院提出要“探索不同情况下村民自治的有效实现形式，集体土地所有权在村民小组的地方，可开展以村民小组为基本单元的村民自治试点”。2015 年，中共中央、国务院再次强调要根据实际需要，依托土地等集体资产所有权关系和乡村传统社会治理资源，开展以村民小组或自然村为基本单元的村民自治试点。2018 年，中央一号文件提出：“继续开展以村民小组或自然村为基本单元的村民自治试点工作，加强农村社区治理创新。”

在此背景下，重新村深刻把握协商议事这一基层群众自治制度新内涵，选择以自然村为治理单元开展议事协商，在基层展开了民主协商治理的创新实践。但重新村的自然村议事单元并不是简单地重新回归传统自治基本单元，而是在经济社会高速发展、信息高速流通的当下，以类似“城镇社区治理”为核心的区域治理模式来协同整个行政村的议事协商治理，是一种在传统自治单元模式下的二次选择，既是回归，也是创新。

二、主要做法

2019 年起重新村“两委”以不破不立的创新精神，以“党建 + ”自然村议事协商为抓手，开始实施组建自然村协商理事会为核心的实践探索。

（一）组织载体重构，缩小协商自治单元

协商自治的效率和成效在很大程度上受协商规模的影响，因此人口数量、

居住方式等成为协商单元选择的重要影响因素。基于此，重新村选择了自然村作为协商自治的基本单元，开展了以自然村为单元的协商组织载体重构的基础性工作。

首先，自治单元重划。重新村“两委”按照“因地制宜、利益相关、群众自愿、规模适度”原则，将原有的22个村民组按居住地情况归并到5个自然村（一教、二教、三教、四教和扶林自然村），以自然聚居的形式设定自然村为基本自治单元。

其次，协商组织重构。在坚持党支部统领的基础上，重新村在自然村内构建了该层级的协商组织，即在原有的村级协商委员会的基础上，以自然村为单元，设立了5个自然村协商理事会。同时将党小组分别建在自然村协商理事会，全村46名党员按照自然村分布重新划入新成立的党小组，党小组长担任理事会会长，所有理事会成员按照每人10户标准，进行包户。

最后，协商阵地重建。重新村对自然村的协商理事会的阵地进行了进一步的建设和完善，确定了5个自然村协商理事会的固定议事场所和一批非固定的协商场所，将其作为村级议事协商活动的“分站点”。其中，固定议事场所根据地理位置情况设在理事长或副理事长住处，户外设标识标牌，内容包括村规民约、理事会议事规则、成员及联系户名单，并设建议箱；非固定协商场所主要设在自然村的广场、商店等人员活动频繁场所，如议事广场、议事长廊、议事亭等，充分方便村民议事。

（二）组织队伍重建，激活协商单元活力

协商自治单元的缩小不仅意味着组织载体需要重构，协商队伍的重建也同等重要。只有真正激活协商主体，自治效能的发挥才有保障。

一方面，加强队伍的多元化建设。重新村对自然村协商理事会的成员队伍进行了进一步的完善和优化，在保证党组织有效领导的基础上，充分拓展理事会成员的多元化。具体来说，一是明确成员设定，协商理事会设5名成员，其中理事长、副理事长、秘书长各1名，理事2名。二是明确成员选举，由自然村党小组组长兼任该自然村协商理事会的理事长，其他成员的配备按照村党支部提名的候选人，再组织召开村民（户代表）推选会议，通过选举程序产生。同时注重吸纳村老干部、村民组长、流转大户、社会组织负责人、有一定威望的群众等成为协商理事会的成员。

另一方面，加强队伍的制度化建设。一是明确队伍职责。村民理事会任务聚焦于协商议事、兴办公益事业、化解矛盾纠纷、维护村民权益、服务生产生活、倡导文明新风六大方面，每名理事会成员按照网格化管理的要求，对应自己的村民联系户，做到全村不少一人、不落一户。二是制定走访制度，规定村民理事会成员每月至少进行一次联系走访，做好民情民意上传下达工作。三是完善会议制度。规定一月一次内部例会，一季度一次理事长会议，半年一次全体理事成员会议，在遇到重大问题或突发事件时，村“两委”视情邀请有关村民列席会议。四是实行民主评议制度。组织村民对自然村协商理事会工作情况进行评议，对理事会成员中有多次未参加会议、发挥议事协商作用较差、群众满意度普遍较低、因个人原因提出辞职等情况的，由村“两委”会议研究决定，及时推选增补。

（三）协商机制重立，发挥协商单元优势

协商自治单元缩小的目的在于充分发挥适度协商规模的优势，从而提高村民自治的成效。因此，重新村依据自然村这一单元所具有的协商直接化、便捷化、充分化等优势，重构了协商机制，基本实现了村民协商的闭环运作流程。

一是收集议题。村“两委”和协商议事委员会通过民情家访、热线电话、QQ 群、微信公众号等多种渠道，收集群众反映的问题并建立台账。二是议前调研。委员会成员就协商议题广泛听取各方意见，拟订协商议事方案，根据协商议题明确协商主体，并通过多种方式，提前向参与协商的各类主体通报协商内容和相关信息。三是审定议题。村党组织对收集到的问题进行集中研究，初步确定协商议题，然后提交村“两委”会议审议确定协商议题。四是多方商议。理事会召开协商议事会议，开展民主协商，确保各类主体充分发表意见建议，形成协商结果。其中，对涉及面广且事关村公共事务、公共矛盾、公共秩序管理、公共设施建管用以及农村社区党组织管理权限内应“还权于民”的其他事务五类议题，理事会以民主恳谈会、民主议事会、民主说事会等形式进行“座谈式”协商；对专业性、技术性强的议题，以理事会牵头召开民主评议会、决策听证会、居民论坛等方式，邀请相关专业技术人员、第三方机构等作为协商主体参与协商并进行论证评估；对涉及面小的议题，主要是涉及面较小的矛盾纠纷，由村干部和理事会成员以民情恳谈日、妇女

之家等平台，通过“面对面”交流、“串门式”谈心等形式进行协商；对通过协商无法解决或存在较大争议的议题，提交村民会议或村民代表会议决定；对涉及多个村的议题，由乡牵头开展协商。五是公开结果。形成协商意见后，将协商结果以村规民约、会议决议、计划方案、口头协定等形式确定，通过村务公开栏、先锋网平台等渠道进行公示。六是监督执行。按照“谁负责、谁执行”“谁受益、谁监督”的原则，分类抓好协商结果的落实。对需要居民遵守的事项，重点是村公共秩序、公共环境、文明礼仪等需要村民共同遵守的协商结果，通过订立村规民约、作为全体村民共同遵守的行为规范固化下来，村“两委”和理事会教育引导群众自觉执行、相互监督；对需要农村社区落实的事项，村“两委”及时组织实施，落实情况在规定期限内通过多种形式公开，接受各利益相关方对协商结果落实情况的监督，涉及资金使用的，由上级纪检监察、财政、审计等部门参与监督；对需要上级有关部门落实或帮助落实的事项，以及受政府或有关部门委托的协商事项，村党组织在形成协商结果后及时向乡政府报告。乡政府和有关部门认真研究吸纳，帮助协调解决，并以适当方式反馈。

（四）保障措施强化，夯实协商单元根基

为了更好地配合协商单元的重划工作，重新村相继实施了一系列的保障措施，开展多元化的组织联动，加大人力、物力和财力的投入，为农村社区议事协商保驾护航。

一方面，加强组织领导保障。成立重新村实验区创建工作领导小组，以村党组织书记为组长，村“两委”相关负责人和村组其他人员为成员，共同抓好实验区创建工作。另一方面，打造平台联动保障。一是打造乡贤参与共治平台。利用春节乡贤返乡契机，开展乡贤联谊，筹建乡贤理事会。积极挖掘培育乡贤群体，搭建协商共治平台，推动乡贤成为乡村社会治理的重要力量。二是打造农村社区协商议事平台。巩固已有的“六议两公开”协商工作法，联动“7＋X”模式农村社区协商委员会，规范议事程序，向上扩大协商议事范围，向下深化协商议事程度，坚持“民事民议民决”，形成“大家的事大家议，大家的事大家办，大事大议、小事小议、急事立议、无事不议”的社区协商文化。三是打造社会组织“三社”联动平台。发挥社区社会组织等枢纽型、支持型社会组织作用，进一步培育发展各类创新型社会组织。同时

规范村规民约，组建村民理事会、道德评议会、红白理事会、禁毒禁赌会，制定落实农村社区、社会组织、社工“三社联动”的整合投入保障措施。

三、经验成效

重新村创新农村社区治理模式，按自然村落成立协商理事会，巧用“自治”金钥匙，“治”出了社会活力，“治”出了和谐有序，做好了乡村治理“四则运算”，取得了显著成效。

（一）在治理队伍上做“加法”，队伍力量显著增强

协商单元的缩小使自治队伍重新焕发了活力。一是自治队伍不断壮大。重新村原来22个村民组长绝大部分人常年外出务工，能留在村里的不足7人，发挥作用就更无从谈起。自成立自然村协商理事会后，村民广泛参与，理事会成员总数扩展到25人。二是自治队伍更加多元。村民在数量上得到了充分吸纳，自然村内的乡贤能人等也有效地得到动员。这些能人在村里都是“扎得住根”“说得上话”的权威主体，使社区治理更有权威性和针对性，自治队伍的治理成效也显著增强。三是物资保障的强化也极大稳定了治理队伍的建设。村“两委”积极落实保障措施，在自然村协商理事会活动阵地统一制作标识标牌，为理事会成员配备必要的图书、记事本、签字笔等用品，按照100元/人·月的标准发放协商理事会经费补助，有效确保了人员队伍的稳定性。

（二）在基层负担上做“减法”，村级事务精细治理

过去村里的大事小事，主要是村干部说了算，群众意愿难以表达，村民难免会有怨言。伴随基层工作任务越来越重，村干部的工作压力也在不断增加，抱怨声和干群矛盾也逐渐增多。自然村协商理事会成立后，改变了过去的农村治理方式，理事会成员深入村民当中，广泛收集社情民意，通过自主协商议事，形成统一意见后再报到村里。村“两委”根据事情的轻重缓急，集中精力优先解决村民反映集中、急需解决的问题。这种协商自治单元的创新减少了农村基层干部的工作压力，实现了将自然村内小事的决定权交给村民，调动了村民参与自治的主动性和积极性，也融洽了干群关系。

（三）在民情民意上做“乘法”，群众诉求快速传达

协商单元的缩小和下沉，使得村民的意见和建议的反映和反馈渠道更加直接、及时和便捷。自然村协商理事会成立后的主要任务就是开展民情民意收集工作，因此形成了“1×5×N”的工作格局，即1个理事会有5名理事、1名理事联系N名村民联系户、每名村民都是一位民情民意“信息员”。截至2020年底，通过理事会成员主动走访，共征集梳理村民反映问题解决需求28项、资源供给需求26项、项目建设需求13项（含长期规划落实8项）。自然村协商理事会成立以来，通过协商理事会协商讨论、报请办结的事项已近20项，且事事有落实、件件有回音。村民整体满意度达到80%以上，5个自然村之间形成了“比学赶超”的良性氛围，进一步优化了全村的治理环境。

（四）在矛盾纠纷上做“除法”，注重治理防患于未然

农村社区工作大多是一些家长里短、鸡毛蒜皮的小事，具有突发性，如不及时调处、妥善解决纠纷，很可能小事变大，甚至演变成上访或群体性事件。自然村协商理事会的重要作用和优势便体现在常态化地参与基层矛盾纠纷化解，将矛盾纠纷消除在萌发状态，实现“小事不出自然村，大事不出行政村”。2020年干旱期间，曾有养鱼户和农户为取鱼塘水抗旱而发生纠纷，甚至发展到持农具要大打出手的地步。按照网格划分联系户的协商理事会成员在得到消息后第一时间赶到现场进行调处，及时化解了双方矛盾，避免了事态继续恶化。

四、探索总结

近年来，农村社区治理所面临的整体环境和主要任务发生较大变化，各项制度改革持续深化，农村事务急剧增多，生产生活状况也发生了前所未有的改变，村民各类需求急剧增长，多方利益主体关系交错。在农村基层以自然村为单元开展协商治理，不仅是解决行政村治理局限的有效突破，也是基层民主自治中议事协商渠道的进一步拓展。重新村的协商自治单元的探索和创新给农村基层治理现代化带来了诸多启发。

（一）强化“党建+”引领作用，深化村级议事协商实践

基层党建要取得实效，务必寻求有效且适当的载体。重新村以基层协商作为连接基层党建和基层治理的重要节点，有效破解基层党建和基层治理的脱节难题，构建了以“党建+”引领民主协商方式推动村级事务发展，既发挥党组织的核心作用、引领作用，又充分尊重群众的主体地位，这种模式既具有理论性创新价值，又具有本土性实践生命力。

在当前农村社区转型发展中，应当充分发挥议事协商的黏合力，把农村基层打造成良好的和谐社会，使基层党组织真正成为战斗堡垒。为此，一是在议事主体中，要充分发挥基层党组织在议事协商中的引领作用。村党组织在农村基层的民主协商中应发挥领导作用，在协商主体的选择中发挥引导作用，充分吸收村民委员会、村务监督委员会、村民小组、驻村相关单位等共同成为协商主体。此外，基层党组织在理事会成员的选择方面要充分吸纳老党员、老干部、群众代表、党代表、人大代表、政协委员、基层群团组织负责人、社区社会组织负责人、网格员、社会工作者、法律顾问、乡贤、公益代表等加入。二是在议事内容、规则、程序等方面，基层党组织要发挥引导作用。如在协商议程中，党组织要广泛收集居民协商事项提案；理事会报村党组织审核确定协商议题并提前公示议题；理事会做好协商准备工作，协商方案经村党组织审核同意，协商会议要有多数理事会人员到场和议题相关人员参加才能召开；组织协商时，理事长或者召集人说明议题来源、审查情况、具体内容，相关人员就议题发表意见，按少数服从多数的原则达成协商共识，形成书面协商意见①。

（二）探索协商自治单元，构建农村治理共同体

当前，随着城乡一体化、乡村振兴等国家战略的实施，行政村的管辖范围不仅过广，且严重制约了民主协商自治向村民小组和自然村等的延伸，以致出现了“治理真空”等治理困境。因此选择适当的协商治理单元，对构建有效的治理共同体具有重要的意义。而要建构有效的农村治理共同体，最大

① 龚上华．农村党建嵌入基层治理：以杭州余杭区丁河村“党建+”引领议事协商为例［J］．中共杭州市委党校学报，2018（1）：18－23.

的问题在于农村自治单元的优化设计与调整。这具体表现在农村区域管辖体制的制约上，有的自然村在地理上相邻，文化上相似，有着共同的利益发展诉求，但是并不同属于一个行政村，甚至不能划归到同一个乡镇管辖。这对于村民小组、自然村大的划分和归属，以及乡土社会秩序的重组都提出了更高的要求。

从构建农村治理共同体的出发点来看，自然村是一个利益关联度较高的社会生活共同体，群众对自然村落具有较强的归属感和认同感，为了个人和集体利益愿意参与自然村事务的管理，同时在参与中保障自己的民主权利。因而，自然村这一协商自治单元的构建是一种可行且有效的创新和尝试。但对于政府、村落、村民来说，协商自治单元的重置是一件必须重视的大事情，需要在协调各方意愿的基础上，充分尊重自然村之间的历史传统、民间信仰、交流交集情况、利益关联度、现实意愿和需求等多种因素，从而确保形成有效的新合力。当然，梳理好村落之间的历史脉络和现实关联度，仅靠农村自身的力量是很难达成的，需要基层政府的大力支持和引导，也需要村落的积极配合。

（三）促进行政和自治效率化，达到协商单元平衡

改革开放以后，我国以行政村为基本单位实行村民自治制度。随着我国基层治理水平的不断提高，近年来，部分地区出现了“微自治”，开始将自治单元进一步延伸到村小组以下，部分城市开始以门栋为治理单元的自治。

在众多治理单元的选择实践中自然村作为协商自治单元下沉的主要选择，从政府政策执行的角度来看，它是能够准确实施政策部署与最大化提高议事效率的单元，是“行政效率单元”；从便于基层群众议事协商与意见表达的角度看，它是能够实现群众自治参与的最大化单元，是“自治效率单元”。因此，从理论上看，自然村作为均衡农村行政与自治的基本单元是可行且有效的选择。

当前我国农村基层治理正逐步迈向精细化，各项服务治理与农民主体间的关系越发紧密。议事协商实践的有序推进不仅需要完善的顶层制度设计，更需要扎实有效的群众参与，即坚持以农民群众作为议事协商的主体，通过不断丰富群众参与议事协商的途径，拓宽群众民主协商与民主决策的空间。同时，本部分在强调以自然村为主体的村级协商议事时，并不是一味地鼓吹

其治理的有效性，企图大规模地复制和宣传，而是强调乡村协商议事要针对具体问题具体分析，根据不同的政策和议事项目加以调整。对于适合村级展开的协商实践，就在村级议事协商；对于适合多单元嵌套开展的协商实践，就落实到具体层级开展议事协商，从而平衡行政效率和自治效率，取两者的"最大公约数"，进而实现议事协商在村级层面上的效果最优化。

“党建+技术”：织密村级“小微权力”监督网

——基于小微权力“1+3”管理模式的调查

村级民主监督作为维护村民合法权益、制约村级权力运行、促进基层政务工作有效开展的重要方式，是完善中国基层民主和群众自治制度的发力点。“小微权力”的监督是推进全面从严治党和提升服务人民水平的必然要求。为保障村民民主权利，规范基层权力运行，深化民主建设，切实维护农村集体和农民群众合法权益，促进农村社会和谐稳定，安徽省铜陵市义安区自2017年9月起开始探索实施“互联网+”村级小微权力“1+3”管理模式，通过对村级公共权力进行相应的界定、规范，借助现代信息技术手段公开公示，并且从制度建设和监督形式层面推进创新，真正将村级民主监督制度优势转化为乡村治理效能，逐步提高了乡村治理水平。

一、全面依法治国背景下村级民主监督的历史选择

党的十八届四中全会首次提出全面依法治国战略以来，全国各地农村都在不断探索创新村级民主监督工作，努力发挥村级党组织的领导核心作用，调动村民参与民主监督的积极性，逐步建立党组织领导下的村民广泛参与、依法监督、职责明确、程序完备、充满活力的民主监督机制。为了进一步保障村民自治有法可依，推动依法治国在基层落地生根，2018年12月29日第十三届全国人民代表大会常务委员会第七次会议通过了《中华人民共和国村民委员会组织法（修正）》，村民自治取得了较大成效，有民主监督作为保障，农村民主选举、民主决策、民主管理的程序、制度体系等得以有效规范。各农村社区充分发挥村务监督委员会的作用，逐步建立责权明晰、衔接配套、运转有效的村级民主监督制度，村级民主监督日益向法治化、制度化迈进，监督内容与监督形式也日臻完善。

然而，受传统观念与监督机制不健全等因素的影响，村级民主监督仍然

存在许多问题。具体问题可以归纳为以下几个方面：一是农村经济社会结构的变化对村级民主监督提出新要求。随着城镇化进程的加快，农村青壮年外出务工增多，农村“空心化”、农民老龄化问题严重，加上“村民居住的原子化分布以及家庭联产承包责任制中的分散经营，使得村民会议的召开难以集合有效的人数”①，作为监督主体的村民实际上难以参与监督。二是传统的村务公开方式在公开内容方面缺乏全面性、实时性和规范性，导致村民纵使想监督也监督无效。三是对于村干部的腐败行为，缺乏制约其权力运行的有关机制和监督举报渠道。部分村委会因缺乏监督，以“小权力”酿造成“大腐败”，导致村民合法权益得不到维护，农村治理现代化受阻，同时损害了基层党组织和政府在村民心中的形象。因此，如何创新和完善村级民主监督的有效形式和工作机制，成为推进基层治理体系和治理能力现代化的一项重大课题。

为创新村级民主监督形式，从源头上遏制基层腐败问题，全国许多地方开始探索村级“小微权力”清单制度，积累了许多村级民主管理的经验。追溯地方权力清单制度的来源，它始于中央政府部门权力清单制度的建立。党的十八届三中全会秉持“权力约束权力”的理念，首次明确要求在地方各级政府及其工作部门中推行部门权力清单制度，把权力关进制度的笼子里。为进一步明确权力清单制度的概念、实施主体和范围，落实政府有权必有责的要求，党的十八届四中全会通过的《中共中央关于全面推进依法治国若干重大问题的决定》又进一步提出“推行政府权力清单制度，坚决消除权力设租寻租空间”，要求各级政府工作部门将行使的各项行政职权及其依据、行使主体、运行流程、对应责任等以清单形式明列公示，向社会公布，让社会监督。推行权力清单制度不仅为我国政府管理打造了一种创新模式，更为农村民主监督和法治建设开辟了新路径。在2018年中央一号文件《中共中央 国务院关于实施乡村振兴战略的意见》中明确提出了要推行村级“小微权力”清单制度，加大基层“小微权力”腐败惩处力度。基于村级“小微权力”运行过程中的权力滥用及贪污腐败等问题，如何加强微权力监管与建设法治乡村被提上了日程。2020年3月25日，中央全面依法治国委员会印发《关于加强法

① 陈前梓．“小微权力”清单制度：农村基层民主监督的新探索［J］．城乡社会观察，2015（00）：59－67．

治乡村建设的意见》，明确提出要“按照实施乡村振兴战略的总体要求，加强党对法治乡村建设的领导，健全党组织领导的自治、法治、德治相结合的乡村治理体系”，在规范基层民主监督、推进乡村依法治理方面，要“坚持用法治思维引领乡村治理，严格依照法律法规和村规民约规范乡村干部群众的行为”，只有以法治理念明确界定权力范围，形成清单式监督机制，才能为农村“小微权力”的监督指明方向，确保权力在阳光下运行，促进农村社会和谐稳定。

二、村级小微权力“1+3”管理模式的生动实践

农村“小微权力”，是指村级组织及村干部依法依规享有的村级重大决策、重大活动、重大项目以及资金、资产、资源管理等村务管理权力。① 总体上看，农村“小微权力”量大面广，直接面对群众，直接关系民生，是人民群众感受最深刻、关注最迫切、关系最紧密的一项权力。为了规范农村基层权力运行，着力解决村干部权力运行存在的突出问题，2017 年，中共铜陵市义安区委办公室、铜陵市义安区人民政府办公室联合印发《关于推进互联网+村级“小微权力”清单监督机制建设的实施意见》的通知，决定借助信息技术手段，在全区所有行政村实施互联网+村级“小微权力”清单制度，简称村级小微权力“1+3”管理模式：“1”是指厘清一张村级权责清单，“3”是指流程化管理、网络化公开、体系化监管。义安区通过深化村级“小微权力”清单制度，将网络民主监督贯穿于权力运行全过程，逐步提升乡村治理法治化水平，以清单制度为突破口和主抓手，进一步规范村干部依法履职、夯实法治基础，促进自治、法治、德治“三治融合”发展，全面推进乡村振兴。

（一）建立村级小微权力清单，明确权力范围

以前，义安区村干部的职责权限不够清晰，村级权力范围内的事情往往由村支书或主任决定，工作中遇到一些问题无章可循，只能凭经验解决，权力运行的随意性较大。在相当长一段时间里，村干部的权力没有得到有效监

① 夏行．防止“小权力”演变为“大腐败”：宁波市推行农村“小微权力”清单制度的探索[J]．领导科学，2014（31）：22-23.

管，一些违法乱纪的事情时有发生，导致村民的利益受到侵害，影响农村基层党风廉政建设与民主法治建设。

为管好用好村级“小微权力”，预防“小权力”酿成“大腐败”，义安区民政局牵头，相关涉农部门配合，收集汇总了村级组织和村干部权力事项，并按照简政放权、便民利民的原则，根据相关党纪条规、法律法规、政策规定编制了农村基层“小微权力”清单。通过明确村级事务的类别、界定范围，以及应遵循的制度、规则，梳理了村级“小微权力”清单指导目录，明列公布涉及重大决策类、日常管理类、便民服务类 3 类村级工程管理、村级“三资”管理、涉农资金使用、救灾救助申请、计划生育服务等 20 项权力事项（见附件一），并严格执行清单，做到清单之内权力规范，清单之外无可滥用权力。清单制建立之初就很受村民欢迎，截至 2017 年 10 月，全区 103 个行政村就发布了 6919 条村务公开信息。如今，村民们在家里打开手机，点开义安区“五务”（村务、居务、校务、企务、院务）公开监督平台，点击村务公开栏目，就可以第一时间看到村“两委”的工作内容，并对照清单列出的职责范围与行使权力的法律依据进行监督。

（二）制定村级权力运行流程，约束权力行使

公开晒权是实现村级民主监督的第一步，要避免权力行使过程中的腐败问题还需要制定村级权力运行的流程。过去由于信息公开流程有纰漏，义安区西联镇老观村，就出现过村干部因套取国家资金私设“小金库”、大肆挥霍集体资金谋取私利，进而损害村民利益、阻碍农村经济发展的情况。因此，制定权力运行流程是很有必要的。从权力来源和管理权限到运作流程和执行标准，每一步都要进行规范，保证权力始终在阳光下运行，做到全过程监督无遗漏。

为了约束权力行使，提高村民办事效率，义安区在建立村级“小微权力”清单的基础上，坚持把群众密切关注的村级重要事务作为流程化管理的主要内容，重点是村务公开、财务审批、村集体“三资”管理、惠农资金发放等事项。按照简便原则和标准化理念，义安区明确每项村务工作的事项名称、具体实施的责任单位、权力运行的操作流程、运行轨迹的全程公示、监督的主要方式等内容，绘制了义安区村级事务民主决策、村集体经济财务审批审核、村集体资产资源管理等 20 项权力事项的运行流程图（见附件二），厘清

了每个事项的权力框架和运行轨道，督促村干部按照流程图严格执行每一具体事项的工作程序，保证村级事务规范运行与村民依法监督。

（三）搭建村务公开网络平台，提高监督质效

信息化是提升监督治理效能的重要方法，是完善权力运行和监督机制的创新方式。通过在网络平台公开基层政务工作，可以提高基层治理的公开性和透明度，让群众更好地监督“小微权力”的行使，避免因时空限制而导致的监督缺位和工作效率低下问题。

义安区以信息化为手段，搭建了义安区“五务”公开监督平台。该网络监督平台由中共铜陵市义安区纪律检查委员会、铜陵市义安区监察委员会、铜陵市义安区信息化管理服务中心联合成立管理，是义安区推行互联网 + 村级“小微权力”清单监督机制建设的重要依托平台。具体来说，该平台设立了包括工作动态、通知公告、领导要论、纪检要闻、廉政媒体、信息联播、反腐言论及政策法规在内的八个板块。以义安区“五务”公开监督平台为载体，各行政村对照村级“小微权力”事项，通过“五务”公开监督平台全面公开，实行权力清单内容、规章制度、运行程序、运行过程、运行结果“五公开五到位”。同时，各乡镇、村利用 LED 显示屏、便民服务公开栏、“一村一群”等形式公开信息，与监督平台互为补充，实现线上线下公开、监督“全覆盖”。除此之外，该平台还设有查询、举报入口，村民用手机登录监督平台，既可以随时随地查询信息、咨询问题，还可以进行投诉举报，监督村级权力运行是否规范，为乡村发展建设建言献策。截至 2017 年 9 月，该平台共公开村务信息 4899 条，居务信息 611 条，校务信息 478 条，院务信息 371 条。

（四）构建三级监督网络体系，形成监管合力

在明确权责清单、公开晒权之后，建立监督主体广泛、系统高效的监督网络体系是村级民主监督的重要保障。近年来，义安区纪委监委以提升基层组织力为重点，依托“五务”公开监督平台，构建纪委、部门（乡镇）、村三级监督网络，分级授权管理，并融入“互联网 + 监督”的理念，推动村级“小微权力”监管向数据化、精细化、智慧化方向发展，将监督触角延伸到“基层末梢”。

为保证村级“小微权力”的规范有序运行，义安区充分把握互联网方便、快捷、信息量大的特点，建立健全互联网+村级“小微权力”远程监督机制。“五务”公开监督平台上线并投入使用后，三级监督网络体系不断得以完善。其中，一级监督平台设在区纪委，通过平台监控，加强对村级“小微权力”执行情况进行督促检查。二级监督平台设在区直相关部门和各乡镇，负责村务、党务、“三资”管理等村级公开工作的政策解答、业务指导、电子审核和公开内容监督。三级监督平台设在各村（居），负责用户培训、宣传、信息采集初审、信息录入发布等工作。同时，还在全区各行政村实行一村一群、一户一人政策，村“两委”安排专人负责微信群内事务，及时在群内公开村内事务，解答村民疑问，以此来拓宽监督主体范围、畅通各种监督渠道，构建纪检监察机关、区直部门、乡镇和村务监督委员会多层次、全方位的监管体系。

三、村级小微权力“1+3”管理模式的主要成效

基层“微腐败”损害的是老百姓的切身利益，啃食的是群众的获得感，挥霍的是基层群众对党的信任。随着信息技术在村级治理中的应用与发展，农村党风廉政建设取得新成效。近年来，义安区始终贯彻以人民为中心和依法治理乡村的理念，在创新中求突破，在推进中求提升，高度重视解决群众反映强烈的、侵害群众利益的问题，不断加强村级民主监督、促进民主管理。实施互联网+村级“小微权力”清单制度，借助科学技术手段，打通“小微权力”监督“最后一公里”，增强了村干部的廉洁履职意识，调动了群众参与监督管理村级事务的积极性和主动性，切实提高了为民服务的质量和工作效率，赋予了村级民主监督与乡村治理更大更强的生命力。

（一）村干部纪律意识得到增强

村干部作为服务人民群众最直接的群体，是推动党中央决策部署落地落实、拉近党群关系的关键。过去，一些村干部在日常工作中不注重党性修养，纪律意识淡薄，甚至存在失职渎职、违反党纪党规的行为，严重侵害了群众利益，影响农村工作的开展。如今，义安区通过村级“小微权力”清单将村干部的权责范围进一步明确，并将清单运行情况纳入村干部年度工作述职考评的一项基本内容，与干部的评先评优、年度考核挂钩，同时对落实村务公开制度不力、村务公开监督平台运行不规范等现象，进行严肃批评问责，严

格督促整改，责任追究结果纳入个人廉政档案。这样一来，村级“小微权力”制度的笼子扎得更紧了，村干部的纪律意识和规则意识得到进一步强化，因履职不到位或程序不规范导致的群众信访减少了，基层党组织和干部队伍也建设得更加坚强有力。除了加强外部监督，义安区各乡镇还注重基层党员干部的教育管理工作，增强基层党组织的凝聚力和向心力，及时进行动员部署和业务培训，经常性地组织开展督促指导，引导村干部尽快掌握“小微权力”运行流程和操作规范，打造了一支秉公办事、廉洁公正的村干部队伍，大大提高了村级事务治理的实效。

（二）村民参与积极性明显提高

农村基层民主建设是完善村民自治的重要内容，也是维护村民民主权利和提升群众满意度、获得感的重点工作。判断村级事务管理得好不好，关键要看群众愿不愿意参与、能不能参与。因此，激发村民主体意识，提高村民参与民主管理的积极性对于乡村振兴是非常必要的。近年来，义安区从群众需求出发，围绕惠民政策落地、惠民资金发放等内容，加大村务公开力度，村民参与村级治理的积极性明显提高。义安区编制村级“小微权力”清单，将事关村级的重大决策活动项目资金等以清单及流程图的形式向村民公开以后，越来越多的村民开始主动在义安区“五务”公开监督平台了解村级组织与村干部的职权范围，关注权力运行的动态过程。这一监督机制的建立，本质上回应了群众的意愿和要求，维护了乡村的公共利益，村民也就更愿意积极配合村干部的各项工作，并通过有效的监督平台表达自身诉求，真正保障村民的民主权利。另外，义安区各乡镇、村还大力丰富宣传载体，利用网络、微信、公示栏、明白纸等形式，广泛开展宣传，户知晓率达到了100%，“五务”公开监督平台的参与率达到了80%。网络监督平台的搭建扩大了基层民主，激发了村民群众参与监督管理的主体意识，村民既可线下实地咨询，也可线上点击查询，解决了信息不对称、村务公开不及时等问题，最大限度调动了群众参与和监督村级事务的积极性、主动性。

（三）党群干群关系更加密切融洽

农村基层党组织和党员干部的工作作风公正清廉与否，不仅直接影响基本公共服务供给质量，还会影响党和政府在人民群众中的形象，影响党在村级治理中的执政基础。因此，明确村干部职权范围、健全权力运行制约和监督机制，对于预防和惩治基层腐败、提升基层党组织的公信力极为重要。与传统监督方式不同，科学技术的运用极大便利了村务公开与民主监督，促进了农村基层党风廉政建设，对于维护好党群干群关系、促进农村党员干部改进作风与提高办事效率都有益处。义安区于2017年9月正式在各行政村建立互联网+村级“小微权力”清单制度，该清单有着具体性、透明性的特点，将村级公共事务明细公示于网络监督平台，每一权力事项的来源依据、责任单位、运行程序等都公开透明，保证了村级事务的规范运行，提升了村民群众的满意度。通过对村级“小微权力”运行情况和村“两委”履职情况的即时公开，保障了群众对村级事务的全过程、全方位和常态化、精准化监督，打通了村级组织服务群众的“最后一公里”，有效遏制了农村党员干部以权谋私的行为，增强了村民对村干部的信任和理解，政治生态风清气正。

（四）村级公共服务水平极大提升

农村公共服务的完善是乡村振兴的重要组成部分，也是检验乡村振兴水平的重要指标。提高农村公共服务水平，离不开村民利益表达渠道的畅通与村级公共服务监督机制的健全。过去，由于村干部职责权限不明确、服务意识不强，农村公共服务资金的使用与管理制度不够健全，导致义安区农村整体服务水平不高，覆盖范围不够广。义安区通过建立村级小微权力“1+3”管理模式，健全了农村公共服务监督机制，提高了农村公共服务规范化水平，保障了村民享有更多更切实的民主权利，不仅为乡村治理提供了标准化流程，还推动了公共服务向基层的有效延伸。义安区以“小微权力”清单为依据，在各行政村实行财务公开，规范农村公共服务资金、项目的监管流程，并定期在网络平台公布具体收支情况，增加了公共资金使用的透明度，提高了公共资源的使用效率，促进了农村集体经济发展。除此之外，通过公示村“两委”班子成员在涉及社会保障服务、村级公共基础设施建设等领域的履职情况，村民对农村公共服务工作开展情况有了准确的把握，他们可在“五务”公开监督平台表达自身对农村公共产品供给的需求与建议，便于村干部及时修改方案作出调整，提高了农村公共产品的供给水平和服务质量，增强了农村公共服务决策的科学性和有效性。

四、村级小微权力“1+3”管理模式的治理经验

当前，在乡村振兴战略的引导下，利用信息技术提升乡村治理能力已是大势所趋。信息技术作为“互联网+”时代的高频热词，其含义既包括能够承载、运输及处理信息的各类人工制品、科学程序及方式的物质技术总和，又可以延伸至应用于社会治理领域的实现包容性的开放治理、智能治理的方法与工具。[①] 义安区在村级民主监督中所利用的信息技术主要指的是强化基层政府门户网站信息公开的第一平台作用，不断加强监督平台网站内容的建设和管理。义安区所推行的互联网+村级“小微权力”清单监督机制建设是应基层治理现代化转型的要求，在依法治国、依法行政的政策指导下作出的乡村治理改革探索与尝试，总结其丰富的村级权力规范治理经验，能够进一步促进监督工作产生实效，助力形成基层监督的强大合力，营造良好的政治生态环境。

（一）明确村级权力边界是实现民主监督的前提

基层公权力是政府权力的“末梢”，也是国家与社会关系的“铰链”。村干部手中的权力是否能在正确的“轨道”上行使，村务公开内容是否全面无误，直接影响村民的基本权益能否得到保障。因此，精准确权是规范基层公权力运行的第一步。义安区为加强基层党风廉政建设所建立的互联网+村级“小微权力”清单制度，明确规定了村“两委”班子成员在村级重大决策事项、工程项目招标、社会保障、住房保障等20项村级管理和便民服务事项中的权力，力求将每个权力事项以清单目录的形式呈现出来，并制作成操作手册分发给村民，同时利用义安区“五务”公开监督平台加大宣传力度，确保村民在事前就可以对权力运行的人财物进行监督。村民事先了解村干部有哪些权力，应该履行哪些职责，可以为他们参与监督做好准备。如有村干部违法违规行使权力或不作为，村民可以马上向村务监督委员会进行汇报，也可点击“五务”公开监督平台的举报入口，及时向区纪委反映，在事后可以通过发布公告、召开会议等形式及时公布监督结果。义安区通过明确村级事务

---

① 沈费伟．乡村技术赋能：实现乡村有效治理的策略选择［J］．南京农业大学学报（社会科学版），2020（2）：1－12.

权责边界，对认真办事的干部进行相应的奖励，对违反村务事项运行的村干部依据清单的权责原则进行处罚，保证权力始终在阳光下运行和村务公开管理规范。

（二）规范权力操作流程是实现民主监督的基础

权力运行程序化是实现权力运行科学化的根本途径，也是防止权力腐败、保证民主监督有章可循的有效手段。义安区实行村级事务流程化管理，规范权力操作流程，将流程图与清单内容一一对应，群众办事与村干部履职更加有序。有了村级“小微权力”运行流程图，无论是来自广大群众与社会力量的民主监督，还是上级部门的职能监督，都能发挥出应有的效能，对于保障群众合法权益、推进基层民主建设和农村党风廉政建设、促进新农村建设健康发展都具有重要作用。义安区围绕“小微权力”清单中3大类20项需要重点规范的村级权力事项，按照各个事项的工作步骤设置操作环节，绘制下发了包括村级重大决策事项、村级资产资源管理资金事项、村级招投标管理事项、便民服务事项、村民用章管理事项及党员发展事项6大事项在内的22张流程图，以公开透明、便民利民、廉政勤政为基本要求，重点关注规范村级事务的决策与管理，明确权力运行依据、涵盖范围、办理主体、办理方式及相关纪律规定等，最大限度地防范了权力滥用或误用。通过细化“小微权力”操作流程，基层公权力运行更加透明化，村级事务管理更加规范有序，既便于村干部精准规范用权，严格按照制度和程序办事，又便于群众参与监督，增强村民的主体意识、民主监督意识，切实推动农村“小微权力”规范有序运行，推进农村基层民主建设进程。

（三）监督网络立体化全覆盖是实现民主监督的关键

在农村，权力高度集中且权责不对称的情况时有发生。总体上看，仅仅依靠区纪委的监督制约是不够的，围绕权力构架、监督机制、部门职能等要素建构起科学规范的监督网络至关重要，也是真正营造不想腐、不能腐、不敢腐的权力运行环境的关键一步。义安区健全互联网+村级“小微权力”三级监督网络，把“五务”公开监督平台作为联结各方监督力量的纽带，让村级“小微权力”不仅接受群众监督，还要接受各级部门的监督，最大限度调动各大群体监督的积极性，形成监督的强大合力，实现权力监督全覆盖无遗漏。义安区组织、财政、民政、农业等业务主管部门通过该监督平台，定期对村级党务、财务、事务、“三资”管理等分管领域开展督查指导，对村干部不规范公开信息的情况予以纠正；各乡镇落实属地管理责任，强化“五务”公开监督机制建设，确立了“一把手”负总责，分管领导具体抓，明确了专人对监督平台进行管护，对公开信息情况进行审核和检查，并及时答复、解释群众提出的疑惑，在确保工作实效的同时将责任落实到人，形成了齐抓共管的良好格局。除此之外，乡镇纪委定期加强对推进村级“小微权力”执行情况的监督检查，村务监督委员会对村级事务办理过程全程监督，并督促村“两委”如实公开“小微权力”运行信息，接受群众监督，发挥监督“前哨”作用。通过建立有效的三级监督网络体系，凝聚各方力量对村级“小微权力”加强监督，牢牢把握监督过程的每一环节，可以有效解决村干部公开不及时、不到位、不全面以及责任落实不到位等问题。

（四）运用信息技术手段是实现民主监督的支撑

现代信息技术的发展为村级民主监督提供了优厚的土壤和有力的支撑，互联网平台的创新性、互动性提升了民主监督的开放性、实效性。为进一步推进全面从严治党向基层延伸，不断提升村级工作规范化建设水平，义安区纪委监委通过精准确权、规范用权、阳光晒权、从严控权四项措施，用好用活“五务”公开监督平台，发挥现代信息技术嵌入民主监督的重要作用，通过手机客户端、网络平台实行政务公开，建立全方位、立体化的监督体系，为基层权力公开提供了阵地支持，也为精准提供社会服务奠定了良好基础。义安区“五务”公开监督平台集群众监督和举报受理于一身，涵盖了村务、居务、校务、院务、企务等多个领域的公开信息，是一个集政策宣传、信息查询、投诉举报和业务咨询于一体的多功能信息监督平台。为方便群众监督，该平台设置了监督数据子栏目，将该区“五务”公开成果实时以柱状图的形式全方位展现，打破了时空界限，有助于调动群众参与监督的积极性和自觉性。同时，网络平台所公示的“小微权力”清单和流程图可以留档保存，村民可以便捷地登录网站平台下载相关文件，随时随地了解村务信息，为推进乡村振兴建言献策，一方面可以维护自身合法权益；另一方面还能全过程、全方位地监督村内事务，有助于扫除监督盲区，保证所有公开事项及时公开到位，进一步提升乡村治理效能。

五、结论与思考

近年来，义安区按照中央关于城乡社区治理的工作要求，努力打造具有义安特色的农村社区治理模式，在科技创新方面持续发力，结合区社会服务管理信息化建设工程，在农村村务监督领域加快推进“互联网＋”建设，搭建智慧村务平台，特别是通过建立与优化互联网＋村级“小微权力”“1＋3”管理模式，保障了基层权力合法规范运行，加快了农村现代化进程，让信息化发展成果广泛惠及民生，切实提升了村级治理与服务创新水平。但由于网络技术不健全、监督主体能力有限、监督机制不健全等，民主监督的质量仍有待提升。

一是关于“互联网＋村级民主监督”中的村民监督意识与知识素质的问题。现代信息技术的发展为乡村民主管理提供了更为便捷的途径和手段，但信息技术融入村级民主监督的程度及其所发挥的效能还取决于村民是否合理充分利用，乡村技术赋能的规模在很大程度上受当地村民消化吸收和运用技术能力的约束①。村民对权力运行的监督意识越强，参与村务管理的热情越高、能力越强，对“小微权力”的监督才越有效果。然而现实中有很多村民受思维方式与知识结构的影响，没有借助信息技术的意识，也没有使用互联网监督平台的能力，即使有合法监督的渠道，也会因村民群众表达合理诉求的愿望和能力不足而失效，甚至有些村民还会利用平台发布不实信息等，破坏网络监督环境。因此，在推行互联网＋村级“小微权力”清单制度的同时，村“两委”要意识到增强村民的主体性以及提高其运用现代信息技术能力的重要性。比如，可以通过开展宣讲会、设立微信群等方式进行交流，既教会村民如何使用网络监督平台，还帮助他们理解与群众利益密切相关的政策内容等，激发他们的主人翁意识与村级事务监督意识，做到让技术真正便民利民，推进乡村社会良善治理。

二是关于继续健全和完善以村级“小微权力”清单制度为基础的乡村治理体系，探索乡村治理与经济社会协调发展的机制问题。村级“小微权力”清单制度的建设明确了村级组织及村干部的职责范围，为村民线上线下合理

---

① 朱秋博，白军飞，彭超，朱晨．信息化提升了农业生产率吗？［J］．中国农村经济，2019（4）：22－40.

表达诉求与有效监督提供了保障。但这一制度的形成并不意味着乡村治理体制的完善成熟，还需要保障清单制度在村级民主监督中有持续且强大的活力。因此，新时代推进民主监督建设，要继续健全村级“小微权力”清单制度，根据各乡镇、村实际发展情况，不断优化权力清单目录及流程图等，因地制宜、有重点地解决实际发展过程中的问题。除此之外，还要继续推动健全党组织领导的自治、法治、德治相结合的乡村治理体系，完善村民自治、村民议事决策、民主监督管理、民主协商等一系列监督机制，为权力清单制度建设的良好发展提供良好环境，促进农村社会的和谐稳定。

附件一：

义安区村级“小微权力”清单参考目录（试行）

<table>
<tr><th>类别</th><th>科目</th><th>序号</th><th>村“两委”讨论决定范围</th><th>制度规则</th></tr>
<tr><td rowspan="9">重大决策类</td><td rowspan="3">规划及章程制定</td><td>1</td><td>村经济和社会发展规划，年度及中长期工作计划</td><td rowspan="3">《中华人民共和国村民委员会组织法》《安徽省实施〈中华人民共和国村民委员会组织法〉办法》《中华人民共和国城乡规划法》和义安区村级事务民主管理“6 +4”工作法等相关规定</td></tr>
<tr><td>2</td><td>村庄建设规划建议方案</td></tr>
<tr><td>3</td><td>村民自治章程、村规民约制定</td></tr>
<tr><td rowspan="3">“三资”管理</td><td>4</td><td>村级财务预决算</td><td rowspan="3">《中华人民共和国村民委员会组织法》《中华人民共和国政府采购法》《安徽省实施〈中华人民共和国村民委员会组织法〉办法》《农村基层干部廉洁履行职责若干规定（试行）》《市纪委监察局关于村级公共资源交易回避的若干规定（试行）》，义安区村级事务民主管理“6 +4”工作法，《义安区村级财务“村有乡管”暂行办法》《关于实行委托代理制度加强农村集体资金资产资源管理工作的实施意见》（铜纪〔2017〕51 号）、《关于印发铜陵县村级“三资”委托代理等制度的通知》（铜纪〔2010〕69 号）。《关于印发铜陵县农村集体资产资源交易中心建设的实施意见（试行）的通知》（铜农〔2014〕33 号），以及各项资金管理办法、惠农政策等相关规定</td></tr>
<tr><td>5</td><td>村级资金管理（含非生产性支出资金、各项惠农资金）</td></tr>
<tr><td>6</td><td>村级资产资源管理</td></tr>
<tr><td rowspan="2">工程管理</td><td rowspan="2">7</td><td>村级工程招投标管理</td><td rowspan="2">《中华人民共和国招标投标法》，义安区村级事务民主管理“6 +4”工作法，《市纪委监察局关于村级公共资源交易回避的若干规定（试行）》《关于印发铜陵县农村集体资产资源交易中心建设的实施意见（试行）的通知》（铜农〔2014〕33 号）等相关规定</td></tr>
<tr><td>村级工程项目管理</td></tr>
<tr><td>其他决策</td><td>8</td><td>征地补偿费的使用、分配方案及村公益事业“一事一议”等其他重大事项</td><td>《中华人民共和国村民委员会组织法》《农村基层干部廉洁履行职责若干规定（试行）》《安徽省征收征用农民集体所有土地征地补偿费分配使用办法》《国务院办公厅关于转发农业部〈村民一事一议筹资筹劳管理办法〉的通知》等其他相关法律法规制度，义安区村级事务民主管理“6 +4”工作法</td></tr>
</table>

续表

类别	科目	序号	村“两委”讨论决定范围	制度规则
日常管理类	组织人事	9	发展党员	《中国共产党发展党员工作细则》《关于全面实施发展党员全程纪实制度的意见》（组组〔2015〕4号）
		10	组织关系转移	中共中央组织部关于印发《关于进一步加强党员组织关系管理的意见》的通知等相关规定
		11	聘用人员	义安区村级事务民主管理“6+4”工作法；区、乡镇关于招聘人员相关规定
	其他管理	12	印章管理	国务院办公厅转发《民政部、公安部〈关于规范村民委员会印章制发使用和管理工作意见〉》等相关规定
便民服务类	社会保障	13	城乡低保	《安徽省最低生活保障办法》《城乡医疗救助实施办法》《铜陵市临时救助实施细则》《铜陵市因病“支出型贫困”家庭认定管理办法》等相关规定
		14	大病医疗救助	
		15	临时救助	
		16	“支出型贫困”家庭认定	
	民政救助	17	特困人员供养	《国务院关于进一步健全特困人员救助供养制度的意见》《灾区民房恢复重建管理工作规程》《民政部救灾捐赠管理办法》《安徽省自然灾害生活救助资金管理暂行办法》《市民政局关于转发省减灾救灾委员会 省民政厅〈关于严格管理规范使用救灾资金物资切实保障受灾群众基本生活的紧急通知〉》《关于印发义安区2016年因灾倒损房屋恢复重建实施方案的通知》（义政办〔2016〕91号）、《2017年铜陵市特困人员供养民生工程实施方案》（铜民政民生〔2017〕10号）、《关于完善2017年铜陵市特困人员供养民生工程实施方案的补充通知》等相关规定
		18	灾区民房恢复重建、救灾救济款物及社会捐赠款物	
	住房保障	19	农村建房审批	《中华人民共和国土地管理法》、2022年农业农村部起草的《农村宅基地管理办法》《安徽省农村危房改造试点补助经费管理暂行办法》《铜陵市人民政府办公室关于印发铜陵市2017年农村危房改造实施方案的通知》《关于进一步加强农村宅基地管理的通知》（铜国土资〔2011〕112号）、《关于印发《铜陵县农村宅基地审批程序》的通知》（铜国土资〔2011〕111号）等相关规定
			危房改造	

附件二：义安区村级小微权力运行流程图目录（选取部分）

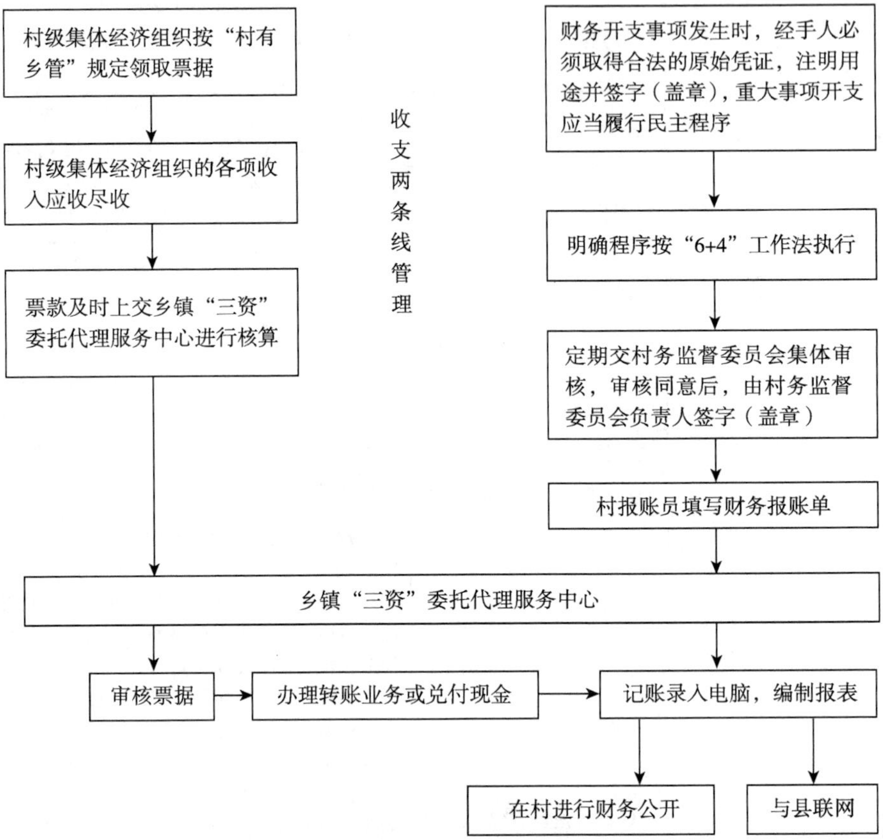

义安区农村集体资金代理服务操作流程图

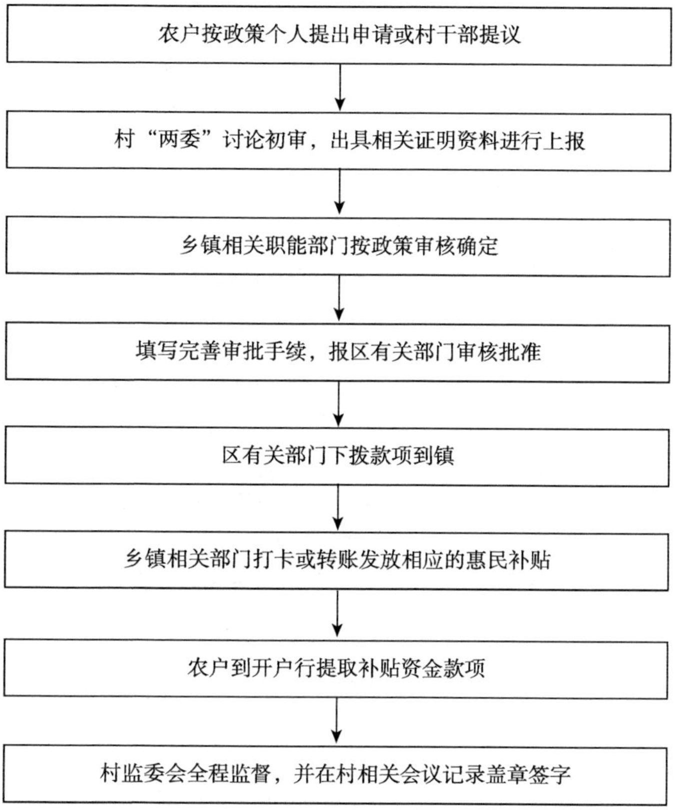
农户按政策个人提出申请或村干部提议
村“两委”讨论初审，出具相关证明资料进行上报
乡镇相关职能部门按政策审核确定
填写完善审批手续，报区有关部门审核批准
区有关部门下拨款项到镇
乡镇相关部门打卡或转账发放相应的惠民补贴
农户到开户行提取补贴资金款项
村监委会全程监督，并在村相关会议记录盖章签字

惠农补贴申报流程图

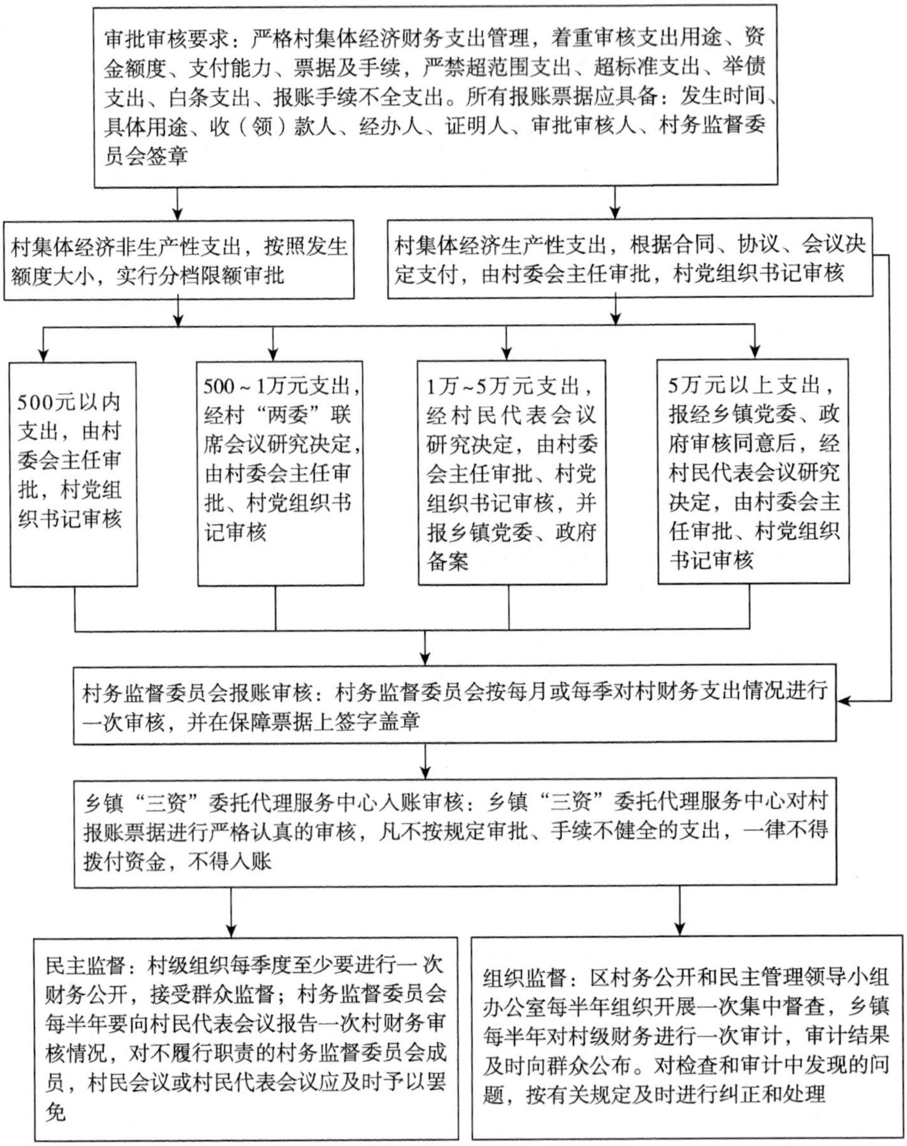

铜陵市义安区村集体经济财务审批审核流程图

协商共建篇

民主不是装饰品，不是用来做摆设的，而是要用来解决人民需要解决的问题的。

——2021 年 10 月 13—14 日，习近平总书记在中央人大工作会议上的讲话

我国进入高质量发展阶段，社会治理需要适应社会结构、社会关系、社会行为方式、社会心理等的深刻变化，既具备处理复杂事务的极强专业性，又具有面向公众的广泛社会性。坚持共建共治共享，建设人人有责、人人尽责、人人享有的基层治理共同体，成为新时代我国基层治理现代化发展的总体要求。其中，“共建”体现的是社会治理的制度化维度，重在通过“民主协商、法治保障、科技支撑”探索“硬”与“软”结合，“元”与“协”互动，“智”与“善”兼具，“精”与“微”相融，包容多方主体共同参与的协商共建机制。但任何国家治理行动和机制构想都要落实到基层，落实到实现人民幸福美好生活的过程中去，都要在与人民群众生活密切相关的领域实现其效能。在基层实践中，协商共建机制探索仍然面临一些梗阻，如主体参与动机意愿薄弱、过程随意缺乏规范、形式多样却效能“内卷”等。现代化的社会推进基层社会治理需要处理好维稳与维权、民主与效率的动态平衡关系，确保基层社会既充满活力，又安定有序。进而，如何在坚持党组织的领导下凝聚共识、形成合力，形成符合现代社会需求的共同治理机制，仍是社会治理现代化过程中需要继续探索和回答的重要时代课题。

近年来，铜陵市义安区积极创建全国农村社区治理实验区，紧紧围绕“党组织领导下的充满活力的农村社区共建共治共享治理体系”的总体实验目标，不断探索农村协商共建机制，提升农村社区治理能力，推动农村社区治理体系更加成熟、更加稳定。在协商和共建两个维度，义安聚焦农村协商民主制度化建设、赋能新时代村民自治、塑造农村协商共建的文化理念等方面，构建农村协商共建组织体系，已积累了一定的实践经验。具体而言：围绕农村协商共建的系统化再造，探索了“三张清单工作法”；围绕农村协商共建的流程再造，探索“6 +4”工作法；围绕农村协商共建主体力量的培育和融入，探索了“书记夜话”；围绕农村协商共建的自治活力，探索了犁桥村的协商民主嵌入。通过系列实践不断推动义安区农村社区实现共建、共治、共享同频共振。

清单治理：农村社区协商系统化再造

——基于“三张清单工作法”的调查

近年来，群众的民主意识增强，利益诉求也越来越多元，但是现有农村社区治理依然存在群众参与渠道不畅通、民主管理运行机制和监督机制不够规范、民主决策无法落实等问题。义安区坚持以农村社区治理创新实验区建设为抓手，健全村党组织领导下的充满活力的协商共治机制，推动党建引领农村社区共建共治共享，创新了乡村治理体系，推动义安区乡村社会和谐安定，百姓安居乐业。自2016年起，义安区城乡社区建设领导小组在全区城乡社区协商示范区创办工作中，重抓示范，以点带面，推动城乡社区协商民主建设。其中，义安区重点抓住了1个省级示范点、3个市级示范点、2个区级示范乡镇、16个乡镇示范点。在示范创建过程中，全区结合实际制订具体实施方案，形成了“三张清单工作法”，即问题需求清单、资源供给清单、项目实施清单，通过将议事协商事项、资源和结果进行项目化运作，更有针对性地解决了农村社区内存在的问题，让乡村社会既充满活力又和谐有序。

一、发展背景

社会主义“协商民主是中国社会主义民主政治中独特的、独有的、独到的民主形式”，“具有深厚的文化基础、理论基础、实践基础、制度基础”[①]。新时代推动基层协商民主建设，一是要正确认识社会主义协商民主的重要地位和作用。深刻理解协商民主是我国社会主义民主政治的特有形式和独特优势，是党的群众路线在政治领域的重要体现。二是要正确认识基层社会治理的重要性。基层是一切工作的落脚点，社会治理的重心必须落实到城乡、社

① 习近平．在庆祝中国人民政治协商会议成立65周年大会上的讲话［EB/OL］．（2014－09－21）．news. cntv. cn/2014/09/22/ARTI1411317456680979б. shtml.

区。三是要正确认识协商民主与基层治理的关系。党的十九届五中全会审议通过的《中共中央关于制定国民经济和社会发展第十四个五年规划和二〇三五年远景目标的建议》指出，要加强和创新社会治理，专门强调要完善基层民主协商制度，推动社会治理重心向基层下移，向基层放权赋能。中共中央办公厅、国务院办公厅印发的《关于加强和改进乡村治理的指导意见》指出，推动民主协商有利于健全党组织领导的村民自治机制，增强村民自治组织能力。因而推动基层协商民主建设的重点在于，明确基层协商民主的基本要求，开展形式多样的基层民主协商实践，推进基层协商民主制度化，要重点在基层群众中开展协商，进而形成推进基层治理现代化建设的整体合力。

义安区在实验区建设过程中，深入贯彻落实中共中央办公厅、国务院办公厅印发的《关于加强城乡社区协商的意见》（中办发〔2015〕41 号）和安徽省委办公厅、省政府办公厅印发的《〈关于加强城乡社区协商的实施意见〉的通知》（皖办发〔2015〕53 号），以及市委办、市政府办《〈关于加强城乡社区协商的实施意见〉的通知》（铜办〔2016〕15 号）精神，结合本区实际情况，以重要政策为方向，坚持党的领导、群众自治和依法协商有机统一，及时制订下发了《义安区关于推进城乡社区协商的实施方案》。此外，义安区还配套印发了《铜陵市义安区城乡社区协商目录》，并召开区城乡社区建设领导小组扩大会议进行动员部署，全面开展城乡社区协商示范区创建工作，不断完善基层群众自治机制，推进城乡社区协商制度化、规范化和程序化。城乡社区协商的运行主要包括协商主体、协商对象、协商制度和协商成果四方面的系统要素。义安区在实践中，以扩大有序参与、推进信息公开、加强议事协商、强化权力监督为重点，不断拓宽协商范围和渠道，丰富协商内容和形式，整合多方力量协同发力。最终义安区实践探索出了“三张清单工作法”，推动了农村社区协商民主系统化再造，构建了农村共建共治共享的治理新格局，为保障人民群众享有更多更切实的民主权利，合力打造升级版小康社会、建设美好幸福新义安提供了新路子。

二、农村社区协商民主系统化再造的实践路径

对义安区来说，健全村党组织领导下的充满活力的乡村治理机制，充分调动村民有组织化地参与乡村治理，增强党组织的动员能力和服务能力，是实现乡村“治理有效”的重要创新路径。为坚持党的领导，充分发挥农村社

区党组织在基层协商中的领导核心作用，确保农村社区协商正确发展方向；坚持基层群众自治制度，充分保障群众的知情权、参与权、表达权、监督权；坚持依法协商，保证协商活动有序进行，协商结果合法有效，义安区在农村社区协商示范创建工作中，通过增设组织机构，完善议事制度，规范协商程序，探索实行了“三张清单工作法”，即问题需求清单、资源供给清单、项目实施清单。

（一）目标导向下的问题需求清单

协商议事围绕于群众，议事主题取决于群众，问题需求也来源于群众。群众反映什么，就协商什么，有效回应与群众切身利益相关的问题就是义安区协商议事的出发点和落脚点。因此，设立问题需求清单的目标就是通过各种渠道和平台充分有效地听取民意。第一，确定议事主体。要充分保证协商议事的参与主体多元化，提高多方参与主体的广泛性。涉及城乡社区公共事务和村（居）民切身利益的事项，由城乡社区党组织、村（居）民委员会牵头，城乡社区协商委员会具体负责组织利益相关方进行协商。涉及两个以上行政村、社区的重要事项，单靠某一村（社区）无法开展协商时，由上一级党组织牵头组织开展协商。比较大的社区、行政村以人口较多的小区、自然村、村（居）民小组为单元，在城乡社区党组织的领导和城乡社区协商委员会的参与下，组织村（居）民进行协商。第二，明确协商目录。一是明确边界，做到“三议三不议”。建立协商议事目录，需要明确议事内容和准议规则，做到“三议三不议”。“三议”是指属于城乡社区居民公共事务类、公益事业类、公共服务类 3 大类 31 小项事务纳入协商（见表 1）。“三不议”则是指法律法规明确规定由村（居）委会办理的公共服务事项；协商复杂、利益分歧严重事项；通过协商无法解决或存在较大争议的问题或事项，不纳入协商议事目录。二是坚持问需于民，建立村庄协商目录。根据农村社区具体情况，各村可以通过召开村“两委”会议、村党支部会议、村党员大会、村党小组会、村民代表会议、村（社区）协商委员会会议、村民理事会、自然村（村民小组）户代表会议、“书记夜话”会议等协商形式，广泛收集农村社区建设中存在的问题和村民的需求。如涉及利益相关方不多的，开展党员中心户座谈、单独约谈、小范围恳谈等形式开展协商；对于涉及面广、关注度高的事项，通过专题议事会、听证会等形式进行协商。义安区充分利用村民协商议事堂、村民纠纷调解室、妇女之家等场所，畅通民意表达渠道，发挥群众智慧；开辟社情民意征集渠道，充分发挥服务型党组织信息平台、先锋网、微信群等作用，为村民搭建网络协商平台。同时，所有示范村均按要求制定了村民协商委员会议事制度、村民议事协商规则、村民议事协商程序等制度，并结合各村实际，建立协商需求清单。

表1　铜陵市义安区城乡社区协商目录

一、公共事务类	二、公益事业类	三、公共服务类
1. 党政各项方针政策、重点工作部署在村落实的具体措施 2. 村级经济社会发展规划和年度计划 3. 村庄建设发展规划、计划的编制和调整 4. 村民自治章程、村规民约和财务管理制度的制定和修改 5. 村级财务预算决算、资金安排使用、集体收益分配和集体资产处置 6. 村级非生产性支出费用的管理 7. 公益事业建设资金的筹集 8. 村务公开与监督的完善与调整 9. 农民土地及宅基地（房屋）确权 10. 村重点工程建设及承包方案 11. 土地征收	12. 道路桥梁建设 13. 村庄绿化建设 14. 村庄亮化工程 15. 污水处理建设及长效管护 16. 农村饮用水管护 17. 卫生保洁长效管护管理 18. 村庄基础设施长效管护管理 19. 农田水利建设和改造 20. 居民生活用电及农田线路改造 21. 农民健身广场及文化广场建设 22. 公交车、社会车辆停车场建设 23. 村级活动场所基础设施建设 24. 游客接待中心建设与管理 25. 景区发展带动旅游经济建设 26. 重大灾情灾后重建 27. 村级公墓建设与长效管护	28. 农贸市场管理 39. 停车位管理 30. 摊位商户的管理 31. 社区物业管理

（二）多方整合下的资源供给清单

各村党组织结合问题与需求信息，领导召开村“两委”和农村社区协商委员会联席会议制定村庄资源清单。具体而言，农村社区干部利用搜集村民需求的过程，充分挖掘本村既有治理资源；通过积极走访驻区单位、企业，对接合作意向，形成共驻共建工作合力，吸纳社会组织、辖区商户等力量；综合村级现有资源、驻区单位及社会力量提供的服务项目，明确农村社区的“资源供给清单”。为实现资源供给清单的有效汇集，义安区采取了以下措施。第一，灵活拓宽协商内容，明确资源供给依据。农村社区协商的主要内容包括：党政各项方针政策、重点工作部署落实的具体措施；城乡社区经济社会发展规划和年度计划，村建设整治和拆迁改造规划、计划编制和调整；村工作和活动用房选址及服务场所基础设施建设；城乡社区村民自治章程、居民公约、村规民约、财务管理制度的制定和修改；财务预算决算、资金安排使用、集体收益分配、集体资产处置、公益事业兴办、房屋拆迁改造等重大事项；困难群体救助、特殊群体帮扶等民生保障；治安维护、环境卫生清理、道路交通整治等公共治理；当地村民反映强烈、迫切要求解决的实际困难问题和矛盾纠纷；党政方针政策、重点工作部署在城乡社区的落实方案；法律法规和政策明确要求协商的事项；各类协商主体提出协商需求的事项，经城乡社区党组织同意开展民主协商的事项。区城乡社区建设领导小组，制定义安区城乡社区协商目录，指导乡镇、城乡社区切实完善协商内容，由各村具体实践。第二，成立协商共治组织，畅通多方资源整合渠道。义安区各村均按照“7 + X”模式建立了农村社区协商委员会，由农村社区党组织负责人、村民委员会负责人、村务监督委员会代表、村民代表、妇女代表、驻村单位代表和村内有一定威望的同志（老党员、党外人士、群团组织负责人等）为协商的固定参与方。“X”为协商的灵活参与方，即具体议题涉及的利益相关方代表，以定期和不定期方式开展议事协商。此外，义安区还通过村企议事会、乡贤议事会、联合党建组织等形式，搭建协商共治平台。

（三）体系保障下的项目实施清单

义安区通过对上述两项清单进行公示，广泛动员村内外社会力量针对清单所示问题与需求制定相应的项目，由村党组织领导召开村“两委”和农村社区协商委员会联席会议对项目进行讨论并审核通过具有可行性的项目。结合农村社区问题和村民需求清单以及资源供给清单，义安区把项目分为行政村和自然村（村民小组）层面有资源和能力实施的项目，村党组织可以通过争取社会资源和村民资源实施的项目，需要乡镇党委、政府及其上级支持落实的项目三类，最终形成农村社区“项目实施清单”。为确保项目实施清单落地，做到事事有落实，义安区作了以下探索。第一，确立党员责任制，加大执行力度。对于村内有资源和能力实施的项目，村党组织充分调配村内资源，支持项目落地；对需要争取社会资源和村民资源实施的项目，村党组织充分调动社会资源和村民资源的参与；对于需要乡镇党委、政府及其上级支持落实的项目，村党组织积极上报，争取上级相关支持。村党组织根据项目清单，确立党员责任制，由村党组织领导、村党员负责，组织推动并监督相关项目落地实施，项目落地后，村党组织形成评估机制，科学地评估项目实施绩效，并根据评估结果采取相应的奖惩措施。第二，规范民主议事程序，确保项目落地。义安区农村社区协商坚持“六议两公开”。“六议”：村民“民主提议”；村“两委”联议；村协商委员会“民主商议”；重大事项乡镇党委、政府进行审议；属于村民代表会议决策事项的村民决议；村“两委”承诺践议。“两公开”：工作进展情况和办理结果及时向群众公示公开，接受群众监督。

表2　三张清单

一、村庄问题和村民需求清单			
村庄问题和村民需求	问题和需求提出人和组织	提出时间	备注
二、村庄资源清单			
与问题和需求对应的村庄已有资源	村庄潜在资源	提出时间	备注
三、村庄项目清单			
行政村和自然村（村民小组）层面有资源和能力实施的项目	村党组织可以通过争取社会资源和村民资源实施的项目	需要乡镇党委、政府及其上级支持落实的项目	备注

三、农村社区协商民主系统再造的实践效能

义安区借助清单化治理，实现了农村社区协商民主的系统化再造，有针对性地解决了农村社区存在的问题，让乡村社会既充满活力又和谐有序。近年来，义安区通过协商平台共受理了协商事项1865条，其中符合协商目录要求的事项1583条、不符合的事项282条，办结事项1479条。在此过程中，“三张清单工作法”不仅促使村干部以群众需求为导向，推动农村社区服务更加精准化、精细化、专业化和标准化，而且推动农村社区协商流程规范化、群众参与渠道制度化、多方治理资源有效整合，实现了从协商到共治的连接。

（一）实现协商流程规范化

农村社区协商需要突出制度创新，把握村级协商议事的关键环节，保证村级协商议事的可操作性和规范性。义安区自实施“三张清单工作法”以来，推动农村社区协商议事的制度不断健全、协商形式不断丰富，协商渠道也得到了大幅度拓展，协商议事逐渐贯穿进村级决策和实施的全过程。第一，从协商主体看，“7 + X”模式的农村社区协商委员会，从7个方面推荐人选，组成人员具有代表性，并通过“X”的灵活设置，确保利益相关方可以有效参与。第二，从协商内容看，义安区确立了“三议三不议”原则，清晰地界定了农村社区协商的内容，并为议题的筛选提供了明确的标准和范围。第三，从协商运行看，义安区制定并不断健全定期例会制度、协商讨论制度、分片负责制度、学习培训制度、民主评议制度、协商成果及时通报备案制度、村“两委”审议监督制度等，为“六议两公开”协商流程的展开提供了制度保障，确保了协商流程的可操作化和规范化。

（二）推进群众参与渠道制度化

完善群众参与基层社会治理的制度化渠道，是党和国家对社会治理提出的新要求。贯彻落实这一要求，需要改变以往治理手段单一、资源匮乏的状况，进一步拓展群众参与的广度和深度，在实践中畅通群众参与渠道，搭建多元化协商平台，并以制度化的方式固定下来。义安区“三张清单工作法”是在村民（代表）会议制度基础上的实践创新和机制拓展，为群众拓展了参与渠道，让农村公共事务真正由民议、民决、民办。一是积极通过党员联系群众，听取群众心声，收集民情民意，广泛听取民意、汇集民智，打造发现问题、快速流转、分类解决的治理闭环。二是通过“代表制”和“利益相关方”混合参与机制建设，尽可能扩大群众参与的覆盖面。三是通过不断完善与基层群众自治相适应的利益协调机制、诉求表达机制、矛盾调处机制、权益保障机制，推动群众参与渠道制度化。

（三）推动多方治理资源整合

协商是手段而不是目的，协商的关键是要整合资源达成共治，解决实际问题。义安区通过清单化治理，聚焦“人和”，着眼共治体系建设，以多方协同确保协商结果落地。一是推动了横向资源整合。义安区因地制宜建立村企联治理事会、乡贤议事会、协商议事会等多方共治平台，通过灵活多样的协商共治活动，有效化解了农村社区治理主体缺位、资源不足的问题。目前，义安区已经推动区域内规模较大农业、工业、服务业等企业与关联性较强的10个农村社区成立了4家联合党委，构建了“党员共管、服务共促、资源共享、文化共创”的格局。二是推动了纵向层级资源整合。明确的项目清单推动社会治理资源有的放矢地向基层下移，为群众按照法律法规参与基层社会治理、共享治理成果提供了人、财、物等方面的必要保障。

四、结论与思考

义安区“三张清单工作法”涵盖了农村社区协商议事全流程、各环节，实现了从问题到需求、从协商到共治、从落实到反馈的系统化再造。这种工作机制大大减少了治理的成本，并解决了从前协商议事流程易中断、落实不到位的问题，提高了农村社区协商的实效性。义安区实践探索对于推进乡村治理现代化、实现乡村善治提供了一个具有创新性的有效样本，具有一定的启发意义。

（一）党建引领是确保协商议事永不脱轨的根本保证

坚持党建引领是农村社区协商健康发展、永不脱轨的根本保证。党的二十大报告指出：“协商民主是实践全过程人民民主的重要形式。”只有坚持党建引领，才能从根本上保证协商民主的正确方向，保证农村社区协商的效果和质量。要把党建引领贯穿于农村社区协商的全过程、各环节，把党的政治优势转化为农村社区治理优势。通过义安区的协商实践探索，可得到的启示为：第一，充分发挥党组织的领导核心作用。一是强化农村社区党组织政治功能，把农村社区党组织建成坚强战斗堡垒，确保农村社区党组织有资源、有能力，才能使农村社区协商议事工作有序有效展开。因此，要形成多方参与的农村社区协商议事格局，对一些较为复杂、牵扯面较广的议题，农村社区党组织要发挥强有力的核心作用、协调作用，回应群众对党组织工作能力的期望。二是使农村社区党员纳入党组织的有效管理，构建党组织领导下的分级负责的农村社区治理架构，推动农村社区治理力量向网格、楼栋和单元延伸，建立起网格党支部、楼栋党小组、单元党员中心户的组织结构。同时，要有效发挥党组织引领作用，通过民主协商在农村社区各类组织中履行好党的职能，将农村社区居民的大事、难事、急事都管起来、管好、管到位。第二，完善党组织议事协调机制。坚持问题导向，聚焦农村社区党组织在协商议事中遇到的突出问题，建立健全农村社区党建工作机制，有效统筹资源，聚合多方力量。第三，深化党建互联融合。义安区正是通过联合党委，推动街道农村社区党组织与驻区单位党组织深入开展跨系统、跨区域的结对联动活动，整合资源，协商共治解决困扰企业、群众的难题。

（二）尊重民意是把握协商议事核心主题的基本遵循

农村社区协商的核心在于民主，重点在于民意。“三张清单工作法”之所以能够成为一个可推广的案例，核心要义之一是做到了利益相关方的深覆盖，凡是涉及农村社区群众切身利益的公共事项，尤其是重大事项都充分听取群众意见，切实保障群众利益。第一，协商为民。农村社区协商议事的目的是为民。自“三张清单工作法”实施以来，群众利益诉求渠道畅通了，凡是涉及群众切身利益的事项，都能够通过协商共议、平等对话，实现民事民决。因而农村社区协商议事要始终做到为民、惠民、利民，要通过协商议事助力解决群众关注关心的烦心事、揪心事、操心事。一是让群众自治的民主权利看得见摸得着。基层群众自治的内容与群众的利益直接相关，农村社区协商能直接反映基层群众的利益诉求，群众能够在农村社区协商实践中深入了解群众自治制度的有关要求，不断增强协商议事的能力。二是对症下药，回应群众的真实诉求。农村社区治理情况复杂多样，因此要合理确定并细化协商内容，建立农村社区协商事项目录制度，真实反映基层群众的诉求。三是将协商是否能够解决实际问题以及群众是否满意作为评判标准。农村社区协商的实效要以群众生活是否得到改善、权益是否得到保障为评判标准。第二，协商于民。最了解农村社区治理实际情况的是群众；确保基层和谐稳定，最大的依靠力量也是群众，因此在推进农村社区协商实践过程中，要充分尊重群众所表达的诉求及其所发挥的作用。一是多层选拔，多方参与。一方面要进一步推动协商主体多元化，根据品德、能力和自愿、威望等条件，切实把群众认可度高、政治素质好、议事能力强、影响力大的人员选拔到农村社区协商议事组织中；另一方面要注重农村社区协商委员会的代表合理性，义安区“7＋X”模式通过固定与灵活相结合的原则，拓展了群众参与覆盖面，提升了参与结构的合理性。二是尊重群众，提高参与度。开展农村社区协商需要激发群众热情、凝聚群众智慧，坚持有事多商量的原则，拓宽协商渠道，丰富协商内容和形式，引导群众依法表达意见，踊跃参与协商，形成有事好商量的和谐氛围；同时要积极培养基层群众的民主意识，倡导协商精神、培育协商文化，推动广大群众、社会组织和辖区企事业单位积极通过协商议事实现农村社区共治。

（三）制度健全是确保协商议事程序规范的有效保障

义安区不断推进制度创新，以制度规范农村社区协商议事行为，推进了农村社区协商制度化、规范化、程序化，确保农村社区协商进一步落实。第一，加强制度规范性。健全农村社区民主决策机制，保障群众对辖区重大事务的协商决定权。完善信息沟通和互动协同机制，健全定期例会、协商讨论、分片负责、审议监督等工作制度。完善事务公开、民主评议、问责制度，保障群众对重大事务事前、事中和事后全过程参与评议。同时，严格明确农村社区协商议事的内容、运行范围、协商主体和程序步骤。不随意变更法定的事项，不随意减少规定的步骤，对于有关农村群众利益的重大事项，及时、定期地举行村民会议、村民代表会议、协商议事会进行协商解决。第二，建立健全监督机制。运用信息技术推进重大事项协商公开、决议公开、实施结果公开，增强协商的公开性和透明性，完善农村社区协商成果落实跟踪、评估和问责机制。一是建立协商评估机制，运用可视化和大数据等技术，健全协商结果落实机制，搭建提案式办理、集中式办理、跟踪式问效等平台，完善协商成果采用和反馈办法，并对一些重要协商成果转化落地情况进行跟踪监控。二是通过明确的方式给予群众意见建议反馈。加强事先互动和沟通，加强事后监督和反馈，避免协商走形式，保证协商结果落实落细。同时，要加强村务监督委员会建设，细化协商民主监督程序。

（四）议事平台是形成协商议事浓厚氛围的重要渠道

近年来，各地贯彻落实党中央、国务院关于加强和改进乡村治理的有关决策部署，进一步丰富协商议事的形式，使得农村社区协商议事取得了积极进展。与此同时，也出现了一些值得重视的问题：有的地方对推进村级协商茫无头绪、无从下手，有的地方简单模仿、千村一面，有的地方蜻蜓点水、不切实际，等等。出现这些问题的一个重要原因是没有与本地实际结合起来，没有为本地的协商议事提供一个好的平台。可见，推进农村社区协商议事，需要因地制宜，积极探索符合本地实际的发展路径和方法策略，尤其是要从激发群众参与乡村治理的积极性出发，依托村民会议、村民代表会议、村民议事会、村民理事会、村民监事会等，创新民事民提、民事民议、民事民办、民事民评的多层次基层议事协商平台。因此，在推进农村社区协商过程中可充分利用微信群、QQ 群、公众号等线上沟通平台，广泛收集民意，有效延伸群众参与协商议事的空间。同时，有效结合线上线下工作平台，利用上门走访、个别座谈、支部主题党日活动、屋场会、返乡人员座谈会等多种灵活的线下形式，召开有普遍代表性的座谈会、洽谈会等，形成线上线下平台的联动互通，丰富和创新协商平台，拓宽群众参与协商议事的渠道。

再建民主：创新村级民主治理的实践机制

——基于“6+4”工作法的调查

乡村治理是社会治理的基础和关键，是国家治理体系和治理能力现代化的重要组成部分。在农村基层治理实践中推行村级民主自治，是实现村级民主治理和构建现代化乡村治理体系的核心内容，也是实现乡村有效治理的关键。新时代，随着我国经济社会的发展以及社会主要矛盾的变化，乡村社会治理的内容日趋复杂多变，由此，党和国家高度重视村级民主治理建设。从党的十九大报告提出乡村振兴战略，到党的十九届四中全会明确指出“在城乡社区治理、基层公共事务和公益事业中广泛实行群众自我管理、自我服务、自我教育、自我监督，着力推进基层直接民主制度化、规范化、程序化”，再到中共中央办公厅、国务院办公厅印发《关于加强和改进乡村治理的指导意见》，这些都表明为补齐国家治理体系和治理能力现代化建设中的乡村短板，全面推进乡村振兴，必须要以村民为主体。村级民主建设是强化村民主体地位的重要抓手，要使乡村治理的重心转移到以村民为主体的村级民主治理中来，还需要大量实践探索。当前各地围绕党中央关于村级民主治理积极开展探索实践，其中义安区围绕“再建民主”创新的村级民主治理相关实践，为全国探索村级民主治理实践提供了可行方案。

一、问题提出

村级民主建设是村民自治的内在要求和关键内容，搞好村级民主建设是提升村民自治水平的重要途径，也是推动基层治理现代化的关键所在。[①] 改革开放以来，中国农村社会普遍开展以村民自治为主要形式的村级民主实践，

① 王黎．村级民主治理的实践机制与运行基础：基于广西新村的经验分析［J］．云南行政学院学报，2020，22（3）：32－39.

使得村级民主建设取得了一定程度的发展，然而也暴露出诸多问题，导致村民自治机制失灵，从而制约村级民主治理发展。在此背景下，探讨和反思村级民主治理创新实践机制对于推进村级民主发展具有重要意义。

自村民委员会组织法颁布以来，我国村级民主建设逐步发展。村级民主建设首先聚焦于民主选举，但现实中以民主选举为核心的村民自治不仅未能实现村级善治，还导致村级治理陷入失序状态，于是村级民主治理开始从选举到治理转型。[①] 进入“后选举时代”，村级民主实践的探索开始主要围绕民主决策、民主管理和民主监督这几个方面展开研究，[②] 关于村级民主治理的研究也多是基于乡村治理和基层治理的整体框架开展，研究的内容也多是指出目前乡村社会治理存在的问题，从而提出乡村治理的改革方案。[③] 现有关于村级民主的研究大致沿两条路径进行。第一种是从村级民主的制度层面进行研究。这种研究内容以村民自治制度为切入点，围绕村级民主的价值理念、制度安排等反思基层民主内涵[④]，并以民主理念和制度的预设来反思当下基层民主制度建设的现状[⑤]，审视村民自治中的“四个民主”在制度进村中的绩效与遭遇[⑥]，从而为村民自治制度顺利落地提出方案[⑦]。此类研究聚焦如何实现人民民主权利的问题，重点关注的是民主的形式和权利，通过自上而下的民主制度设计来推动村级民主建设。第二种研究路径是从村级民主的实践层面进行研究。这种研究内容主要看重基层治理实践，注重分析村民自治实践中多重治理主体在治理过程中的权力运作逻辑，总结村级民主治理的实践型态[⑧]、

---

① 陈剩勇．村民自治何去何从：对中国农村基层民主发展现状的观察和思考［J］．学术界，2009（1）：42－50.

② 樊红敏．基层民主建设的基本特征与发展走向［J］．东南学术，2010（5）：51－57.

③ 杨新荣，杨勇军，黄大乾．乡村社会治理的框架、模式与路径研究：以广东省为例［J］．农业经济问题，2019（8）.

④ 林尚立．公民协商与中国基层民主发展［J］．学术月刊，2007（9）：13－20.

⑤ 任中平．村级民主发展的路径、障碍及对策思考：以四川省为例［J］．探索，2010（1）：52－57.

⑥ 邹璟琦，肖克．村民自治制度实践透视［J］．重庆社会科学，2018（2）：46－52.

⑦ 章荣君．村民自治吸纳协商民主何以可行?［J］．南京农业大学学报（社会科学版），2018，18（3）：84－90＋154－155.

⑧ 贺雪峰，何包钢．民主化村级治理的型态：尝试一种理解乡土中国的政治理论框架［J］．江海学刊，2002（6）：100－104＋207.

类型①、影响因素②等。这类研究主要是具体问题具体分析，关注的重点在于民主的效能，即村级治理能否通过公平有效的治理路径，革除弊端，发扬治理主体积极性，增强乡村治理效能。这是一种自下而上的、村庄权力实践遭遇现实困境倒逼村级民主建设的路径研究。

综上所述，目前对于村级民主治理的微观研究还较少，学界主要停留在基层治理、乡村治理、村级民主的混杂宏观研究中，对于村级民主的研究也是为村级治理的社会变革、治理模式、权利保障等方面研究提供佐证。随着当前村级民主治理的不断发展演进，民主和治理的有效融合势必是推进农村社会发展的助推器。因此，本部分从村级民主和治理相融合的视角，以义安区村级民主治理实践为样本，分析其背后的实践逻辑，为解决当前村级民主治理困境提供一些经验。

二、当前村级民主治理的主要问题

村民自治是村级民主治理的基础和框架，当前村级民主治理面临的主要问题是村民自治的民主性与有效性难以衔接。村级治理的民主性强调民主治理机制的安排，有效性则强调有效的村庄治理实践。二者难以有效衔接具体表现为：一是民主治理机制安排容易遭遇民主实践过程中的“主体性困境”③，即民主机制无法有效调动村民的政治参与，村庄治理陷入民主治理危机；二是有效的村庄政治实践容易变成策略主义治理④，即村级治理脱离了民主政治，没有民主可言；三是民主治理和有效治理混合交叉运作，但是没有治理主体监督村级事务治理，容易滋生权力腐败问题。它们的共同特点就是村级民主治理形式化，从而导致村庄最终无法形成有效的民主治理实践。

造成以上村级民主治理问题的主要原因包括：第一，村级组织缺乏推进村级民主的动力。村级民主本质上是一种动员式民主，村级组织是动员村民参与自治的主要组织，在村级组织缺乏行动能力的情况下，村级民主治理只

① 贺雪峰，何包钢．民主化村级治理的两种类型：村集体经济状况对村民自治的影响［J］．中国农村观察，2002（6）：46－53＋81.

② 仇叶．富人治村的类型与基层民主实践机制研究［J］．中国农村观察，2017（1）：52－56＋142.

③ 徐行，陈永国．主体性困境：农村协商民主进一步发展的障碍［J］．长白学刊，2016（2）：18－23.

④ 欧阳静．基层治理中的策略主义［J］．地方治理研究，2016（3）：58－64.

能流于形式。第二，村庄社会分化带来政治参与壁垒。村庄民主政治参与的起点不同，导致村级民主治理主体存在有限性和排斥性。精英群体和村民群体从改革开放之后逐渐分化出来，精英群体容易排斥相对弱势的村民群体，使得民主治理的作用得不到有效发挥。第三，权威组织以及监督机制的缺乏，使民主治理难以落到实处。传统乡村治理监督主要来自基层群众监督和上级领导监督，村民自治后乡村关系发生变化，相对来说上级监督有所减弱，监督重心转移至基层群众。作为村民自治的最高机构，村民会议和村民代表会议难以履行监督职责，而成为一种虚设。

要想实现村级民主治理，必须解决好上述三个问题。进一步讲，首先，要有一个强有力的村级组织，能够有效调动村民参与村庄民主政治；其次，要设置议事规则，能够保证村级民主治理的有效运作，使得村民这一治理主体可以公平有序参与村级民主治理；最后，要建立全方位的监督机制，确保村级民主治理落到实处。

三、村级民主治理瓶颈的破解之策

村级民主治理建构需要重新激活村庄公共政治参与活力，这离不开配套的组织和规则设置。义安区以村级事务民主治理“6+4”工作法，规范议事决策程序，动员村民政治参与，保证村民在“六步决策”和“四档核支”中享有村务决策权和财务监督权。同时，在党组织的全方面引领下，建立四档监督机制，让多方治理主体对村庄公共产品使用进行有序监督，进一步建构村庄民主治理体系。

（一）“六步决策”，规范村级事务决策程序

村民自治是中国农村基层直接民主的有效实现形式，民主决策是村民自治的关键和核心。2008 年以来，义安区开始探索实施村级治理的新机制，先后在各村庄实施“六步决策”议事机制（见图 1），目前在全区基本实现了全覆盖。一是针对村级组织在决策中存在的民主要求难落实问题，明确决策规程。这一机制明确要求村级重要和重大事务必须按照民主提议、“两委”联议、党员参议、上级审议、村民决议、承诺践议六步规程组织实施。同时，义安区配套编制《村务民主提案表》《村级工作承诺书》等表格，保证村级组织按章操作，走实台步。其中，第一个步骤“民主提议”的方式有三种，

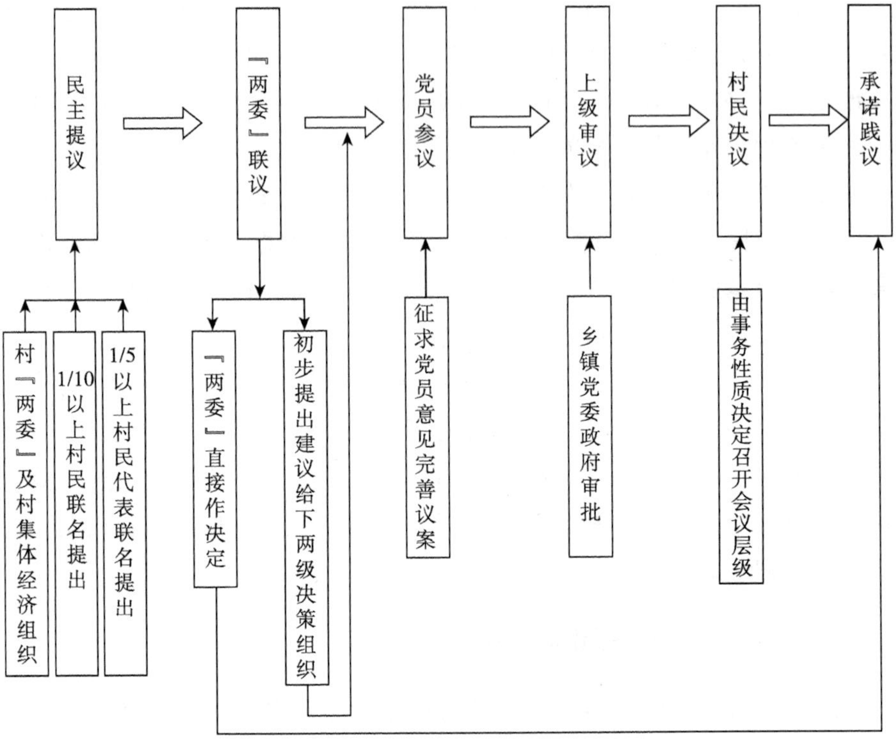

图1　六步决策流程图

由村党组织、村委会、村集体经济组织提出，或者由1/10以上村民联名提出，又或者由1/5以上村民代表联名提出，把提议权交给村民群众。然后通过“两委”联议、党员参议、上级审议、村民决议，不但把决策权交给村民群众，更通过这一规程，把村级组织、农村党员、村民群众、乡镇党委政府这四方面力量整合起来，有力提高了村级组织决策的民主化和科学化。同时，通过承诺践议，把监督权交给群众，促进村干部干事作为，改进作风，提高办事效率。二是针对村级组织决策中存在的越权决策问题，明确决策权限。义安区明确界定村“两委”联席会、村民代表会议、村民会议三级会议的决策权限，规定村级日常性事务由村“两委”联席会决定，村级重要村务由村民代表会决议，村级重大村务必须通过村民会议决议，有效纠正了村级组织决策中存在的以“两委”会代替村民代表会议、村民会议的现象。三是针对村级组织决策中存在的村务性质界定不清问题，明确决策范围。按照法律规定和地方实际，义安区对“日常村务、重要村务、重大村务”主要范围进行了界定（见表1）。如重要村务主要包括：村庄建设规划，宅基地分配方案；5万~10万元以内的公益事业建设、筹资筹劳方案；5万~50万元以内的集体投资、集体资源资产承包租赁出售；救灾救济款物发放对象的确定等。超过上述范围、涉及村民整体利益的重大项目投资、公益事业建设、集体资产资源经营处置等属于重大村务，这样较好地解决了以前制度笼统、实际操作难把握的问题。

表1 村务分类决策表

村务类别	决策层	决策内容	决策时间
日常村务	村“两委”联席会决定	5万元以下公益事业建设、集体投资、筹资筹劳方案、集体资产资源承包租赁出售等在决策前，需征得乡镇党委、政府同意	每月至少1次
重要村务	村民代表会决议	村庄建设规划，宅基地分配方案；5万~10万元以内的公益事业建设、筹资筹劳方案；5万~50万元以内的集体投资、集体资源资产承包租赁出售；救灾救济款物发放对象的确定等	每季度召开1次
重大村务	村民会议决议	超过上述范围、涉及村民整体利益的重大项目投资、公益事业建设、集体资产资源经营处置等	每年召开1次

（二）“四档核支”，优化村级财务管理模式

村级财务的有效管理离不开组织与规则设置。为了推动村级财务阳光运作常规化，义安区实行“四档核支”制度，形成财务管理工作约束机制，着力规范村民财务管理权，重点规范村级非生产性支出管理，突出解决村级财务支出审批权限无度和缺乏监管的问题。这一规则的创制不同于以往的财务管理方式，它是通过分类整理村级财务项目，设置财务支出层级审批流程，细化财务公开科目，使得财务工作可以由宽到紧规范化运作。其主要做法：一是改进村级财务管理模式。针对“村账乡管”模式下“管账不管钱”所造成的管不住、管不好的问题，统一实行“村有乡管”，即将村集体资金所有权和管理权分离，在保证村级组织集体资金所有权、使用权、审批权不变的基础上，全面取消村级存折户，由乡镇成立村财服务中心，对村级资金实行统收统支，分村核算，切实加强对村级财务的全方位监管。二是严格支出审批权限（见表2）。支出在500元以内的由村主任审批，村书记审核；支出在500元至1万元的，由村“两委”联席会议研究决定；支出在1万元至5万元

的，由村民代表会议研究决定，并报乡镇备案；支出在5万元以上的，报经乡镇党委、政府审核同意后，由村民代表会议研究决定。同时，明确村级财务支出审核要做到“五审核五禁止”，即审用途，严禁超范围支出；审额度，严禁超标准支出；审财力，严禁举债支出；审票据，严禁白条支出；审要素，严禁手续不全支出。三是细化财务公开科目。就村级财务公开的具体科目征求基层意见，义安区下发《铜陵市义安区村级财务公开细目表》，细化公开项目，做到据实逐项公开，让群众清楚明白。“四档核支”的执行和村党组织书记有着紧密联系，村级财务工作审批的最后一步都需要经过村党组织书记审核。党组织在村级组织中的引领作用更加凸显，党组织与其他组织之间配合度的高低对村级财务管理的民主效能也有一定的影响。

表2　村财分档核支表

金额（元）	审核流程	备注
≤500	村委会主任审批→村党组织书记审核	
500～1万元	村“两委”联席会议研究决定→村委会主任审批→村党组织书记审核	5000～1万元的支出，要征得乡镇联系村干部同意
1万～5万元	村民代表会议研究决定→村委会主任审批→村党组织书记审核→并报乡镇备案	
≥5万元	报经乡镇党委、政府审核同意→村民代表会议研究决定→村委会主任审批→村党组织书记审核	
生产性开支应根据合同、协议、会议决定支付，由村委会主任审批→村党组织书记审查		

（三）“制度保障”，加强村级组织权力监管

义安区在秉持民主决策和管理的基础上，即针对村级事务治理中相关组织监管责任缺位的问题，建立四项制度，进一步健全监管体系。一是实行村务决策责任追究制。村级组织必须按照“6＋4”工作法的规定程序决策村务，凡是未按程序和规定决定的事项均为无效，村民有权拒绝，造成的损失由责任人承担，构成违纪的给予党纪政纪处分，涉嫌犯罪的移交司法机关依法处理。同时每年结合民主评议工作，对“6＋4”工作法落实情况进行民主评议，评议结果与村干部任用、奖励和村级组织办公经费补贴挂钩。二是实行民主理财报告制。村级组织所有财务支出票据必须经过村民主理财小组审核同意，

签章后方可送交乡镇农经管理部门审查入账。村民主理财小组每半年向村民代表会议报告一次财务审核情况，对不履行职责的村民主理财小组成员，按法定程序及时予以罢免。三是实行定期督查审计制。乡镇党委每季度对村务民主管理工作进行一次检查，每半年对村级财务开展一次审计，审计结果向群众公开。同时县委把“6 +4”工作法的落实情况纳入农村党组织建设考核指标体系，作为基层干部政绩和基层班子年度考核等次评定和评先评优的重要依据。四是实行入账终审把关制。乡镇农经部门严格执行对村级财务支出的终审把关责任，凡是不按规定审批、手续不健全的支出，一律不得拨付现金，不得入账。对因把关不严、监管不力，造成重大损失的相关责任人一律就地免职。通过四项机制的联动配合，义安区重构了村级民主治理监管模式，为村民群众行使民主权利拓宽了合法途径，最大限度地监管了涉及广大村民群众利益的村级事项。

四、推进村级民主治理的实践机制

当前随着农村改革的深入发展，农村社会结构、组织形式和利益关系发生了深刻变化，村民的民主意识、维权意识、监管意识明显增强。村民不仅要求维护自身利益，而且要求更多地参与村级重大事务的决策和管理；不仅要求村干部廉洁自律，而且要求其办理村级事务守规矩、重公道、讲效率。农村的新变化、村民的新期待对农村治理提出了新要求。义安区实施村级事务民主治理“6 +4”工作法和四项制度，推进村级事务议事决策程序化、财务支出规范化、监督管理常态化，这不仅是落实党的十九大关于加强基层民主政治建设要求的创新举措，更是保障村民民主权利的有效途径，对于进一步建立健全农村党组织领导下的村民自治运行机制具有十分重要的意义。

（一）事权明晰下的村民积极性激发机制

村级民主治理的基础是村民主体性的激发和村民参与权的保障，只有将村民拉进治理中，才能够推进村级民主治理机制的高效运转。长期以来，村民主体性的缺失以及村民参与的形式化，打击了村民参与村级事务的积极性。义安区“六步决策”民主决策实践满足了村民参与治理的需求，逐渐使村庄走向善治，最为关键的是建立了一套行之有效的村民积极性激发机制。义安区改变了村级组织在村务治理中的角色定位，村级组织从“家长式”的治理模式，加速向民主化、规范化方向转变，使得决策过程真正成为集民智、聚民力的过程。这种模式以村民的需求为导向，极大地激发了村民参与治理的积极性和主动性。义安区还制定了一系列规则，尽可能地激发村民参与治理的积极性。比如，凡涉及村民群众利益的村级重大事务，必须按照“六步决策”步骤实施；对其他经常性村级事务办理要发放流程图宣传手册，确保群众知晓流程化管理的内容和各类事项的办事程序。以村民需求为导向的民主决策方式能够将村级各类事务治理与村民的实际需求相结合，将村务的治理由“村庄的事”变成村民“自己的事”。而“六步决策”设置地一些惩罚和激励性质的机制也能够在村庄中形成正面激励效果，激发他们参与治理的积极性和主动性。村民有表达自己需求的激励机制，并在此基础上实现了自己的需求，进一步也会激发他们积极行使机制赋予他们的民主决策和监督权利。因此，让村民行使民主权利既需要积极引导，更需要机制保障，根本是要激发村民参与民主决策的内在积极性，从而在民主参与中获得成就感。

（二）财权规范下的村集体经济透明化机制

村级民主治理的驱动力有赖于对村集体经济的有效管理，村集体经济管理工作是村级民主治理的一项重大且烦琐的工作，如果村集体经济管理混乱，就无法保证村级治理的民主化。近年来村级财务管理工作不断创新与完善，但随着经济社会的高质量发展，问题仍不断出现，如村集体经济资金管理混乱、保障机制缺乏、腐败等问题，这些都损害了村民的权益，也弱化了村级组织的权威，从而影响村级民主治理的效能。因此，现阶段为保障村集体经济阳光运作，维护村民的合法权益，村级财务管理工作需要进一步创新管理机制。村级财权规范化运作，最大限度保障村集体经济透明化管理。义安区“四档核支”的村级财务管理制度解决了村级财务管理混乱的问题，建立了一套有效的村集体经济透明化机制。该制度针对原来的财务管理漏洞，以村集体资金支出为抓手，切实加强对村集体经济的内部管理和民主监督，健全财务开支的审批流程，在分层审批非生产性开支上下功夫，严格控制非生产性开支占村集体收入的比例和总量。其中最为关键的就是细化了村级财务公开科目，推动财务科目逐项公开，使得村民对资金流向以及财务管理有了全面认识和了解的渠道。这些措施使得财务公开规范化、及时化、统一化，实现财务管理工作透明化运作。村民对村级财产状况可以进行明确和有力的监督，推动村级财务工作的公开透明，保障农村党风廉政建设，促进农村民主治理稳定发展。财权得不到规范，财务运作就会产生腐败等黑幕现象，而财务透明运作是阳光村务的重要组成部分，同时也是驱动村级民主治理的重要路径。因此，规范村集体经济的财务管理，是村级民主治理实践的重要抓手。义安区“四档核支”做法因其流程清晰、规则明确、可操作性强，每一环节都有明确的指示和步骤，整个审批过程公开透明，使得所有治理主体对其信任度高、参与度高，保障了村民的利益。

（三）全面监管下的主体权责平衡发展机制

中国村庄治理下多方主体的权利与义务观是捆绑在一起的，在其杂糅的基础上进行相互比较，从而得到相对的公平，也就是所谓的平衡。[①] 只不过这种平衡体系不稳定，随着时代发展，如果没有相应的举措来维护这种平衡机制，其权利义务观就会随之消失，而各方主体参与治理程度不一，导致村庄民主治理工作难以落实。义安区通过村民需求导向的村级事权决策制度调动村庄各主体参与的积极性和主动性，形成了“政府引导—村级组织统筹—村民参与”的民主治理模式，初步实现了多方参与主体的权利与义务关系的平衡。但为长久维持各方主体的平衡关系，仅仅依靠道德或理性是难以为继的，需要一定的惩罚约束机制来保障，由此，需嵌入监管事权和财权决策落实情况的责任追究规制。比如，县纪委对村级事务流程化治理进行监控，村党支部书记为村级事务流程化治理第一责任人，村务监督委员要负责监督村“两委”是否按程序办事。以县委、纪委落实的外部激励约束机制和村监委落实的内部约束机制合力形成内外联动机制，既能维持平衡的权利与义务关系，也可以调动多方主体参与的积极性。这一监管机制让各参与主体都参与了监督，彼此互相监管约束，明确责任追究机制，最大限度地保证各主体的合法权益不受损害。同时，对拥有权力资源的主体进行监管，可以避免权力腐败和资源滥用。

五、结论与思考

乡村治理是社会治理体系中最基础也是最重要的环节，关乎国家的长治

① 陈锋．连带式制衡：基层组织权力的运作机制［J］．社会，2012（1）：104－125.

久安、基层社会的稳定发展。税费改革之后，基层治理体系发生了巨大变化，乡村治理问题也日益凸显，如村级组织行动能力弱化、民主决策形式化、参与主体的权利与义务失衡等，村级民主与治理问题更加尖锐，治理因缺乏民主而陷入困境。面对乡村振兴背景下村级民主治理问题，义安区探索的村级民主治理实践给我们提供了一种解题思路。义安区通过“再建民主”理论逻辑，重点围绕村庄的事权和财权管理，创制“六步决策”和“四档核支”制度，在各级组织和规则的框架内动员村庄多方主体参与民主协商与决策，并建立全方位的监管体系，来保障决策机制有效地落实。这种村级民主治理的运行机制在于：一是通过明晰事权决策的方式激发村民参与的积极性；二是通过规范财权管理的方式确保村集体经济阳光运行；三是通过制定监管机制平衡村庄多方治理主体的权利和义务关系。这种村级民主治理建设契合民主发展渐进性的规律，以村庄民主决策机制为切入点激活村庄公共政治，然后向更高层次和更广范围的协商民主迈进。

义安区基于事权和财权进行村级民主建设的治理模式运作逻辑不同于以往的村级民主治理建设逻辑，它是以村民自身的需求为出发点，倒逼治理机制的转型升级，从而达到民主和治理的有效融合，有助于理顺村级治理民主与效能之间的关系。但是村级民主建设具有渐进性和阶段性的特点，需要有针对性、分阶段地推进，不能一蹴而就。决策制度规范化为村级民主治理提供了机制抓手，而村级民主体系建构又为决策规范化提供了必要的组织载体和政治基础，二者实现了良性循环，逐步推进了村级民主治理建设。

为了实现村级民主治理实践机制的有效运转，需要注意以下几点：其一，要加强农村基层党组织的领导。党组织作为最具引领性的组织，村民对其信任度更高，民主协商机制的运作需要基层党组织引导，如此能使得协商更为有序进行。其二，要促进基层民主政治建设常态化。保障村“两委”联席会、党员议事会、村民代表会、村民会议按时召开，实现民主治理活动的常态化，在增强村干部民主治理意识、提高其办事能力的同时，使得村民真正成为村务决策的主人，极大地调动广大村民群众参政议政的积极性。其三，要健全责任监督机制。监督机制的不断完善，使得村级议事、财权管理真正在阳光下运行，有效预防基层干部滥用职权和损害群众利益的行为发生，使得党群干群关系更加密切，共谋发展的合力进一步增强。

共话协商：打通协商议事“最后一公里”

——基于凤凰山村“书记夜话”的调查

改革开放以来，中国农村社会的生活内容、组织形式以及治理机制等明显呈现出多元化格局。协商民主给农村社会提供了一个共建共治共享的良好平台，但农村多元治理主体的共治亟待理顺彼此之间的关系。安徽省铜陵市义安区顺安镇凤凰山村坚持以党建引领为核心，以本土优势资源为基础，以和谐共商为方略，通过班子聚力、资源整合、多方共治等方式，推动开展“书记夜话”[①] 等一系列协商民主活动。凤凰山村在民生福祉、经济发展、乡风文明等领域听取民声、汇聚民意、解决民忧，引导乡村多方主体有序表达利益诉求，在“大家的事情大家好商量”中形成良性互动，达成决策共识。

一、问题提出

中央和地方先后出台一系列关于加强社会主义协商民主建设的政策文件。2021 年中共中央、国务院发布的《关于加强基层治理体系和治理能力现代化建设的意见》再次从推进基层治理现代化的角度，对基层协商议事提出了新的要求。党的二十大更是指出：“完善基层直接民主制度体系和工作体系，增强城乡社区群众自我管理、自我服务、自我教育、自我监督的实效。”而基层的协商民主建设应采用何种模式、如何有效开展，仍然是当前需要探讨和实践的重要话题。但从农村协商的实际运行出发，当前村级协商实践依旧面临诸多困境：一是协商主体参与困境。其一，弱参与、低效率。有的村民参与

① “书记夜话”指乡镇党委书记、村党组织书记错开农忙时差、利用夜晚时间，与党员群众面对面话家常、话发展、话民生、话乡风、话和谐，充分了解农民群众所思所想。通过“书记夜话”这一形式，当场能够解决的问题当场解决；当场不能解决的，做好相应记录，交给村“两委”会或村民代表大会集体商议解决；村内解决不了的，及时向上级相关部门反映，并协助相关部门一起解决。

意愿不足，只对与自己利益密切相关的事项有参与热情；有的村民主观认为，协商只是走形式，协调得再好，决策也不一定会得到有效落实，造成协商主动参与率不高，效率低下。其二，强参与、低效率。村民受文化水平的制约，理性表达自身诉求的能力较弱。部分村民虽然有较强的参与意愿，但无法理性表达自身利益诉求，往往也会降低协商的效率，增加协商的成本。二是协商主体利益分化。各个治理主体具有不同利益诉求，如何通过不断协调各种利益诉求，使冲突矛盾最小化，最后达到个人利益与整体利益的综合平衡，实现多方共赢的局面，也是当前村级协商实践面临的挑战。三是协商共治中凝聚力不足。当前乡村基层党组织建设，还存在着弱化、虚化和边缘化的问题。部分村党组织成员将重心放到谋求个人利益上，忽视了村党组织的内部建设，削弱了自身在群众中的认可度，使村党组织的号召力弱化，难以有效担负领导者、引领者的角色。

在公共治理理论话语下，协商治理是通过协商与对话协调不同利益主体间关系的一种治理方式。同时，农村协商治理也是一种基于过程、程序、合作、参与、认同为特征的新型乡村治理机制，具有农民利益的制度性整合、功能性整合和认同性整合的多维功能。① 而在众多农村协商治理主体中，党组织具有丰厚的社会资源，拥有大量的骨干力量，具有深厚的群众基础，为基层党组织参与基层社会治理提供了组织条件和优势。因而，结合实践中的问题，推进农村基层协商民主建设的关键在于充分发挥乡村基层党组织的政治领导力、组织力和凝聚力，构建党组织领导的乡村协商共治机制；重点在于重新精准定位乡村治理的价值、主体与权能边界，整合农村协商治理进程中多方主体间的利益，凝聚乡村协商共治合力。②

二、党建引领凝聚乡村协商共治合力的实践机制

义安区顺安镇凤凰山村，位于义安区东南部。凤凰山村先后建成了新屋岭中心村、金牛中心村、相思树特色自然村等 5 个美丽乡村示范点，曾先后荣获中国美丽田园、全国一村一品示范村、中国乡村旅游模范村、安徽省特

---

① 张锋．乡村振兴背景下农村社区协商治理机制研究［J］．上海行政学院学报，2019，20（6）：82－90．

② 于江．协商治理理论嵌入村民自治的困境及其引申［J］．云南农业大学学报（社会科学版），2020，14（6）：48－53．

色景观旅游名村、安徽省传统村落、安徽省文明村等多项荣誉。不仅如此，凤凰山村还是“中国药用牡丹之乡”的核心区域，铜陵首个国家地理标志保护产品——凤丹的核心产地，也是中国南方牡丹商品生产基地。凤凰山村旅游资源及矿产资源丰富，拥有国家级重点文物保护单位及省级旅游景点，旅游及矿业成为凤凰山村的支柱产业。近年来，凤凰山村按照协商于民、协商为民的要求，以议事协商、权力监督为重点，开展“书记夜话”协商共治活动，充分发挥党组织领导下的乡村协商共治效能。为了进一步巩固凤凰山村“书记夜话”协商共治模式，确保议事目标得到落实，凤凰山村从组织建设、程序完善、强化保障三方面进行了全方位的探索。

（一）建共治平台，推动主体参与协商组织化

凤凰山村在党组织的引领下，深入了解协商共治的价值和意义，在理解利益相关性的基础上激发各主体参与积极性，进而动员更多的人参与协商，使得共治主体具有广泛性。同时，成立相关组织，通过新的组织连接方式，有效凝聚新资源，保证协商共治成果落地实施。一是成立联建党组织，引领协商共治。凤凰山村成立了村企联建党委，书记由村党委书记担任，联合党组织支部委员由企业、村党委成员中3～5名懂经营管理、善于做群众工作、协调能力强的党员同志担任，以便更好地解决经济发展、民生福祉和村企协调问题。联合党组织的主要职能是加强对村企联建的领导，做好村企、矿农、景区与村民之间的协调、服务和管理工作，同时完善相关制度、做到定点办公、定期会商、沟通思想、通报情况，并对村企重大事项进行研究，推动村企共同发展。二是成立协商委员会，搭建议事平台。凤凰山村召开了村“两委”干部、党员、村民小组长、村民代表、村务监督委员会成员会议，通过举手表决的方式产生了七类固定成员，分别为党组织代表、村务监督委员会代表、村民小组长、村民代表、老党员、老干部、“两代表一委员”；同时，根据协商事项进行动态调整，人员数量由村结合实际情况确定，随协商事项完毕后即告结束，形成了“7+X”模式。不仅如此，为了配强协商委员会成员，凤凰山村还成立了联治理事会，会长由村企推荐的企业家担任，成员由驻村企业负责人、村“两委”负责人、企业所在村民组长和村民代表、老党员、宗族长辈等组成。联治理事会主要职能是在村企联建党组织的领导下，协助党组织做好协调、服务和管理工作，深化“7+X”农村社区协商模式，

推动村企协商联治。三是成立调解委员会，调解矛盾纠纷。凤凰山村产业基础良好，旅游资源丰富，产业发展在带动经济发展及促进村民就业的同时，也带来了一些诸如企业与村之间、景区与村民之间的矛盾纠纷。针对这一问题，凤凰山村成立调解委员会，调解委员会主任由村党委书记担任，成员由凤凰山景区负责人、矿山企业负责人、村“两委”成员、景区及企业所在村民组长和村民代表及老党员组成。调解委员会的主要职能是在党组织的领导下，做好矿农之间劳资纠纷、工伤事故纠纷、景区与村民之间土地征用纠纷等矛盾纠纷调解工作，实现多元参与且深化了村企协商联治。四是成立行业联合会，推动有序发展。依托社区社会组织联合会及丰富的旅游资源，凤凰山村成立民宿行业联合会、餐饮行业联合会，会长由民宿行业和餐饮行业分别推荐的企业家担任，成员由凤凰山景区负责人、村“两委”负责人、民宿经营者和农家乐经营者组成。行业联合会旨在做好民宿与餐饮行业之间、景区与经营者之间的沟通工作，更有利于旅游业发展有关事项的协调、服务和管理，实现共建共治共享的格局。

（二）建程序机制，保证议事协商有序化

农村协商事务多、事情杂，因此需要健全协商程序机制，保证协商高效运转。凤凰山村坚持完善六大协商议事程序：一是问需求。议事代表通过走访、线上等方式，收集问题，村委会结合走访及网络平台反映情况，梳理村民诉求，转交给村民议事代表，形成诉求清单。同时，对清单进行综合研判，村里能解决的纳入协商议事项目，村级无法解决的事项，上报至镇，镇无法协调解决的，上报至区级联席会议研究解决。二是提方案。村“两委”每月组织议事代表根据诉求清单提出正式方案。制订方案的过程中，对于时间、地点、人物、资源、行动、结果都要加以论述，便于协商委员会进行讨论。三是议事项。村“两委”根据收到的议案情况，确定召开协商议事会的时间，会上由议案提出人进行陈述，接受议事代表的质询，根据会议议定事项完成议案修改。对于涉及群众面较广的议案，通过“书记夜话”活动来进行。议事过程中，积极鼓励村民参与议事讨论，协商委员会成员阐述项目、答辩质询，村民现场投票表决确定“行动清单”。四是筹资金。以村民为主体，区域化党建单位、企业、商家等共同参与，多方筹措项目实施所需要的人、财、物等资源。同时，坚持“谁受益、谁出资、谁维护”的原则，整合村级保障

资金、公共收益资金、村民自筹资金等，鼓励村民投劳、出资、捐物参与议事项目建设。五是办议案。对于议事通过的项目由党组织把关引领，议案发起人具体负责，党员代表、村民骨干共同参与，促进项目落地。协商委员会还对项目的实施过程进行监督，项目的计划、进度及各项支出经费明细在村务公告栏进行公示。六是评效果。通过微信群、电话调研等方式，收集村民对议案实施后的问题反馈，对于群众满意度较低的项目，项目实施主体及时整改。同时，每个议案的办理结果在下次议事会上进行汇报，对于群众满意度较高的项目，加强宣传推广，增强协商议事的民意基础。

（三）建保障机制，确保协商目标成果化

首先，领导保障。在多元协商共治的过程中，坚持党委领导、完善基层党委领导机制是关键。凤凰山村成立实验区创建工作领导小组，以村党组织书记为组长，村“两委”相关负责人为成员，吸收驻村企业单位和社会组织负责人为成员，并充分利用组织平台深入基层，动员各种组织、村民积极参与公共事务的决策与治理。凤凰山村在社会治理中完善组织制度，做好政策指导、加强沟通协调等服务型工作，抓好实验区的创建工作及“书记夜话”活动的落实，实现基层政府职能角色由传统管理型向服务型转化。

其次，平台保障。为顺利推进协商成果的实施，凤凰山村通过协商共治平台，积极推进民生、经济、乡风共同发展。凤凰山村成立村企联建党组织和村企联建理事会，积极挖掘培育乡贤群体，搭建协商共治平台，推动乡贤成为乡村社会治理的重要力量。在村企联建共治平台的推动下，招引了社会资本，夯实了产业基础。针对涉及各方利益的项目，协商委员会召集村民代表进行协商座谈，充分考虑各方需求，最大限度保障村民们的合法权益，推动惠民项目落地。凤凰山村通过进一步规范村规民约，组建村民理事会、道德评议会、红白理事会、禁毒禁赌会，搭建起社区、社会组织、社工“三社联动”的平台，优化农村基层协商主体结构，丰富农村基层民主的实践形式。

最后，资源保障。凤凰山村积极探索发展新路径，重点围绕“乡贤、网络、社会资本”等关键词，通过“招才引智”，不断引入优势资源，助推乡村振兴。一方面，挖掘乡贤资源。凤凰山村自古人才辈出，村“两委”不断加强与乡贤之间的联系，吸引多位乡贤先后回到家乡，为家乡建设建言出力，

带动村民致富。另一方面，合理利用新媒体渠道。随着自媒体时代的到来，直播经济异军突起，网络成为乡村振兴一大助力。凤凰山村积极探索直播助农新模式，通过网络直播带货的方式，创造经济发展新路径。

三、党建引领凝聚乡村协商共治合力的实践效能

协商共治的重点在于协调各个主体间的利益诉求，提升协商能力、整合共治资源，实现发展共享。凤凰山村的“书记夜话”实践丰富了协商议事形式，确保村级事务全面覆盖，充分保障了群众的知情权、参与权、表达权、监督权，加强了群众自我管理、自我教育、自我服务的能力，凝聚了多方共治发展资源，促进了乡村经济社会健康稳定发展。

（一）共话民生，家里家外有人帮

民生是乡村振兴的试金石，农业强不强、农村美不美、农民富不富始终是鉴别全面小康社会成色的唯一标准。凤凰山村村“两委”牢固树立“人民对美好生活的向往就是我们的奋斗目标”的发展理念，切实抓好保障和改善民生的各项工作，通过协商民主促使村民合理诉求得到满足。为进一步增进党群关系，村“两委”多次深入群众家中，促膝长谈，认真听取民情民愿，切实回应民需民求。为妥善解决凤凰山村企业与村民之间的矛盾纠纷，村“两委”成了“和事佬”，对于涉及各方利益的问题积极展开对接，现场查明情况，安抚村民情绪，提出有效解决方案，进一步密切了党群关系，维护了乡村的安定团结。此外，凤凰山村在脱贫攻坚上也取得显著成果。长期以来，因病致贫是凤凰山村脱贫攻坚面临的一道“拦路虎”，牵动着每一位村干部的心。对于因病致贫的村民，村“两委”先后多次到村民家中了解情况，指导村民申请低保并宣传相关医疗救助的政策。在村党员干部的努力下，凤凰山村村民因病致贫的现象大大改善。同时，协商委员会充分尊重广大村民意愿，走访村民征求意见，通过开展协商活动解决了村民反映的问题，整治区域“脏乱差”现象，并且安排专人及时督查道路整修、河道清淤、排水地漏与下水管维修等卫生清洁工作，最大限度方便了村民的日常生活。

（二）共话经济，村民致富有盼头

近年来，凤凰山村通过“书记夜话”，整合发展思路，加快发展步伐，助

推美丽乡村新发展。首先，实现了土地资源的合理利用。凤凰山村因多年的劳动力外出打工等原因造成大量土地闲置荒芜，“如何变荒地为宝地”成了村“两委”的“思考题”与“必答题”。为有效破解难题，村“两委”多次入户问计于民，最终村民一致希望凤凰山村可以效仿其他地方，将闲置土地流转出去，招引社会资本进驻。在凤凰山村的共同努力下，铜陵市丰源现代农业投资有限公司投资凤丹产业，流转土地1400亩。铜陵市丰霖农业发展有限责任公司投资山核桃种植，流转土地400亩。通过土地流转，凤凰山村不仅实现了土地资源的合理利用，大大提升了农业效率，还解放了当地劳动力，同时带动了区域产业联动发展，村民收入逐年攀升。

其次，助力乡村旅游飞速发展。凤凰山村拥有丰富的旅游资源。为打造特色乡村旅游，以旅游促发展，凤凰山村将凤凰山景区的旅游资源融入铜陵市乡村旅游的大发展中，带动地方土、新、特、优农产品销售；带动地方特色小吃、农家乐等餐饮业的发展；带动旅游民宿等新兴三产发展。凤凰山景区虽然占据了景色与交通等优势，但与之相比的基础设施，尤其是民宿接待能力仍显薄弱，大型旅游团队“入住难”的问题依旧难以解决。为此，村“两委”在与村民、民宿老板等利益相关体充分协商后，积极与旅游主管部门对接，为凤凰山庄争取到项目资金15万元，用于增补床位50张，成功解决“入住难”问题。目前，凤凰山村年接待游客量增至3万余人，营收达30万元，不仅创新了农村经济的发展模式，切实提高了村民的收入，而且使村集体经济得到发展壮大。

最后，确保招商引资项目落地。为了带动村民致富，村“两委”通过与村民协商，决定推动招商引资来吸引企业合作。凤凰山村也因绝佳的地理条件，被多家企业列为合作对象。经过洽谈，凤丹产业项目、油用牡丹基地项目落地后，基本实现了凤凰山地区农业结构转型，大大提升了农业发展效率。不仅如此，村“两委”对于引进的种植户，通过及时入户了解生产生活情况，帮助种植户与铜陵市林业局对接，并邀请林业专家实地指导种植樱桃、桑葚等农作物技术，大大提高了果树的产量。

（三）共话乡风，和谐乡村大家建

乡风文明作为“书记夜话”的热门话题，饱含着村民对美丽乡村建设的美好愿景。和谐村庄是乡风文明建设的重要载体，凤凰山村通过协商共治的方式谱写着和谐的主旋律。首先，文明新风吹遍乡村。为了让村民自觉执行并遵守村规民约，在凤凰山村村民委员会指导下，凤凰山村协商委员会通过走访入户、问卷调查、意见征询、聘请老干部与老教师提意见、召开协商讨论、向乡镇报备等程序修订凤凰山村村规民约，并长期在公开栏张榜公布，让村规民约的内容家喻户晓。村党员带头执行，加强教育引导，以村规民约的方式在凤凰山村中形成一股文明之风。

其次，勤俭节约深入人心。为了及时刹住人情攀比、红白喜事大操大办之风以及破除陋习，村“两委”通过与村民协商，由村“两委”出资 6 万余元在金牛中心选址建设村民议事堂，以供村中红白喜事及重大活动的集中举办。议事堂建成一年多，已承办红白喜事 10 余场，未出现一例铺张浪费的现象，勤俭节约已然成为凤凰山村一种新风尚。

最后，和谐主旋律常奏响。面对邻里之间的矛盾纠纷，“书记夜话”切实发挥作用，把当事人集中到一起协商解决办法，促使矛盾双方冰释前嫌，感情和好如初。为了使和谐蔚然成风，凤凰山村还向顺安镇法庭申请巡回法庭，为村民树立法律及道德意识。巡回法庭开庭当日，旁听村民达百余人，教育作用深刻。

四、党建引领凝聚乡村协商共治合力的经验沉淀

凤凰山村通过发挥党组织的核心领导作用，从方向、机制、载体及成果等方面，持续推进党建引领下的协商共治，科学创设协商共治机制，变“替民做主”为“让民做主”，是深化协商共治的有益尝试。

（一）党建引领是推进协商共治有序性的有力保障

党的十九大和十九届四中全会强调，要“以党建为引领，促进社会发展”。当前党建引领下的乡村治理已经不再是村“两委”班子的独角戏，而是在党组织及其成员的带领下，村民、外来利益相关主体共同参与的协商共治。在凤凰山村的实践中可以总结出：党建引领下的协商共治，是要以政策为指导、以制度为路径、以组织为阵地、以党员为先锋、以服务为目的，充分整合村域资源，形成共建共治共享的社会治理格局。在村民议事协商各个环节中发挥党组织的引领、统筹、协调作用，这是凤凰山村的经验之一。村党组织在协商议题收集时，要注意进行甄别分类，把村民反映强烈的、涉及村庄

公共利益的议题确定下来，组织协商；把违背法律政策、公平正义、公共利益的事项不纳入议题之中。协商议事代表由党组织从村内威望较高、奉公守法、品行良好、乐于奉献的村民中产生。在条件允许的情况下，邀请辖区人大代表、政协委员、辖区单位代表、相关专业人士等参加，确保各主体协商议事出于公心、协商意见有代表性。

（二）拓展载体是体现协商共治科学性的重要环节

凤凰山“书记夜话”在“有组织、有制度、有程序、有保障”上积极探索，推动农村党组织领导下的乡村协商共治机制积极发挥作用，以解决乡村发展中面临的各类利益纠纷。农村公共事务复杂繁多，协商治理平台的搭建要不断丰富载体，不断突破时空局限。一是探索建设一体化的网络议政、远程协商在线平台，拓展协商议事新渠道。按照全流程、全方位、全媒体、全系统的要求，搭建信息化服务平台。以平台建设为支撑，构建PC端和手机客户端实时共享的交互系统，拓展协商共治的广度和深度，助推协商共治走进“云时代”。二是探索创建开放性议题征集平台，让协商共治更具民意基础。在议题征集上借鉴“专题网站”“网上信箱”等方式，利用微信群、QQ群、网站等信息化沟通形式，发表议题、讨论和投票，增强协商共治的有效性和时效性。同时，积极稳妥推进议事成果公开化，通过网络渠道听取群众意见，接受群众监督。三是创新形式，不拘一格开展协商民主议事。鼓励开展多种形式的协商议事活动，尤其是根据群众实际需求，深入推进“书记夜话”，并连接基层与上级部门，实现各级协商的“有效衔接”，助力基层社会治理现代化。

（三）群众参与是确保乡村协商共治民主性的关键因素

习近平总书记指出：“我们要坚持有事多商量，遇事多商量，做事多商量，商量得越多越深入越好。”① 在凤凰山村的实践中可以总结出：商量的过程就是发扬民主、集思广益的过程，就是科学决策、民主决策、实现人民当家做主的过程。因而要鼓励村民参与村庄共建共治共享，特别是要提高村民

① 2014年9月21日，习近平总书记在庆祝中国人民政治协商会议成立65周年大会上的讲话。

的参与能力和水平。一方面要引导村民积极参与、有序参与。随着我国社会主要矛盾变化，乡村面临各种各样的发展议题和多元化的社会利益关系，村民是民主决策的“智囊团”，提高广大村民参与积极性是实现乡村振兴的核心要素。村“两委”要通过教育和宣传的方式，鼓励村民积极参与，表达自身需求、提出发展意见。不仅如此，还要协助村民有序参与，帮助村民理性表达，通过群策群力来解决乡村发展问题，整合内外资源以达到共治效果。另一方面要确保群众主动参与、持续参与。乡村协商议事制度的推行有利于在干部和群众之间架起沟通的桥梁，使广大党员和群众与党组织的距离更近，关系更密切。同时在党组织的牵头下，通过完善讨论协商、公示公告、表决决策、民主监督等各个环节，有利于进一步推动基层民主的制度化、规范化、程序化。通过切实解决好村民的操心事、烦心事、揪心事，充分尊重群众意见、有效回应群众诉求，可以进一步激发村民的自治意识，增强规则意识，提升公共责任意识，带动村民主动参与、持续参与村庄发展。

融合发展：协商民主嵌入村民自治新探索

——基于犁桥村议事协商的调查

党的十九大报告指出，要打造共建共治共享的社会治理格局，推动社会治理重心向基层下移。党的十九届四中全会通过的《中共中央关于坚持和完善中国特色社会主义制度、推进国家治理体系和治理能力现代化若干重大问题的决定》进一步强调，必须加强和创新社会治理，完善党委领导、政府负责、民主协商、社会协同、公众参与、法治保障、科技支撑的社会治理体系，建设人人有责、人人尽责、人人享有的社会治理共同体，确保人民安居乐业、社会安定有序，建设更高水平的平安中国。把民主协商纳入社会治理体系，丰富了社会治理的渠道和方式，体现了在中国共产党领导下多方参与、共同治理的社会治理理念，是加强和创新社会治理的必然要求，有利于提高社会治理现代化水平。义安区犁桥村创新农村社区治理模式，按自然村落成立协商理事会，巧用“自治”金钥匙，有效化解了农村社区管理缺位和治理失灵问题，“治”出了社会活力，“治”出了和谐有序，是探索基层社会治理的有效尝试。

一、问题审视：乡村振兴背景下村民自治的困境剖析

随着乡村振兴的逐步推进，越来越多的资源、资本、利益主体入驻农村，农村社区治理面对的是越来越复杂的利益分化与利益诉求。当前，村民自治仍旧存在基层政府权力过度介入、村民主体缺失等现象，进而出现乡村精英主导村级治理的结构性困境。破解之道在于寻求利益共识，而共识源自协商。能否在相关主体充分表达个体利益的基础上达成共识，不仅影响着乡村振兴的质量，而且影响着农村的秩序和发展。2021 年 6 月 1 日起正式施行的《中华人民共和国乡村振兴促进法》，是我国第一部直接以“乡村振兴”命名的法律，填补了我国乡村振兴领域的立法空白，标志着我国的乡村振兴战略正式迈入了有法可依、依法实施的新阶段。乡村振兴促进法中特别指出，在推动

各地解决好乡村治理中“人”和“钱”问题的同时，要更加注重健全党组织领导的乡村治理机制，完善村民自治、“四议两公开”、民主管理监督和协商、村务公开等制度机制，不断提升乡村善治水平。因此，将协商治理机制引入村民自治，找到协商治理与农村发展的契合点，是推进乡村振兴、提升乡村治理水平的关键一步。但目前来看，协商民主在村民自治的实践中出现了参与主体议事理性与能力不足、利益诉求整合困难和协商成果落地受阻等一系列问题，阻碍了基层群众自治制度的推进，不利于农村的整体发展。

（一）参与主体之困：参与主体自治理性与能力不足

村民自治的目的是保证广大村民有自我管理、自我服务、自主处理村庄事务的权利。村民自治本应是村民与村民间、村民与村干部之间协调的过程，但在乡村政治背景下，一些村庄的村民自治却陷入了参与主体困境。一方面，从村民自身来看，大多数农村的青壮年劳动力长期在外打工，仅留下了老、弱、幼村民，村民自治仅有少数人参与。在参与自治过程中，广大村民由于受教育程度不同，参与能力有较大差异，少数能力较强的村民的意见更有影响力。在民主协商制度的组织过程中，村干部认为同村中的老人在进行问题协商时效率低下，所以在一定程度上放弃了与这些群众协商，仅让少部分村民参与协商。同时，由于缺乏组织民主协商的经验使得民主协商实践混乱无序，参与民主协商的村民无法达成一致意见，民主协商也无法发挥在村民自治中应有的作用。另一方面，从村干部角度看，由于民主意识与教育水平的参差，部分干部对协商民主的价值把握不够清晰，担心开展协商活动会对自己的工作造成“掣肘”，因而在协商实践过程中对中央精神贯彻不彻底，使得协商工作流于形式。一些村干部基于方便或者自身利益的角度考虑，只在一些上级政府强调的特别重大的事情上和有可能带来村干部与村民冲突的决策事项中动员村民参与，从而使村庄治理变成了村干部主导下的“选择性参与”。“村干部的个人能力和素质构成了村庄治理中的人格化的权威基础，而农村真正的治理主体难以参与村庄治理，而且即使参与，也会因村干部意愿导致参与质量较低”。[①] 这种“选择性”的

① 赵普兵．协商治理：农村自治转型之路［J］．华南农业大学学报（社会科学版），2019，18（2）：122－129.

参与机制从长远看，会进一步阻碍村民参与自治实践，不利于村民参与意识、参与能力的培育。

（二）资源博弈之困：利益诉求整合困难

群众广泛参与是村民自治的命脉。但农村资源是有限的，面对众多利益诉求，有效的自治需要在科学整合利益诉求的基础上才能实现。同时，基层治理所呈现出的农村公共事务具有公共性的特征，这就要求公共事务治理需要解决方式的多样化、协商主体的多元化。基层政府、村级组织、村民个人作为农村基层治理的参与主体，都有权利和义务参与治理过程，但在参与协商治理的决策过程中往往由于各自立场不同、价值理念的选择不同，形成博弈状态。多方主体的利益诉求和价值选择加大了村民自治实现的难度，主要体现在以下几方面。

首先，基层政府在村民自治中起着指导、帮助和支持作用，但是，由于其价值选择有时会陷入错误的“政绩观”取向，在协商民主中导致其利用公权力来操控协商话语权。部分地区仍存在基层政府对乡村事务大包大揽的现象，秉持“全能政府”的观念，模糊了基层政权与村民自治组织的界限，导致协商民主难以下沉，村民自治推进受阻。基层权力机关对乡村协商民主重视程度不够，干部“一言堂”现象色彩浓厚，使得干群关系紧张。基层政府和村“两委”公共权力资源配置的错位，使协商民主和村民自治有效结合的质量大打折扣，难以形成治理合力。

其次，以乡贤理事会为代表的社会组织，本身应该肩负起协调群众利益纠纷、反映利益诉求、缓和农村矛盾冲突的职能，应该在乡村治理的监督和决策等方面发挥重要作用，但是其往往会受到内部因素的影响，例如资金状况、意识能力、组织结构、角色地位等因素，难以在协商民主的运行和决策中发挥实质性作用；同时，还容易受到其他参与主体的影响，自身利益和组织功能无法有效实现。

最后，随着改革开放的推进，农村社会进入了深入发展阶段，农民的生活方式从封闭走向开放，大量竞争性资源输入农村社会，导致农民群众内部状况分化严重。由于资源配置不合理，村民诉求得不到整合，公共利益最大化的治理价值诉求难以实现，村民之间、村民与村干部之间缺乏理性沟通而很难达成合作。多方主体之间不同的价值取向造成信任纽带的缺失，基层协商民主难以规范化、常态化运行。

（三）机制保障之困：自治成果落地受阻

近40年来，我国村民自治实践已经取得了显著成效，同时建立起了乡村治理的架构。但不可否认的是，无论是基层治理工作，还是制度的顶层设计，我国村民自治都还存在进一步发展完善的地方，其中最典型、最迫切的问题是自主权的异化。从根本上防止自主权异化，必须在制度上保障村民的主体地位，保障广大村民参与公共决策的合法权利。

将协商民主嵌入村民自治之中，有助于陷入困境的村民自治重新焕发出生机和活力，从而提升新时代乡村治理的水平和能力，探索村民自治的有效实现形式。从地方制度设计来看，虽然我国已经出台了《关于加强社会主义协商民主建设的意见》《关于加强城乡社区协商的意见》《关于加强政党协商的实施意见》等政策文件，为农村基层协商民主的创新发展指明了方向，但这些政策在执行过程中却出现了“衰变”现象。一方面，这些政策多为原则性规定，执行起来难度极大，不执行或者执行不到位没有明确的处罚机制，因此，“上有政策，下有对策”时有发生。政策文件的弹性和多变性较大，在监督和责任追究方面的规定缺乏硬性约束，使得协商民主在实施过程中的随意性、特殊性和选择性等问题突出。农村协商民主实践无论是从实施环境，还是从配套资金都缺乏相应的支持，即使形成了协商结果，在落实环节还是要大打折扣。另一方面，随着新型城镇化的发展，大量青壮年劳动力选择外出务工，乡村中剩下的都是老、弱、病、残、幼等留守人员。协商民主议事的青年人才缺失，导致协商结果执行乏力。对于协商结果没有直接受益的某些村民不积极配合，也在一定程度上阻碍了协商民主决策的执行，造成民主协商结果执行力度不够，从而使村民自治陷入困境。从地方实践来看，一些地区在协商民主中参与者的选择、协商形式以及协商成果的落地等具体程序规划不够清晰明朗，在具体实施方面很难做到因地制宜，导致协商效果未能达到最大化。虽然农村基层协商民主在各地都有成功的案例，但从全国范围来讲，协商民主在农村并没有成为普遍实行的一种民主形式，一些模式只是在一定范围推广实施，一些省内有好几种模式，没有形成全国性“以点带面”的示范效应。

二、有效适用：乡村协商激活村民自治效能的犁桥探索

以农村协商民主助推村民自治是提高乡村治理效能的优化向度之一。近年来，义安区犁桥村在巩固“村民协商议事治理创新”成果的基础上，深入挖掘已有的农村社区治理特色亮点，进一步完善村民协商议事，有效深化了村民自治，为创新基层社会治理机制提供了有益经验。

（一）立足国情农情村情，协调推进乡村治理

犁桥村位于义安区西联镇中部，属圩区村，由原明塘、斗门两个村合并而成，村域面积 5 平方千米，辖 19 个村民组，现有耕地 3650 亩，总人口 1980 人，主要以种植水稻、油菜、小麦、水生蔬菜和水产养殖为主。2018 年，犁桥村农民人均可支配收入 21800 元，村集体经营收入达到 10.4 万元。犁桥村下设两个党支部，现有党员 88 人，村“两委”干部 6 人，后备干部 1 人。近年来，犁桥村根据民政部《关于全国农村社区建设示范创建活动的通知》精神，立足本村实际，在原有的基础上进一步加强服务中心建设，已建成了配套设施齐全、服务完善暖心的新型社区服务场所，建筑面积已达 1450 平方米。近年来，犁桥村始终坚持“群众自治、管理有序、设施配套、服务完善、生态和谐、文明祥和”的农村社区建设理念，以美丽乡村建设为契机，以建设文明、民主、和谐、幸福、美丽农村社区为目标，大力发展集体经济，改善人居环境，加强基础设施建设，提升村民福祉，为建设“梦里水乡·古韵犁桥”打下了坚实基础。犁桥村在推进农村社区建设中的做法主要有以下几点。

一是加强组织建设，提升管理水平。近年来，犁桥村坚持加强党的思想建设、组织建设、作风建设及党风廉政建设，致力于建成基层服务型党组织，通过实行“三三制”工作法，取得了良好效果。二是推进美丽乡村建设，改善人居环境。为改善人居环境，犁桥村以建设“梦里水乡·古韵犁桥”为目标，相继投入资金 938.6 万元，新建村村通、组组通共 2.5 千米，景观人行步道 800 米，机耕桥 3 座，健身广场 2 处共 1500 余平方米，560 平方米停车场 1 处以及 240 平方米文化墙，安装路灯 155 盏。同时，对自然村主干道、河道两侧和塘坝进行了绿化，使犁桥村成为一个生活宜居的美丽乡村。三是整合各项资源，提高服务水平。犁桥树通过结对共建，秉持资源共享、共助共

建的原则，广泛开展丰富多彩的共建活动，调动和吸纳社会力量参与社区建设。同时，积极与学校、企业、机关事业单位合作，营造共享资源的良好氛围，累计开展各类活动46次。四是拓宽载体，完善居民自治体系。犁桥村按照“7+X”模式，通过户代表推荐、选举等方式产生了犁桥村村民协商委员会，设有村民协商议事堂，作为村民日常协商场所。此外，犁桥村规范了村民协商委员会议事制度、村民议事协商规则与程序，明确了村民协商内容。五是发展特色经济，增加村民收入。犁桥村因地制宜，充分发挥水乡资源优势，将扩大水生蔬菜种植作为该村农业结构调整、增加农民收入的重要抓手之一，全力发展“水”经济。此外，犁桥村以返乡农民工创业园为龙头，进一步壮大无公害蔬菜基地，着力培育水生蔬菜产业，积极鼓励村民种植芡实、菱角、莲藕、水芹菜等水生蔬菜，目前全村水生蔬菜种植面积已达530亩。六是发挥水乡人文特点，促进乡村旅游发展。犁桥村通过建设水乡文化展示厅展示农耕文化，以安徽国盛农业科技有限责任公司移居徽派古民居项目为契机，积极探索发展乡村休闲旅游，已将明塘打造成集垂钓、观光、娱乐、休闲于一体的水上农民公园，日接待游客约450人。

（二）创新农村议事协商，协调推进共建共治共享

犁桥村作为义安区美丽乡村建设下的新型农村社区，其规划建设、文明创建、产业发展、群众生活等方方面面都与群众关系极为密切，由于基础设施建设涉及资金投入，必须合理协调各方利益，争取广大群众的支持。犁桥村因地制宜，勇于创新，广泛听取意见，在上级部门的指导和镇政府的支持下，探索出了一条以村民协商议事为亮点、适合自身持续发展的基层社会治理模式，有效提升了基层治理能力。

一是秉承共建共治共享的治理理念。犁桥村不断推进基层治理创新以适应新时代农村社区的发展要求，坚持“遇事多商量，做事多商量”，将“政府主导、农民主体、社会参与”作为自治原则，充分发挥好协商理事会宣传、引导、服务、协调、监督的重要作用，让理事秉公说话、监督干事；同时，犁桥村充分尊重村民意愿，调动广大村民的积极性、主动性，不断激发他们的创造力，使他们真正成为美丽乡村建设的“当家人”和“主力军”。在犁桥村推进美丽乡村建设过程中，协商理事会作为群众利益的维护者和代言人，始终维护群众的主体地位和合法权益；村民理事会作为农村事业的组织者和

带头人，既加强议事协商、推进信息公开、强化权力监督，又充分发动群众、带领群众、依靠群众，积极推动落实党委、政府关于美丽乡村建设的安排部署。在镇、村两级党组织引导下，协商理事会成员深刻认识到自身扮演的双重角色及肩负的双重使命，为民代言、履职尽责，推动犁桥村美丽乡村建设顺利开展。

二是充分尊重群众主体地位，组建协商理事会。村级事务建设，政府是主导，群众是主体。犁桥村充分尊重群众主体地位，切实把村级建设的决策权交给群众。犁桥村从村民自治的实际出发，将涉及公共利益的重大决策事项、关乎基层群众切身利益的热点敏感问题等纳入协商范畴，合理确定了协商内容，建立协商目录。犁桥村辖 19 个村民组，在基层社区治理工作中有很多矛盾需要及时进行调解。为此，村“两委”成员与协商委员会进行讨论，推选出德高望重、办事公道、有很好的组织协调能力的人员成立村民理事会，通过理事会成员发放征求意见表，广泛收集征求村民对房屋征迁的建议和需要解决的问题，记录村民的心声，之后经过梳理，针对热点、难点、焦点问题制订了具体协商方案。理事会调解全程公开透明，化解了很多矛盾纠纷，顺利完成美丽乡村建设及后期管护工作。为了配强协商委员会班子，犁桥村召开包含村“两委”成员、党员、村民小组长、村民代表、村务监督委员会在内的成员会议，通过举手表决的方式产生了七类协商固定成员，即党组织代表、村务监督委员会代表、村民小组长、村民代表、老党员、老干部、“两代表一委员”；同时规定协商成员可以根据协商事项进行动态调整，人员数量由各村（社区）结合实际情况确定，随协商事项完毕即告结束，形成了“7 + X”模式。此外，犁桥村开设了村民协商议事堂作为村民日常协商场所，确保协商议事稳定、规范进行。

三是健全村民协商长效机制，规范协商程序和议事规程。协商议事必须有明确的制度作为保障，犁桥村制定了村民协商委员会议事制度、村民理事会沟通协调制度、村民议事协商规则与程序等制度，完善了村党员议事会、理事会协商、村民决策听证、民主评议等制度，进一步明确村民协商内容。同时，健全村务监督委员会工作职责，建立各方代表参与利益调处、驻村单位共建协商制度，把协商的价值取向和规则制度融入村规民约，使犁桥村的议事协商更加制度化、规范化和程序化。此外，为了保证协商公平公正，犁桥村制定了严格的协商程序和议事规程：第一，畅通议题收集渠道，通过访民情问民事、替群众说事、委员会成员提事等多个渠道征集协商事项；第二，制订具体协商方案，明确协商时间、协商地点、协商形式以及议事规则等内容；第三，协商委员会牵头组织人员开展民主协商、平等议事；第四，协商形成的基本共识进行举手或无记名投票表决，实行民主集中制，形成协商意见；第五，建立协商成果采纳、落实和反馈机制，需要村落实的事项，村“两委”及时组织实施，落实情况在规定期限内通过村务公开栏公开，接受群众监督。

（三）维护村民根本利益，确保乡村协商长期效能

一是完善村级民主协商决策功能，确保决策科学民主化。建立健全民主协商的决策机制，把群众参与和村“两委”的决策有机结合，实行决策的科学化和民主化，是减少乡村治理风险的关键。民主协商决策机制，即村民参与评议、点赞指数超过一定标准的事项，经党员、村民代表、群众骨干参与讨论评判、点赞指数超过一定标准的事项，提交村“两委”集体研究讨论，超过半数通过即成决策。犁桥村在党建统领下，除了继续完善村民代表大会、村民自治制度以及网格化管理制度，还探索建立了户长大会、乡贤理事会制度，通过增量改革，将犁桥村既有资源组织起来、利用起来，使之成为乡村治理的重要支撑力量。

二是搭建线上线下融合的协商平台，畅通协商渠道。共建共治共享理念的实施，需要搭建切实有效的协商共治平台。为解决在外经商、打工的村民参与村事管理的难题，犁桥村村“两委”建立了微信群、公众号等线上参与平台，及时发布村“两委”正在开展的工作、财务公开等信息，并围绕征地、民宿餐饮等问题让村民表决、建言献策和监督村集体的工作。

三是扩大村务监管机制，探索建立合作监管制度。为克服乡村治理过程中监管依据不足、监管主体缺位等问题，犁桥村规范协商共治流程，实行合作监管。犁桥村除了继续完善村务监督委员会工作制度，还通过创新“村事大家管”制度，扩大村务监督的范围，拓展村务监督的主体，健全村务监督制度。首先，明确和扩大村民监督的范围，把一些事项的管理权、决策权、监督权交还给群众，建立群众协商共治的平台，真正使群众成为公共服务的提供者、乡村治理的参与者、社会事务的监督者，最大限度调动群众协商共治的能动性、创造性，提高群众的获得感；其次，扩大村务监督主体的范围，

村务监督的主体不仅包括监督委员会的成员，还包括村民代表、乡贤以及普通群众，他们对村级事务全程监督，能够做到发现问题可投诉、工作进度可质询、工作绩效可评判；最后，创新激励机制，犁桥村以户为单位，把村民的环保卫生等工作与集体福利挂钩，促使村民养成爱护环境的习惯，村庄环境得到极大改善。

三、融合发展：乡村协商嵌入村民自治的犁桥经验

为实现“产业兴旺、生态宜居、乡风文明、治理有效、生活富裕”乡村振兴总目标，犁桥村在巩固“村民议事协商治理创新”成果的基础上，深入挖掘独有的农村社区治理特色亮点，推动村级治理回归自治，充分发挥协商民主自治的功能，以融合发展助力建设美丽宜居新犁桥。

（一）“党建引领+组织融合”，充分激发协商活力

与其他治理主体相比，基层党组织具有性质和地位上的先进性和优越性，以及国家法律、党内法规赋予它在社会中的中心地位和对社会生产生活中的领导作用。[①] 犁桥村按照区域就近原则，成立了由犁桥村党委、和平中心学校党支部、西联镇供电党支部、国盛文化发展集团有限公司党支部共同组建成立的犁桥水镇区域联合党委，构建了以基层党组织为中心的“共建组织、共享资源、共商发展、共解难题”的联动协商机制，既将基层党组织在多元协调中的领导作用制度化，也将基层党组织协调各方的具体做法制度化、规范化。在此机制下，犁桥村积极推行以“三张网络通组户、三支队伍进家门、三项保障建机制”为主要内容的“三三制”工作法，着力创建服务型农村基层党组织，最大限度调动和发挥基层党组织的战斗堡垒作用，为深入落实议事协商提供了有力的政治保障。

（二）“平台创建+思想融合”，牢固树立协商新风

农村协商民主实践，是农村政治文明的一种重要表现形式和组成部分，代表了农村政治文明建设的新进展。为加强农村精神文明建设，全面提升村

① 张师伟．基层党组织的领导功能：农村协商民主的规范完善与规则耦合［J］．探索，2021（4）：59－69.

民的议事协商能力，犁桥村打造了一个融思想引领、道德教化、文化传承等多种功能为一体的综合性文明实践平台，并成立了由老党员、老教师等“五老”人员为主体的村民议事会、道德评议会、禁毒禁赌会、红白理事会等村民自治组织。此外，犁桥村设立了道德讲堂，通过不定期开堂讲授道德规范，用身边人说身边事，讲述好人好事，推动实现以法治村，以德治村；同时，犁桥村通过建设具有浓郁地方特色的文化墙、文化长廊，在美化村庄环境的同时，又潜移默化培养村民的协商文化自信。这种“崇德向善、文明和谐”的有序协商氛围能够有效实现民事民议、民事民决、民事民参，从而保证村民参与农村事务的积极性。

（三）“共建共享 + 治理融合”，着力提升协商水平

新时代背景下，基于农村社会治理和社会建设的现实需要，农村协商民主应积极探索发挥群众主体作用、创新农村基层治理、促进共建共享的新路子。在深入调研和思考的基础上，犁桥村在编制村庄布点规划、土地利用规划、产业发展规划“三规合一”的同时，坚持把决策权交给农民主体，让广大农民群众在议事协商中当主人、做主体、唱主角。犁桥村培育和发展的协商理事会，凝聚了乡贤力量，发挥其亲缘、人缘、地缘优势，集合“人、才、智”三方资源，提高了农村社会组织化水平，增强了农村自组织能力，也推动了农村“自治、法治、德治”发展水平。为更好地做到共建共治共享，考虑到在外打工的村民参与议事协商不便的问题，犁桥村通过建立村事管理微信群、村公众号等一系列线上平台，让村情村务真正实现“足不出户 + 掌上办理”，大大提升了协商效能。犁桥村通过构建以村党组织为核心、村民自治组织为基础、农村社会组织为补充的村民广泛参与，协同共治共建共享的基层治理新格局，有效破解了“议事协商”缺乏机制、“群众参与”缺乏途径等难题。

四、走向完善：推进村民自治中乡村协商发展的建构路径

当前，协商民主已成为村民自治制度民主价值链条中的一个核心要素，全国各地的协商民主实践与创新是在外部制度供给和农村内部自发创造的合力推动下产生和发展的。在乡村治理实践中，协商民主在激活乡村末梢治理单元、提高村民参与治理热情，以及优化乡村治理格局等方面取得了显著成

效，但对于如何界定基层政府与自治主体行为边界，如何促进协商民主与票决民主有机融合，以及如何进一步提升协商民主技术操作水平等方面的问题仍需要我们进一步研究与思考。

（一）组织保障：强化农村协商的引领优势

党的根基血脉在人民，人民力量的凝聚发挥以组织为保障。只有持续提升农村基层党组织的群众组织力，将农村基层党组织的政治优势转换成农村协商民主的发展优势，才能不断激发乡村治理活力，推进乡村治理现代化。长期以来，党管农村是我国农村工作的重要经验和原则。因此，推进农村民主协商，要充分发挥基层党组织的作用，在实践中要以提升组织力为重点，加强基层党组织建设，为农村协商提供坚强的组织保证。犁桥村坚持“党建引领”，村党组织动员党员干部深入村组实地收集“急难愁盼”事项，定期召开村民议事会，把“以人民为中心”的思想理念贯穿协商全过程，以协商促服务、办实事，不断增强村民群众的获得感、幸福感和安全感，增强了农村协商民主的合法性和凝聚力。

（二）制度认同：培育协商文化的社会根基

增进农村民主协商制度认同，需要让农村协商主体全面了解和认识到协商民主制度的优越性，强化干部和群众对农村协商制度的认同，进而使协商制度规定从刚性的约束性规范转化成协商主体自觉的行动。培育农村协商文化，要提高广大村民的政治参与意识，深入挖掘农村民主协商的文化资源，增进乡村公益精神和相互信任的社会资本，形成村民群众理性表达的文化支撑。同时，还要因地制宜丰富协商形式，开发农村民主协商平台，在提高村民公共精神的同时倡导乡村的公共理性。犁桥村通过搭建线上线下相结合的议事协商平台，充分发挥协商主体的集思广益作用，组织村民群众“知村情、议村务、理村事”，有效化解了矛盾纠纷、推进了移风易俗、减少了信访投诉、树立了文明新风，大大增强了村党组织凝聚力，为村民参与社区治理、表达利益诉求畅通了协商渠道，真正使协商文化深入人心，社会风气持续向善向好。

（三）多元共治：打造和谐共生的乡村命运共同体

作为一项长期性的民主建设工程，新时代的农村协商民主制度更加强调

“多元共治”，由过去乡镇政府作为单一主体的管理模式，转变为以乡镇政府、村级组织、社会组织、广大村民为主体的多方共治模式，逐步形成一种上下联动、协调有序的主体关系，进而打造成一个紧密联系、相互制约的乡村命运共同体。多方主体参与农村社区治理，共治是核心。在多方主体建构上，犁桥村的议事协商广泛容纳不同诉求的利益群体，保证了利益诉求的充分表达，有利于决策的民主化。在多方共治上，各协商主体通过议事协商程序，以平等的身份参与议事协商，通过群策群力促进善治乡村建设，修复和增进了乡村共同体的情感韧性，提高了乡村社会的内生能力，使乡村治理规范有序、充满活力。

总的来说，犁桥村通过议事协商深化村民自治的实践表明：新时代的乡村治理应该以人民为中心，秉承开放共治的理念，切实转变工作作风，积极探索有效治理的载体和实践模式，实现自治、法治、德治“三治融合”，不断完善村民自治制度和乡村治理体系，进而推动乡村治理体系和治理能力的现代化。

多方共治篇

要善于把党的领导和我国社会主义制度优势转化为社会治理效能，完善党委领导、政府负责、社会协同、公众参与、法治保障的社会治理体制，打造共建共治共享的社会治理格局。

——2019年1月15—16日，习近平总书记在中央政法工作会议上的讲话

中国特色社会主义进入新时代，社会主要矛盾发生转化，人民美好生活需要日益广泛，不仅对物质文化生活提出更高要求，而且在民主、法治、公平、正义、安全、环境等方面的要求日益增长。这使社会治理面临的问题呈现出跨界性、关联性、复杂性强的特征，单靠党委和政府的力量难以实现社会治理效能最大化。党的十九届四中全会提出，“完善党委领导、政府负责、民主协商、社会协同、公众参与、法治保障、科技支撑的社会治理体系”，体现了党领导下多方参与、共同治理的科学理念。这是社会治理理念的重大创新与发展，也是顺应社会治理新形势新任务新挑战的必然要求，为破解我国社会治理难题提供了新思路。党的十九届四中全会提出的“社会治理共同体”，意味着社会治理的主体由单一走向多样，由单纯的政府负责转向多方主体共治，党委、政府、社会、群众之间的关系更加融洽，社会治理变得更具科学性、民主性和凝聚力。与此同时，在我国基层社会治理中，人民是主体，基层是基础和重心，治理精神的培育、治理能力的锻炼、治理实践的开展、治理效能的提高都需要在基层社会治理共同体中实现。

近年来，铜陵市义安区创建全国农村社区治理实验区，紧紧围绕形成“党组织领导下的充满活力的农村社区共建共治共享治理体系”的总体实验目标，不断探索农村多方主体共治机制，不断创新方法手段，为把制度优势转化为治理效能增添动力，最大限度调动人民群众参与的积极性、主动性和创造性，以期实现政府治理、社会调节、居民自治良性互动。在具体实践中，义安区聚焦在党委领导下，以政府、市场、社会等多方主体合作互动的社会治理形态，形成了协同互益的社会治理格局。具体而言，通过利益相连凝聚主体力量，通过文化相通厚植文明乡风，通过志愿相助驱动乡村共治，通过组织相连激活自治活力。由此，本篇通过群心村、金塔村、九榔村的实践探索展现义安共治的现实图景。

利益相连：凝聚农村社区治理共同体的主体力量

——基于群心村的实践调查

农村基层党组织作为党中央在基层群众中的行动载体，嵌入社会组织、乡村自组织与村民这一政治关系中，发挥着特殊的行动优势，时刻保持同人民群众的血肉联系，保证人民群众在乡村治理中的主体地位。坚持党对一切工作的领导，发挥党建引领作用，既是对中国历史经验的总结，也是回应时代变迁的必然选择，更是凝聚农村社区各治理主体、塑造治理共同体的精神指南与行动引领。党的十九届四中全会指出："健全维护党的集中统一的组织制度，形成党的中央组织、地方组织、基层组织上下贯通、执行有力的严密体系，实现党的组织和党的工作全覆盖。"党的二十大报告指出："推进以党建引领基层治理，持续整顿软弱涣散基层党组织，把基层党组织建设成为有效实现党的领导的坚强战斗堡垒。"农村基层党组织作为乡村治理体系的核心，必须提高其在农民群众中的政治领导力、群众组织力、社会影响力，将农民群众拧成一股绳，才能保证乡村振兴战略目标的实现。近年来，在党和政府的推动下，安徽省铜陵市义安区胥坝乡群心村通过党建引领，凝聚村庄共识，汇集民力，改善民生，重塑农村社区治理共同体，实现了农村基层社会治理效能的最大化。

一、问题的提出

党的十九大报告指出，要以提升党的组织能力为重点建设内容，突出政治功能。城乡社区基层党组织作为党在基层群众中的坚强战斗堡垒，要把党的建设贯穿于基层治理的各方面和全过程。基层党组织通过自上而下的行政力量整合社会资源，以党建引领基层社会治理，实现基层社会治理的善治效果。凝聚农村社区共识，形成农村社区治理共同体，关键在于党建引领作用的发挥，重点在于基层治理体制中"组织力"与"组织结构"的形成。组织力的形成有赖于组织结构的合理划分，在组织结构中，组织力的有效发挥依赖自上而下的科层制结构。然而，基层社会治理并不是简单的、单一线条的科层制结构，而是一种跨部门的聚合型政治结构。党的十九届四中全会对于组织能力的建设给予了明确的建设方向，要完善“共建共治共享”的社会治理制度，构建“党委领导、政府负责、民主协商、社会协同、公众参与、法治保障、科技支撑”的社会治理体系，确定中国社会治理的转型方向为“推动社会治理和服务重心向基层下移，把更多资源下沉到基层”，打造“人人有责、人人尽责、人人享有的社会治理共同体”。

农村社区治理共同体概念的提出丰富了社会治理共同体的内涵。具体而言，可以将农村社区治理共同体的内涵提炼为以下几个方面：第一，农村社区治理共同体是多维互动的载体，其治理的内容基于个体与共同利益、集体共识的差异逐渐走向多元化，治理主体主要包括乡镇党委和政府、村级组织、村民、社会组织等。第二，农村社区治理共同体是以权责分工、矛盾纠纷调解与利益协调为主要内容，共同维护农村社区社会稳定与经济发展，是责任共同体、行动共同体、利益共同体。[①] 第三，农村社区共同体的本质是以维护公共利益为基础，基于共识的联合体，强调集体中的个体在共识基础上的权责对等，以及基于权责对等原则的利益可调适性，[②] 从而达到党建引领与村民自治的良好局面。概括而言，农村社区治理共同体是指农村社区多方主体参与的，为维护农村社会稳定、畅通多方利益诉求，履行社会治理的职能，从而实现治理效能最大化的组织实体。除了对农村社区治理共同体内涵的界定，许多学者也关注到党建引领重塑农村社区治理共同体面临的困境和建构路径。如范如国指出，价值偏差引起的认同路径、激烈利益博弈引致的融合困境、治理技术不足造成的行动困境等，阻碍着乡村治理共同体的顺利建构。[③] 而研究者们关于建构农村社区治理共同体的路径的表述则包括：激发乡村各主体自治活力，创新党建引领机制，加强智慧治理平台建设，优化乡村资源配备方式，发挥乡村社会资本优势，动态调整乡村干部人员管理，重新定位乡镇

① 公维友，刘云．当代中国政府主导下的社会治理共同体建构理路探析［J］．山东大学学报（哲学社会科学版），2014（3）：52－59.

② 郁建兴．社会治理共同体及其建设路径［J］．公共管理评论，2019，1（3）：59－65.

③ 范如国．复杂网络结构范型下的社会治理协同创新［J］．中国社会科学，2014（4）：98－120＋206.

政府角色等。

那么，如何通过党建引领重塑农村社区治理共同体？为了提升党建引领基层治理水平，束赟从政治结构和行动者的双重视角剖析了党建引领基层治理体制，通过总结“上下关系中的聚合性政治结构、平台关系中的整合性政治结构、前后关系中的联动性政治关系、模糊区域中的托底性政治结构”① 以及关注结构之外“人”的行为来提升政党组织力，确保党建引领通过多维有效的治理结构，提升基层治理效果。当前，我国正处于精准脱贫与乡村振兴有效衔接的关键时期，农村基层党组织的精神指引与实践引领一方面能够保障国家重大方针战略的落实；另一方面可以推进国家治理体系和治理能力现代化进程。张龙、孔梦圆从基层党组织的政治功能出发，对“农村基层党建”和“社会治理”进行了深入分析，指出基层党组织在基层社会治理中应当起到主心骨的作用，认为基层党组织具备的动员组织功能、服务功能、政治功能、沟通功能、把方向功能是党建引领社会治理的关键。②

综上所述，既有研究虽然在理论层面深化了党建引领农村社区治理共同体的内涵与建构逻辑，从技术层次、历史维度、地区差异提出了党建引领的创新手段，但却缺少基于典型案例分析党建引领如何强化农村社区治理共同体建设。本文结合乡村振兴背景下多方主体参与乡村治理面临的困境，以义安区胥坝乡群心村为案例样本，分析为什么要重塑农村社区治理共同体，如何重塑农村社区治理共同体，特别是如何通过党建引领重塑农村社区治理共同体，并总结提炼其特色经验。

二、重塑共同体：农村社区治理的一种现实选择

群心村位于安徽省铜陵市义安区胥坝乡政府向北 2 千米处，东与洪楼村接壤，西与文兴村毗邻，北与无为县刘渡镇隔江相望。全村总面积 7.5 平方千米，总耕地面积 1868.45 亩，养殖水域面积 1400 亩。全村共有 776 户，4 个自然村，20 个村民组，总人口为 2487 人。该村党员人数为 75 人，下设 2 个党支部，村集体经济年收入为 200 万元，村民人均年纯收入达 23800 元。

---

① 束赟．政治结构、行动者与组织力：基于上海市街道党建引领基层治理体制的分析［J］．新视野，2021（4）：49－53.

② 张龙，孔梦圆．理论探索、制度创新与实践：以党建引领提高基层治理水平［J］．西北农林科技大学学报（社会科学版），2021，21（3）：156－160.

群心村在组建之初便存在人心散、矛盾多等问题，同时由于交通不便、人心不齐，村集体经济发展一度缓慢，党群士气因此大受影响，党员群众对发展村集体经济丝毫没有信心，村庄治理陷入困境。

基层治理困境的出现迫切需要党建引领作用的发挥。党的十九大报告指出，要“推进党的基层组织设置和活动方式创新，加强基层党组织带头人队伍建设，扩大基层党组织覆盖面，着力解决一些基层党组织弱化、虚化、边缘化问题”。首先，随着中国特色社会主义进入新时代，“统治型社会治理”逐步被“管理型社会治理”和“服务型社会治理”所取代，村民对于农村社区治理的要求也日益提高。其次，新时代社会结构变迁和市场经济发展重塑了农村社区治理的社会基础，农村社区治理的形式与内容随之发生动态演变。再次，农村社会阶层发生分化，贫富差距逐渐拉开，导致村民之间的利益诉求各不相同，而一些地区的农村党组织软弱涣散，存在党员队伍老龄化、后备力量不足、工作方式方法单一、工作能力有限等问题，影响着治理效能。最后，村“两委”的权威性来源于村民的认同，村民对党组织的信任度和满意度不仅关系到各项工作任务的实施与推进，也关系到基层政权的稳定。新形势下，如何将党组织建在农村、嵌入农村、融入农村，与各治理主体融合为农村社区治理共同体，成为党建引领村民自治的核心任务。

随着国家对农村发展的重视程度不断加深，各类资源不断向乡村下沉，村庄事务治理呈现繁杂化的现象。村干部将大量时间花在整理资料、制作台账上，仅靠有限的村干部解决日益增多的村庄公共事务，显然力量过于单薄，亟须团结政府、市场、社会、村级组织、村民等多方主体发挥自身力量参与村庄治理。“家住文兴洲，十年九不收”曾是形容群心村的一句老话，“穷困”是村里几十年甩不掉的“标签”。为摆脱落后面貌，近年来，在上级党委的领导下，群心村紧抓美丽乡村建设、全国农村社区治理实验区建设以及乡村振兴的契机，始终秉承“人无我有，人有我优，人优我新”的治理理念，坚持把维护农民群众合法权益作为工作的出发点和落脚点，积极发挥基层党组织的战斗堡垒作用以及党员的先锋模范作用，团结广大农民群众，不等不靠，主动作为，大力发展村集体经济，改善农村人居环境，加强基础设施建设，提升农民群众福祉，改变了以往落后的局面，为建设“江上明珠，幸福群心”打下了坚实基础。特别是新型冠状病毒感染疫情防控期间，各单位、各部门上下联动，组成了以党建为引领、政府部门为主导，社区工作站、村委会、志愿者、村民共同参与的“事缘共同体”，推动着农村社区治理共同体的建构，重塑出农村社区治理共同体之形。在农村基层党组织的有力引领下，这样一个江心洲上人均耕地不足1亩的“小村”，在基础设施建设、村民自治、养老服务、民俗风情等重点工程上下足功夫，先后荣获全国多项荣誉称号。

三、农村社区治理共同体重塑的实践路径

社区治理共同体的形成离不开党建引领，党组织要通过提升多元主体参与来推动共同体的形成，从而重塑基层治理格局。为避免基层政党组织的“悬浮化”与治理要素的“碎片化”，群心村通过党建引领，协调、动员多方参与力量，实现基层治理效能的最大化。具体而言，主要有以下做法。

（一）选优配强村级班子，提振党群发展信心

基层党组织是党在农村地区开展工作的关键载体，乡镇政府、村“两委”与村民三方主体构成基层治理的三股力量，其中村“两委”作为中间体，在落实乡镇政府政治任务与联系基层群众之间起着桥梁作用。村级治理主体作用的发挥，关键在于推动基层治理目标与村“两委”组织架构达成一致。首先，理顺农村社区治理组织架构，搭建村级领导班子。群心村重点从选优配强村级队伍入手，把党性修养好、政治素质高、善经营、懂市场、有经验的人才选进村“两委”班子，培养村级后备干部，使得老中青相结合，接续发力，为共同体塑造提供组织保障。其次，合理划分工作职责，加强村级财务监管。为切实管好用好村级集体资产，群心村“两委”明确工作内容与职责划分，村级重大事项及时公开公示，在充分征求群众意见的基础上，着力把村领导班子建设成带领村民共同致富的坚强堡垒。最后，为促进村干部队伍走向年轻化、知识化、专业化，提高村干部的整体素质和工作能力，群心村不断优化村级领导班子结构。在村“两委”的领导与后备干部及农村居民的共同发力下，村“两委”班子敢闯敢试，大胆摸索，极大地调动了广大党员群众参与农村社区治理的积极性和主动性。广大村民主动建言献策，主动监督村级党务、财务，杜绝了资源浪费、资金滥用现象。近年来，群心村党组织的号召力与村民凝聚力显著提升，为农村社区持续发展提供了坚强保障。

（二）联动多方共建共治，凝聚农村治理合力

受城乡二元分离、传统城市中心论以及市场化冲击的影响，农村地区

“乡土性”与公共价值逐渐缺失，加之“快餐文化”侵蚀，原本约定俗成的公共伦理道德变得摇摇欲坠，村庄公共基础设施建设薄弱，外部环境逐渐恶化。究其原因，在于基层党组织的“悬浮化”引起的意识形态领导力减弱。而村庄公共价值的构建是共同体形成的内隐性规范，对于农村社区基础设施建设发挥着关键作用。首先，以党建为引领，推动多部门联动。在上级党委的工作指示下，交通、住房与城建等多部门联动，在人才、技术等要素资源上给予群心村大力支持，促进美丽乡村建设与群心村农村社区建设一同推进。与此同时，群心村积极探索符合本村实际的发展路径，在立足自身优势和特色的基础上，找准工作抓手和突破口，以点带面，稳步推进美丽乡村建设。其次，以村“两委”为核心，开展旧村改造、环境整治和新村建设工作。在合理布局村庄道路、供电、供水、环卫等基础设施的基础上做好治理工作，按照“大树当家，四季常绿，乔灌结合，四季有花”的要求配套进行村庄绿化。在村“两委”的带动下，组建了一支专业保洁人员队伍，形成了“户分类、组收集、村运输、乡处理”的垃圾收集处理模式。最后，党群合力，多方治理主体共建美丽乡村。自群心村被列入首批美好乡村建设示范村以来，全村党员群众齐心协力，建成数百栋二层徽派住宅楼，完成“渡江第一船”景观、农民公园、文化广场、公厕、污水处理系统等一批配套服务设施建设，实现了村组水泥路全覆盖。群心村在党建引领多方共建美丽家园、凝聚民心的同时，也重塑了社区治理共同体，使得干群关系更加紧密，农村社会的内隐性规范得以重构。如今的群心村不仅自然风光优美，更有村级基础建设与之相映成趣，构成一幅生态与人文交融和谐的“群心胜景图”，实现了农村社区的共建共治共享。

（三）整合农村优势资源，发展村级集体经济

农村社区公共财力对于乡村社会秩序的维系和乡村治理风貌产生着直接的影响。从历史视角来看，中国传统乡村社会基础秩序的维系，以及国家与社会关系的运转都是建立在对社区公共财力的正式与非正式制度安排的基础之上。因此，盘活、整合农村优势资源，发展村级集体经济，并强化财务监督管理，对于建设农村社区治理共同体十分重要。具体而言，群心村的做法主要有以下几点：首先，盘活现有阵地和人才资源，建设村级新时代文明实践站。该实践站位于群心村中心村内，由村部三楼改造而成，并整合渡江文

化广场、喜庆堂、乡贤文化馆、老年活动中心、家风家训示范街等资源，下设新理论宣讲志愿服务队、长江清洁志愿服务队、好家训践行志愿服务队、爱我家保洁志愿服务队和夕阳红助老志愿服务队5支队伍。其次，充分发扬民主，广泛收集民意，整合村级治理平台。群心村把新时代文明实践站建设成为群众实践悟新的大课堂，通过整合并搭建治理平台，推动志愿者服务常态化，丰富群众精神文化生活，使得农村社区治理更具活力、更有成效、更可持续。最后，在整合乡村资源的基础上，重视集体经济发展。群心村党员与群众齐心协力搞活乡村特色经济，合理利用区域资源，开发特色旅游产业，村“两委”抢抓全域旅游发展契机，积极尝试“村级组织＋民宿旅游”发展模式，大力发展乡村民宿旅游业；成立专门旅游公司，以景区式标准完善旅游综合服务体系和配套设施建设；积极申报国家扶持村级集体资金项目，建成了集购物、休闲、咨询于一体的村级游客接待中心。目前，群心村已建成民宿10余家，为旅客提供优质服务；新建有学生写生项目基地，可同时接待写生学生200多名。通过建设实践站、整合资源、组建队伍、开展活动、健全机制，创新形式打造农村社区治理创新平台，村集体经济得到长效发展，“江上明珠，诗意群心”的品牌逐渐打响。

（四）加强精神文明建设，维系村民情感纽带

随着越来越多年轻人的流出，村庄逐渐走向“空心化”“老龄化”，而资源型村庄的优势也在吸引着外来人口的流入，内部人口流出与外来人口流入破坏着乡村原有社会关系网络，村民社会关系变得日趋复杂，为维系村民情感纽带，必须加强精神文明建设。首先，推动党员干部发挥率先垂范作用，重构乡村社会关系网络。群心村开展戴党徽、亮身份、践承诺、树先锋等举措，教育党员牢固树立爱岗敬业、勇于担当的责任意识。为进一步推进党员认岗履职、彰显新时代党员使命和担当，村“两委”组织党员志愿服务队，参与秸秆禁烧、文明创建、铲雪除冰等志愿服务活动，拉近党群距离；防汛抗洪抢险期间，广大党员干部挺身而出，带领群众积极抗洪抢险。其次，评选道德模范发挥正面引领作用，织密乡村社会关系网络。村“两委”通过创建评选、事迹报告会等方式开展“孝道红黑榜”“十星级文明户”“群心好人”等活动，鼓励多方参与，大力弘扬真善美、传播正能量，使敬老助老、见贤思齐、崇德向善成为村民的自觉行动；建有全市第一个村级乡贤文化馆，

馆内设有“红色记忆”“乡贤人物”“廉政建设”“家规家训”“群心好人”5个展厅，该馆建成以来成为接待社会各界群众、开展“家风家训教育”“廉政教育”“道德教育”“爱国主义教育”的重要基地。最后，推动移风易俗工作开展，重焕乡村社会网络活力。由于移风易俗工作具有长期性、复杂性的特点，群心村高度注重载体建设，通过创建家风家训示范街，兴办喜庆堂，潜移默化地改变群众观念。村民若需要只需向村红白理事会申请，提前预约日期，便可以免费使用场地设备。过去长期存在的“红白事”大操大办、讲排场攀比、铺张浪费等陈规陋习现已不复存在。群心村在党建引领与教育引导中抓住群众心理，让群众在参与公共事务治理与移风易俗的过程中看到变化、得到实惠，自觉认同和践行新的行为规范，重构并织密乡村社会关系网络，推动乡村治理焕发出新的生机与活力。

四、农村社区治理共同体重塑的几点经验

村级治理困境推动着农村社区治理共同体的重塑，在此过程中，党建引领与村民自治作用的发挥既不是非此即彼的关系，亦不是行政或自治的二元选择，而是新时期农村社区治理转型创新的必然命题。群心村通过党建引领动员多方村治主体，搭建公共空间、塑造公共精神，重塑农村社区治理共同体，在农村社区治理中取得了明显成效。党建引领农村社区治理共同体重塑的成功实践为我国农村社区治理创新提供了样板经验。

（一）以党建引领为核心，构建政治共同体

在农村社区治理过程中，基层党组织应发挥政治引领作用，通过自上而下的党建工作畅通党的领导机制，推动构建政治共同体。抓实建强基层党组织要突出政治功能，要持续加强农村基层党组织体系建设，将其建设成为党在农村工作的先进堡垒，进而提升农村社区治理绩效。在此基础上，农村基层党组织要想推动社区治理工作相互促进、良性互动、协调发展，必须构建“一核多方”的治理主体格局。一是充分发挥基层党组织的领导作用、基层政府的主导作用、基层群众性自治组织的基础作用，实现了从“体制构建”向“体系构建”的转变，在不断提升社区治理水平上开创新局面。二是要坚持社会协同，村民积极参与自治。通过党建纽带有效表达利益诉求，积极发挥社会组织协同作用，吸纳社会力量广泛参与，共同形成

农村社区治理共同体的主体力量。三是充分发挥乡贤的引领作用，引导乡贤们发挥自身资源优势，在乡村产业发展、乡村文化和精神文明等方面持续发力，带动农村经济、医疗卫生、养老服务稳步发展，夯实乡村治理基础。

（二）以多方参与为基础，构建利益共同体

农村社区治理共同体的打造离不开基层资源的有效调动、上下贯通。村级党组织与村民的有效融入成为打通基层治理“最后一公里”的有效路径。奥斯特罗姆在多中心治理理论中提出，公共事务的治理主体应该是“一核多方”。多方共治理论强调多方主体之间的参与协调功能，协调私人利益、整合公共利益，促进社区治理共同体的重塑。从全国范围内而言，农村社区治理实践应构建以党委为核心，政府、市场、社会等共同参与的模式，多方主体的有效嵌入、调适与发展离不开农村社区各治理主体的参与和配合。一是为应对利益纠纷，形成科学、合理的多层级治理体系，基层党员干部必须合理运用治理资源，引导多方进行利益整合与矛盾化解，整合农村社区治理共同体自上而下的行政链条与自下而上的矛盾调解机制。二是农村社区场域应积极培育在乡村社会治理中发挥重要作用的机构或组织，如社会组织、企事业团体、社区自组织等，以多方参与为基础，通过集思广益、群策群力，促进政策实施与结果反馈。三是有效应对常规、运动和应急等治理需求，通过多方参与加强村干部与村民之间的联系与互动，形成融洽的干群关系，破解治理“碎片化”困境，从而践行新时代的群众路线。

（三）以服务群众为宗旨，构建经济共同体

党员贯穿于各层级、各部门与各组织中，既发挥着引导示范作用，又是团结广大群众的重要力量。在农村社区治理语境下，好的治理成果必定要与人民共享，而基层政党组织作为治理主导者通过领导多方主体参与农村社区建设，将集体的“蛋糕做大”，同时通过整体性考量优化利益分配机制，将“蛋糕分好”。这一过程中，必须以服务群众为宗旨。一是要将“党建引领”与“基层治理”有机融合，发挥民主协商功能，坚持以人民为中心的政治立场，增强人民群众幸福感和获得感。二是搭建信任机制、责任机制、退出机制。在农村社区治理共同体内，避免出现责任边界模糊、推

诿扯皮现象，要强调各治理主体严格履行自身责任，推动形成各方履职、人人有责、人人尽责的社会治理状态，最大限度促进公共利益的实现。三是重视农村社区治理监督与反馈，以惠及民众为核心导向。通过“回头看”“再审视”，及时改进工作方式与做法，完善利益分配机制，以维护治理中的多元价值。

（四）以情感认同为关键，构建文化共同体

农村社区治理共同体的重塑离不开各级党委领导、多方主体积极参与，要能够凝聚共识、整合资源、联结民心，实现基层社会的有效动员。以情感认同为关键，通过自治主体与行政单元的相互协作配合，构建文明共同体。在共建共治共享的治理逻辑下，村民的情感认同成为社区有效治理的关键内容。一是理顺民心，明确权责划分。村民个人是分担集体决策成本与收益的主要责任主体，要鼓励村民参与集体讨论，进而增强个人政治意识、利益诉求表达能力。二是增强集体荣誉感，鼓励、支持、引导社区社会组织与村民通过多种途径建设农村社区。同时，通过道德模范引导、人居环境整治、移风易俗等工作维护社区发展稳定，促进农村社区精神文明建设。三是文明共同体的构建主要依赖基层政府的制度保障和村干部的组织动员，组织化是吸纳普通村民参与村级治理的主要路径①。利用组织化策略吸纳村民，应以社会主义核心价值观为引领，通过党委、政府自上而下的资源输入以及村庄自下而上的积极响应，携手共建文明共同体。

五、结论

打造农村社区治理共同体是农村社区治理实践的重要维度，群心村通过党建引领重塑农村社区治理共同体，增强了村民对村庄的认同感、归属感和获得感。在党组织的推动下，通过党建引领，激励村民主动参与公共事务治理，共同维护村庄建设，将集体经济成果惠及全体村民，这构成了农村社区治理的社会基础。在农村社区治理实践中，各级党委要为农村基层党组织领导农村社区治理工作提供政治保障与经济支持，在一定程度上给予必要的自

① 毛一敬．构建乡村治理共同体：村级治理的优化路径［J］．华中科技大学学报（社会科学版），2021，35（4）：56－63．

主性空间，鼓励各级干部深入村社调研，听取基层党员干部群众意见和建议，遵循“重基础、求平衡、谋发展、建和谐”的工作思路，在党的组织领导下将“原子化”的村民凝聚为“共同体”，改善乡村治理格局，谋求“三治融合”的良好发展局面。

文化相通：以乡土文化厚植文明乡风

——基于金塔村实践过程的调查

当前，对于共同体及其延展概念的研究已成为一门显学。一般认为，把共同体（Community）从社会（Society）概念中分离出来作为一个基本的社会学概念，最早可以追溯到德国社会学家滕尼斯（Ferdinad Tonnies）1887年发表的《共同体与社会》（*Gemeinschaft and Gesellschaft*）。滕尼斯用共同体来表示建立在自然情感一致基础上、紧密联系、排他的社会联系或共同生活方式，这种社会联系或共同生活方式产生关系亲密、守望相助、富有人情味的生活共同体。一定的认同感和归属感是共同体的特征，也是共同体赖以存在的基础。[①] 共同体意识的核心文化价值在于共同的地域、民族、语言、理念、精神与心理等，其塑造了共同的文化历史记忆。传统时期的中国基层治理是以文化为主要媒介的简约治理。在乡村社会现代化转型过程中，市场力量逐渐深入村庄日常生活结构，扭曲了农民文化实践的家庭伦理动力和村庄社会脉络，导致乡村文化再生产的功能扩张、社会分化和价值收缩，变迁中的乡村文化逐渐陷入主体性危机。[②] 在精神层面维系着共同体和一致行动的乡村文化逐渐式微。因此，如何重建具有共同记忆的乡土文化是处在现代化转型的农村社区需要思考的问题。

一、问题提出

乡村传统文化产生于过去，流传于当下，依附在村民情感、习惯、信仰及常态生活中，对村民的情感、心理有着一定的引领与规范作用，在乡村社

---

① 项继权．中国农村社区及共同体的转型与重建［J］．华中师范大学学报（人文社会科学版），2009，48（3）：2-9.

② 杜鹏．转型期乡村文化治理的行动逻辑［J］．求实，2021（2）：79-97+112.

会有着独特的价值。现代化的一系列变迁使乡村传统文化资源出现衰微，引发一系列的连锁反应。改革开放以来，中国乡村社会发生了巨大的结构性变化与变迁。在文化层面的突出表现则是地方价值伦理的“空心化”。市场原则日益成为生活的基本支配原则，利益至上的观念开始渗透到乡村生活的各个领域，村民的生产、休息、娱乐、交往，都带有明显的功利色彩，乡村的道德体系与价值观念呈现一种“生活即利益”的特征。市场主义的利益至上逻辑在当下中国农村社会中产生一定程度的影响，传统文化在乡村社会的生存空间受到挤压。另外，一些地方乡土文化面临“断裂化”。作为“乡愁”的乡土文明传承日渐中断，村庄自主解决纠纷的能力明显弱化，以致富为导向的经济因素成为村庄社会分层的根本标准，村民的自然信仰和祖先信仰逐步丧失了赋予村民以人生意义的功能。共同的地域、民族、语言、理念、精神与心理等构成了国家共同体意识的核心文化价值，塑造了共同的文化历史记忆。与大部分农村一样，几年前的金塔村面对市场经济的影响，也一度出现人际关系冷漠、歪曲的金钱观大行其道的现象，村民对村域的集体认同逐渐式微。与近年来农村的物质生活和生活方式的巨大变化不同，农村文化却一直是再造基层治理共同体需要破解的难题。

二、理论立据

习近平总书记强调：“要完善共建共治共享的社会治理制度，实现政府治理同社会调节、居民自治良性互动，建设人人有责、人人尽责、人人享有的社会治理共同体。要加强和创新基层社会治理，使每个社会细胞都健康活跃，将矛盾纠纷化解在基层，将和谐稳定创建在基层。”① 社会治理是国家治理的重要方面，国家治理体系和治理能力现代化离不开社会治理的现代化。基层治理是国家治理的基石，统筹推进乡镇（街道）和城乡社区治理，是实现国家治理体系和治理能力现代化的基础工程。为夯实国家治理根基，加强基层治理体系和治理能力现代化建设，2021 年 4 月 28 日，中共中央、国务院出台《关于加强基层治理体系和治理能力现代化建设的意见》，坚持共建共治共享，建设人人有责、人人尽责、人人享有的基层治理共同体。这些重要论述为“十四五”时期有效适应社会结构、社会关系、社会行为方式、社会心理等深

① 2020 年 8 月 24 日，习近平总书记在主持经济社会领域专家座谈会时的讲话。

刻变化，进一步加强和创新社会治理、拓展社会发展新局面指明了方向，并提出了新的要求。

在《共同体与社会》一书中，滕尼斯提出了“共同体”与“社会”这对概念。共同体意指“真实的与有机的生命”，社会意指“想象的与机械的构造”。经过不断演绎，在今天，融合了“社会”和“治理”的社会治理是指政府、社会组织、公众等在互动协商的基础上共同努力解决社会问题、回应治理需求的过程。① 从理论上说，社会治理的主体包括政府、社会组织、公众等所有公共事务的关联方，政府与社会组织、公众不是治理与被治理、管理与被管理的主客体关系，而是主体间关系。社会治理的过程是治理主体双方或多方互动协商的共同治理，其预期目标是共同解决社会问题、回应治理需求。社会治理共同体意指政府、社会组织、公众等基于互动协商、权责对等的原则，基于解决社会问题、回应治理需求的共同目标，自觉形成的相互关联、相互促进且关系稳定的群体。② 值得注意的是，我国乡村社会的整合经历了传统社会的地缘、血缘为基础的整合，到改革开放后的行政性和契约性整合，但传统乡村所延续的血缘、地缘、信任、礼俗、道德等内在秩序是乡村社会稳定的内核。正是在这个意义上，共同体就是重塑与新时代乡村内生文化相适应的多元治理主体协同的共同体，解决乡村转型期出现的个体化、碎片化机械组合以及各种伦理“缺场”问题，实现共同体的现代转换与伦理秩序的现代整合。同时，还要通过乡村经济发展、和谐人际关系、乡村文化建设、各主体协同共建等的实践、操作、整合、协同，由机械结合走向有机团结，从而实现与新型工业化、信息化、城镇化、农业现代化同步发展并相适应的新型共同体。

三、案例呈现

乡村不仅是地域生活生产的经济共同体，更是文化、情感和精神寄托的共同体，尤其是那些基于历史文化基因而积淀的文化特性和文化符号对于形成村庄集体记忆、历史共同感、精神凝聚归属、同质性价值规范和村民互动

① 关爽，郁建兴．国家主导的社会治理：当代中国社会治理的发展模式［J］．上海行政学院学报，2016，17（2）：4－12.

② 郁建兴．社会治理共同体及其建设路径［J］．公共管理评论，2019，1（3）：59－65.

起着重要作用，也深刻地影响着乡村的有效治理和持续发展。乡风文明本质上是农村精神文明建设，其内容包括文化、风俗、法治、社会治安等诸多方面，具体表现为农民在思想观念、道德规范、知识水平、素质修养、行为方式以及人与人、人与社会、人与自然的关系等方面继承和发扬民族文化的优良传统，并不断有所创新，形成的积极、健康、向上的文化内涵、社会风气和精神面貌。2019 年 6 月，中共中央办公厅、国务院办公厅印发《关于加强和改进乡村治理的指导意见》提出要实施乡风文明培育行动。弘扬崇德向善、扶危济困、扶弱助残等传统美德，培育淳朴民风。开展好家风建设，传承传播优良家训。全面推行移风易俗，整治农村婚丧大操大办、高额彩礼、铺张浪费、厚葬薄养等不良习俗。2021 年中央一号文件《中共中央、国务院关于全面推进乡村振兴加快农业农村现代化的意见》持续推进农村移风易俗，推广积分制、道德评议会、红白理事会等做法，加大对高价彩礼、人情攀比、厚葬薄养、铺张浪费、封建迷信等不良风气治理，推动形成文明乡风、良好家风、淳朴民风。

金塔村隶属铜陵市义安区天门镇，属丘陵山区，位于铜陵市东南，距市行政服务中心 19 千米，东面与顺安镇盛瑶村山脊分水相连，村域面积 8.4 平方千米，其中耕地 3300 亩、林地 5800 亩、水面 200 亩。全村 14 个村民组，27 个自然村，934 户，2800 多人。村党总支下设 4 个支部，现有党员 76 人，村级组织活动场所 500 平方米，村集体经济年收入 42 万元。金塔村 2016 年入选全国村庄规划示范点，也是义安区 2010 年首批开展农村社区建设试点的村。在这个总人口不足 3000 人的村子里，近年来涌现出 2 名“全国孝亲敬老之星”、1 名省级“好婆婆”和 1 名省级“孝亲敬老”模范、2 名全市“铜都十大孝亲敬老之星”、1 户“五好文明家庭”。金塔村集体也被授予“铜陵市敬老文明号”和义安区“敬老模范村”。众多孝亲敬老模范人物的出现是金塔村近年来培育行善积德的传统民风、弘扬孝道文化的一个缩影。通过共建共治共享文明乡风，金塔村拓展了借由文明乡风再造基层治理共同体的乡村善治进路。

（一）共建：重塑和谐乡风

自 2009 年起，金塔村将“弘扬孝道文化，营造温馨金塔”作为村里各项工作的总抓手，重塑乡风文明，打造和谐乡村。一是广泛宣传崇尚孝道。新建了一处30多米长的孝道文化墙，宣传古今“二十四孝”及当地孝亲敬老典型事迹。在全村粉刷尊老敬老及传承孝道文化标语60多处，利用农村社区服务中心的电子显示屏滚动播放敬老标语，让村民抬头可见、耳濡目染、入心入脑。每年重阳节期间都邀请黄梅戏剧团来村表演《三代婆媳》《状元争母》等具有教育意义的黄梅戏，弘扬敬老爱老正能量。二是社会推动践行孝道。将孝亲敬老列入村规民约，推动村民遵守孝道要求。在全市率先成立老年协会，由原支部书记担任会长。委托村老年协会推动《家庭养老协议》的签订工作，2012年底全村60岁以上的500名老年人家庭签订《赡养协议》比例就已经达到了100%，全村再也没有弃老和不赡养老人现象发生。为解决轮流供养家庭老人需要不断“搬家”的问题，金塔村党总支还倡议把子女定期接父母回家轮流供养，改为兄弟姐妹轮流到父母住处，上门亲情陪伴供养。三是树立典型引领孝道。金塔村每年举办一次孝亲敬老模范评选表彰活动，8年间先后评选表彰了19位孝亲典范，其中一部分受到国家、省、市表彰。同时，还抓住各种节日，评选特定主题的先进典型。如妇女节期间，评选表彰“好婆婆”“好媳妇”“好女儿”；重阳节期间，评选表彰“好孝星”“好夫婿”；中秋节期间，评选表彰“美好人家”；元旦期间，评选表彰“十星级文明户”“五好家庭”等。在全村形成讲孝道、争先进、做模范的良好氛围。

（二）共治：推广应用积分制

“乡村治理积分制”是指对农民日常行为和参与乡村重要事务情况进行量化积分，并根据积分结果给予相应激励或约束的方式。“积分制”最先是作为一种扶贫举措提出来的。2018年，中共中央、国务院《关于打赢脱贫攻坚战三年行动的指导意见》提出，要推广以表现换积分、以积分换物品的“爱心公益超市”等自助式帮扶做法，实现社会爱心捐赠与贫困群众个性化需求的精准对接。2021年中央一号文件《中共中央　国务院关于全面推进乡村振兴加快农业农村现代化的意见》指出要“推广积分制”。为落实上述指导意见，中央农村工作领导小组办公室、农业农村部在2020年7月发布《关于在乡村治理中推广运用积分制有关工作的通知》就在乡村治理中如何推广积分制作了全面安排。

金塔村为弘扬“向善向上向美”的优秀传统，加强金塔村乡风文明建设，激励广大村民践行社会主义核心价值观，发挥党员先锋模范作用，引导人人争做好人好事，树立崇德向善的村风民风，因地制宜引入积分制的治理机制。一是搭建组织结构。成立金塔村党群志愿者协会，设立党群志愿者协会理事会，负责“美德银行”的日常管理。理事会设立名誉会长1名，会长1名，副会长2名，秘书长1名，理事7名，村党总支书记兼任名誉会长。理事会成员由村“两委”推荐，经党群志愿者协会会员选举产生。党群志愿者协会理事会在村党总支的领导下，负责“美德银行”积分的认定和登记、积分档案的管理、积分情况的核实监督和年终表彰评定等工作。二是放开身份限制。凡具有金塔村户籍的党员群众都可自愿申报成为志愿者协会会员，非户籍人员（连续居住一年以上者）也可以自己申报成为志愿者协会会员，每位会员设立一个“美德银行”账户，进行累计积分。志愿者协会理事会每季度对会员的积分情况进行汇总公示。三是细化积分指标。具体指标分别涵盖公益志愿服务活动、个人捐赠、荣誉表彰、其他公益志愿服务活动这类正面激励，也包括对在申报积分过程中有证据证明弄虚作假行为的负面规约。最后是志愿者协会理事会每年根据会员“美德银行”储蓄卡积分进行评选表彰，评选结果进行公示，对公示无异议的积分前10名的会员授予金塔村最美村民荣誉称号，颁发奖牌和荣誉证书，在金塔村美德积分荣誉榜上展示，号召全体村民向其学习，同时给予获奖者一定的物质激励。若获奖最美村民是党员，推荐到村党总支授予其最美党员荣誉称号。

（三）共享：激活发展动力

金塔村弘扬孝道文化的做法提高了老年人生活质量，提振了全体村民的精气神，村民参与村级事务的积极性也大大增强，村级组织以此为契机加大农村各项民心工程推进力度。一是不等不靠修建主干道路。针对道路未硬化且偏窄的问题，村“两委”决定重新修建。其中3千米长的路段，要将原来仅3.5米宽的路基拓宽至6米，需要占用6个村民组50多户的承包田近20亩。经过村“两委”的动员，广大群众积极响应。这50多户群众没有提出任何反对意见，连修路的前期资金10万多元也由村民个人垫付。随后不到一个月，路基完工，路面由县招标施工完成。二是主动作为建设美丽家园。主干道路的完工让全体村民尝到了改善乡村面貌的甜头，村集体出建筑材料，村民组出工成为通用的方法。而省级美丽乡村中心村建设等工程的实施有效地改善了群众的生产生活环境，拉近了党组织与群众之间的距离。2017年4月金塔村入选住建部“2016年村庄规划示范点”。三是自抬标杆谋划产业发展。金塔村抓住发展机遇，谋划产业转型，为农民增收。发展现代农业、休闲观光农业及乡村旅游业，在沿江高速公路以北，开发400亩的农耕体验区；利用25°坡以下的丘陵，建成3000亩的苗木花卉基地，打造“四季花海”景区；利用本村东河水道自然景观及两岸6千米循环林荫道，修建自行车赛道和人行步道，打造东河景观带；利用本村已废弃20年水泥厂的厂房和30亩场地，新建一个农产品加工厂，将本村生产的有机米、白姜、瓜果蔬菜等农产品进行深加工。这些产业计划的实施，不仅促进村级经济的快速发展，还带动商业、运输业、餐饮服务业的同步发展，有效地解决了本村劳动力的就业问题，吸引外出务工人员回流。四是扶助服务助推村民共享。金塔村在成立留守儿童志愿者服务队，开展“一对一”结对的个性服务基础上，积极推进养老服务，使老年人共享乡村治理成果。一方面，创办金塔老年公寓，组建老年人日间照料志愿者服务队，为有需求的老年人开展常态化服务，服务内容包括实行村级高龄补贴制度，为全村老年人建立健康档案；每年组织老年人到镇卫生院免费体检；每年为达龄的老年人办理老年证和老年人公交卡。另一方面，村级组织积极举办各种活动，丰富老年人的精神文化生活。村老年协会不定期组织老年人开展广场舞、健身操、太极拳培训等活动；村钓鱼协会定期组织全村钓鱼爱好者开展垂钓活动，每年组织一次比赛；重阳节和春节前夕，村“两委”成员都会备上慰问品，开展上门慰问老年人活动。

四、结论与讨论

共同体意识是一种集体意识，强调公共价值和共同遵守，在个体层面表现为共同体成员具有的强烈认同感和归属感；在制度层面表现为成员一致认同的道德规范，其依靠舆论、习俗和成员内心的高度认同维持共同体内部的秩序；在内在的核心层面，集中体现为共同体成员共同追求的价值观念和互助精神。培育共同体意识，能够强化乡村社会治理共同体成员的公共责任，激发乡村社会治理共同体的内生动力，实现地域共同体、价值共同体、情感共同体、利益共同体和文化共同体的有机融合，为打造人人有责、人人尽责、人人享有的社会治理共同体奠定坚实基础。透过金塔村的个案可以发现，通过共建共治共享共同的村域文化，能够实现乡村社会治理共同体再造。

（一）核心价值引领

核心价值观是最持久、最深沉的力量。发挥基层党组织在乡村治理场域中的核心价值引导作用是党的领导地位所赋予的责任使然。价值观不仅是政治秩序、社会制度、群体行为的重要影响因素，更是形成集体认同、提升群众精神风貌、构建内在秩序最基础的保障。面对农村价值多元化的趋势，再造乡村社会治理共同体首先是要重塑人们的价值观和文化认同。

一是创新基层党组织的文化活动方式。文化活动具有氛围感染与价值导向的双重功能，而群众的价值认同和积极参与更是文化治理的本质要求和动力来源。乡风文明建设要密切联系农村生产生活实际和农民群众思想实际，找准工作载体抓手，深化文明素质教育，加强移风易俗宣传和舆论监督，发挥文艺作品敦风化俗的作用，培育新型农民、优良家风、文明乡风和新乡贤文化，推动乡风民风美起来；另外，要充分发挥群众性精神文明创建活动移风易俗、改造社会的重要作用，依托村居创建形成鲜明导向，依托传统节日弘扬文明风尚，依托重点人群抓好示范带动，让文明新风融入农村生产生活的各个方面。二是强化基层党组织的价值引领功能。一直以来，基层党组织将工作重心放在了对乡村政治和经济的领导上，对文化的引导和引领缺乏关注和作为。具体来看，基层党组织要在思想上崇德。思想建设是党的基础性建设，基层党组织要牢牢把握思想引领主动权，着力加强道德教育，让爱党、爱国、爱家乡深入人心。在行动上立德。基层党组织要充分发挥道德在规范人们行为、调节社会关系中的重要作用，不断凝聚各方力量，推动有效治理成为一种自觉。在导向上树德。基层党组织要坚持目标导向、结果导向，通过道德建设增强群众认同感、责任感和归属感。三是积极培育丰富的文化团体。要发现、挖掘和积极培育具有共同活动、文化、爱好的人口集聚，组建各种正式和非正式的群众性文化社团，通过文化社团有序地发展农村各类社会组织，激发群众的自觉治理。通过文化活动和文化社群营造村庄良好人文氛围，潜移默化地引导群众、教育群众、凝聚群众。

（二）重塑情感认同

精神共同体在自身中结合了血缘共同体和地缘共同体的特征，构成一种真正属人的、最高级的共同体类型。只要人们通过自己的意志、以有机的方式相互结合和彼此肯定的地方，就会存在这样或那样的共同体形式。[①] 乡土社会优秀传统文化作为长久以来形成的集体共识规范和历史记忆，对于重塑农民对乡村的情感认同具有重要的时代价值。我国优秀传统农耕文化蕴含的思想观念、人文精神、道德规范，在凝聚人心、教化群众、淳化民风中发挥着重要作用。弘扬乡村文明风尚，应在优秀传统文化的传承、发展、提升层面有所突破，激发农民参与乡村治理、推动文明乡风建设的内在动力。

其一，充分挖掘和整合乡村优秀文化资源。深入挖掘乡村民俗文化、节日文化、手工艺文化等优秀文化资源；利用好祠堂、古道、古树、古街等传统文化要素，保护好文物古迹、传统村落、民族村寨、传统建筑、农业遗迹、灌溉工程遗产；支持农村地区优秀戏曲曲艺、少数民族文化、民间文化等传承发展，保留代表性乡村公共记忆景观；发挥好新乡贤在移风易俗、倡导文明乡风中的功能；加强乡村文化资源的有针对性开发，涵养乡村人文精神，强化村民之间的情感联系和文化认同。另外，阐发好乡土传统文化中忠厚仁义、孝老爱亲、扶危济困、邻里互助等道德力量和治理优势，发挥其教育劝化、凝聚共识、规范秩序的独特功能，把优秀乡村文化内化为农民判断是非、明确行动的价值标准，使乡村治理的正式规则和柔性约束互相补充，形成兼具乡土性与现代性的乡村治理模式。同时，引导各村充分发掘优秀传统文化，充分利用其治理资源，发挥传统德孝、互助、忍让、诚信等在化解矛盾纠纷、创建乡风文明中的重要作用。

其二，善于提升和转化乡村文化资源。要以社会主义核心价值观为引领，汲取城市文明及外来文化优秀成果，在保护传承乡村优秀传统文化的基础上，实现创造性转化、创新性发展，不断赋予其新的时代内涵、丰富其表现形式。同时，要加强爱国主义、集体主义、社会主义教育，深化民族团结进步教育，加强农村思想文化阵地建设，强化农民的社会责任意识、规则意识、集体意识和主人翁意识。

（三）激活内生力量

改革开放以来，农村社会经济的发展带来阶层结构的分化，农村社会成员分化为社会地位、经济地位不等的各个阶层。农村社会的阶层结构分化在

---

① 斐迪南·滕尼斯．共同体与社会［M］．张巍卓，译．北京：商务印书馆，2019：87－88.

带来生机和活力的同时也为再造基层治理共同体带来了挑战。在此背景下，农村集体行动能力的全面衰落是当前我国农村突出的治理危机。[①] 2018 年，由民政部、中央组织部、中央政法委、中央文明办、司法部、农业农村部、全国妇联联合印发的《关于做好村规民约和居民公约工作的指导意见》明确指出，村规民约是“党组织领导下自治、法治、德治相结合的现代基层社会治理机制的重要形式”。2021 年 4 月，中共中央、国务院印发《关于加强基层治理体系和治理能力现代化建设的意见》指出：“乡镇（街道）指导村（社区）依法制定村规民约、居民公约，健全备案和履行机制，确保符合法律法规和公序良俗。”可以看出，村规民约在乡村治理场域中的应用现在已不是一个“是否需要”的问题，而是如何发挥其积极效能的问题。

首先，突出村规民约的自治性导向。在制定之初要把握自治的原则，突出村规民约的自治性。广泛采纳群众意见，尊重群众意愿，集中群众智慧，扩大村民的民主参与范围，不断增强群众参与性、获得性认同。村规民约管什么、怎么管，违反了如何惩戒，守约的如何褒奖，要由村民说了算。通过集思广益，形成统一规范，进而上升到村民的自觉行为。充分考虑当地文化特质、风俗习惯、历史民情等因素，制定通俗易懂、简便易行且符合当地实际的内容，不断增强传统村规民约的实际可操作性，村规民约只有讲求实效、务实管用，群众才会认可，才会起到事半功倍的效果，实现共治共享的目的。此外，要将村规民约制度约束与村民的道德养成结合起来，实现自觉治理。村规民约最重要的价值就是让村民用自己普遍认同的价值规范和道德标准，通过自主行动和集体认同内化为共同的行动指南，进行自我约束。因此，将村规民约与道德约束机制紧密结合，充分发挥村民自治和道德教化的力量，推动乡风民风家风文明建设。

其次，提升村规民约的现实执行力。一个确保制度有效实施的监督机制是解决制度性承诺的可信任性问题。[②] 建立履约评议会等群众组织，建立黑红榜单或推行“积分制”管理，奖优罚劣，激发村民遵守村规民约的主动性和自觉性，增强村规民约的严肃性、权威性，在监督执行中实现村民的自我管

---

① 王亚华，苏毅清．乡村振兴：中国农村发展新战略［J］．中央社会主义学院学报，2017（6）：49－55.

② 钱海梅．村规民约与制度性社会资本：以一个城郊村村级治理的个案研究为例［J］．中国农村观察，2009（2）：69－75.

理、自我服务、自我教育、自我监督，不断增强村规民约在依法自治中的效果。依法选举产生群众满意的村“两委”班子，切实发挥村“两委”班子领头雁的作用。村“两委”班子成员、党员、村民代表要带头示范，严格执行村规民约。要把村规民约融入乡村建设的各项工作中，集中力量解决村民生产生活中存在的问题，让村民切实享受乡村治理的成果，增强村民的认同感、归属感、荣誉感。加强对村民的教育，完善相关制度，要通过开展精神文明建设，增强村民的法治观念。教育和督促村民履行法律规定的各项义务，维护国家和集体、个人的合法权益，增强村民自觉执行村规民约的积极性。同时要扩大宣传的力度，集中展示村规民约发挥作用的鲜活案例，提高村民对村规民约的重视度和执行力，树立良好的村风，营造安居乐业的环境。

（四）优化资源供给

在现代社会，政府是基本公共服务的主要供给方。《中华人民共和国国民经济和社会发展第十四个五年规划和二〇三五年远景目标纲要》指出：“优化城乡文化资源配置，推进城乡公共文化服务体系一体建设。”改善农村公共文化服务、加强农村公共文化建设，是共建良好乡风、涵养乡土情怀的重要抓手。

一是深化乡村公共文化服务供给侧结构性改革。健全供需对接机制，完善供需反馈机制。创新供给模式，构建国家、省、市、县分级购买公共文化服务制度体系。充分发挥公共财政的“鲇鱼效应”，多渠道吸引社会资金投入乡村文化建设，鼓励扶持引导农民自办文化，逐步形成政府、企业、社会、农民等多方主体共同参与乡村文化建设的格局。提高供给精准度，针对不同群体提供差别化服务。积极探索村民“自主申报式”的文化项目供给方式，盘活农村现有资源，实现政府项目供给与农民需求的双向互动，改变政府单方面配置文化项目的方式，充分吸纳或调动行政系统之外的基层治理资源，大力开展订单式、菜单式的服务方式。创新政府公共文化服务机制，多采取以奖代补、购买服务、项目补贴等方式。

二是创新基本公共文化服务的供给方式。一方面，创作农民满意的文化产品。要加大新时代文化产品创作力度，不断推出反映乡村脱贫攻坚、道德模范、乡风文明的优秀文艺作品。同时，采取符合农村特点的方式和载体，充分发挥文化产品敦风化俗、成风育人的教育引导作用，用群众喜闻乐见的形式提升农民的思想和行动自觉。学习了群众的语言，掌握了群众的喜好，用群众的方式教育群众，才能真正地表现群众、赢得群众。另一方面，发展“互联网+”乡村公共文化服务。构建乡村公共文化服务新模式，推出云上展览、云端课堂、在线体验等线上文化活动。

党的十九届四中全会要求建设人人有责、人人尽责、人人享有的社会治理共同体，确保人民安居乐业、社会安定有序，建设更高水平的平安中国。中国优秀传统文化深深扎根于中国的土壤，体现在人们的行为、国家的制度和体制中。文化具有影响道德风尚和精神教化的作用，必须发挥文化在社会治理共同体建设中的重要支撑作用。传统社会的乡村治理是依靠道德和文化进行的简约治理。在国家政权建设和市场经济的影响下，村庄生活的价值和村庄生活本身都会发生变迁。传统文化符号的继承缺失，村民价值观的游离，乡村社会的凝聚力下降，乡村记忆因此发生了前所未有的断裂。乡村记忆的断裂不仅造成了传统社会关联链条的断裂，而且使得过去建立在传统社会关联基础上的社会一致行动不再可能。① 通过共治共建共享文明乡风，能够有效满足村民精神文化需求，提升村民精神风貌，推动形成良好民风民俗，在引导村民形成心理认同与达成价值共识中构建良好社会秩序。

① 贺雪峰．乡村治理的社会基础［M］．北京：生活·读书·新知三联书店，2020：9.

志愿相助：以志愿服务驱动乡村共治

——基于群心村新时代文明实践站的调查

2019年6月，中共中央办公厅、国务院办公厅印发《关于加强和改进乡村治理的指导意见》指出："支持多方主体参与乡村治理。探索以政府购买服务等方式，支持农村社会工作和志愿服务发展。"当前，随着我国新型工业化、信息化、城镇化、农业现代化的深入推进，经济社会发生深刻变化，利益主体日益多元，利益诉求更加多样，乡村治理面临着治理主体间分离的趋向，共建共治共享的乡村治理格局的构建缺乏有效载体与平台。习近平总书记指出："志愿服务是社会文明进步的重要标志，是广大志愿者奉献爱心的重要渠道。"① 新时代农村社区治理需要各种社会力量的积极参与，这些力量包括社会工作者、公益与志愿服务组织、现代乡贤及其组织、社区内生民间组织、社会型企业等，这与构建乡村共治共建共享的治理格局相契合。

一、志愿服务及其价值

志愿服务是人们不以物质报酬为目的、自愿贡献个人的时间和精力，参与社会公共服务和公益活动。② 在现代社会中，志愿服务涉及教育、医疗、卫生、扶贫、救助等广泛的领域，可以向社会及他人提供生产与生活、物质与精神、身体与心理等精细化、专业化、个性化服务。在这其中，很多服务常常是社会基本公共服务的主要提供者——政府力所不逮的。志愿者组织与政府之间相互协作、志愿服务与政府公共服务相互补充，从而有利于增强社会服务能力，改善了人们的生产和生活条件，进而促进乡村社会共治。志愿服

① 2019年1月17日，习近平总书记在天津和平区新兴街朝阳里社区调研时的讲话。

② 项继权．论我国乡村治理中的志愿服务：兼论大学生下农村基层的政策创新［J］．社会主义研究，2009（4）：10－15.

务是为推动社会进步和公益事业发展而提供的服务。2018 年 7 月，习近平总书记主持召开中央深改委第三次会议，对建设新时代文明实践中心作出了精确定位、提出了明确要求。2018 年 8 月，习近平总书记在全国宣传思想工作会议上再次强调，要加强和改进思想政治工作，推进新时代文明实践中心建设。同时，中共中央办公厅印发《关于建设新时代文明实践中心试点工作的指导意见》，决定在 12 个省（市）的 50 个县（市、区）部署开展试点工作。党的十九届四中全会审议通过的《中共中央关于坚持和完善中国特色社会主义制度　推进国家治理体系和治理能力现代化若干重大问题的决定》、《中国共产党宣传工作条例》和《中国共产党农村工作条例》等中央文件，均对建设新时代文明实践中心提出具体任务。2021 年 3 月，《中华人民共和国国民经济和社会发展第十四个五年规划和二〇三五年远景目标纲要》发布，要求“实施文明创建工程，拓展新时代文明实践中心建设”。

无论从逻辑意义上还是历史意义上看，“价值理性”和“工具理性”都是围绕志愿服务的伦理要义而衍生出的两种理性选择。“价值理性”是指志愿活动中人们对“求善”和“利他”伦理价值的自觉追逐，使其显示出目的性的存在样式；“工具理性”是“利己”偏好使然下志愿服务工具性的存在样式。正是这种复合型的理性样式构成了志愿服务丰富的伦理意蕴。[①] 展开来讲，志愿服务具有三大价值功用。一是培育公共精神。公共精神内含着人民群众关心公共利益、实践社会公德和积极参与公共事务管理。志愿服务不仅能够为社会和他人提供关爱和帮助，还能够使志愿者自身的灵魂和精神境界得到洗礼和升华。[②] 志愿服务是现代社会文明进步的象征。志愿服务精神的践行能够引领社会主义精神文明建设，培育公共参与精神，以公共理性促进社会公序良俗。二是积累社会资本。社会资本是指一个共同体内各主体间紧密联系的状态，表现形态有共同的价值观、规范、信任基础和关系网络。在一个继承了大量社会资本的共同体内，自愿的合作更容易出现。[③] 市场经济的发展可能导致内生性的社会资本瓦解。在乡村场域内，志愿服务是一种生活方

---

① 曾琰，陶倩．志愿服务的价值理性与工具理性及其关系［J］．思想教育研究，2010（8）：52－56.

② 党秀云．论志愿服务的常态化与可持续发展［J］．中国行政管理，2011（3）：50－54.

③ 罗伯特·帕特南．使民主运转起来：现代意大利的公民传统［M］．王列，赖海榕，译．北京：中国人民大学出版社，2015：197.

式，通过参与志愿服务恢复或提升家园意识，通过与其他社会成员的良好互动和互相关爱形成深层次的认同和归属感，重构共同体意识。三是消解基层治理风险。处在经济转轨和社会转型的快速变化阶段，新时代乡村治理面临多重困境，一方面需要国家加大政策资源支持不断改善乡村治理体系；另一方面需要社会力量发挥作用弥补国家和市场的公共服务产品空缺，缓解农村社会因公共服务产品缺乏而产生的治理隐患。志愿服务是内生性的社会力量，可以及时掌握人民群众的生存状态、利益诉求和服务需求，畅通利益表达和传达通道，搭建基层政府和人民群众之间的沟通桥梁，提供在地化的公共服务产品，促进乡村的共治共建共享。

二、志愿服务驱动乡村共治的三重逻辑

中共中央、国务院印发的《关于加强基层治理体系和治理能力现代化建设的意见》指出，要“完善基层志愿服务制度，大力开展邻里互助服务和互动交流活动，更好满足群众需求”。志愿服务在现代社会是社会参与和社会服务的重要方式，也是现代社会治理与善治的基本要求和条件。志愿服务的发展水平不仅是一个社会文明程度的重要标志，也是一个社会治理水平的重要表现。志愿服务在国家治理体系中发挥着重要作用，是城乡基层社会治理的重要一环。一般而言，表征着服务性和互助性功能的农村志愿服务驱动乡村共治应该满足以下特征：一是关注经济、教育等多项内容；二是涉及宏观、中观和微观多场域；三是包括集体经济组织、农村社会组织等多主体。

（一）微观：村民主体赋能

一是提高村民的民主意识和议事能力。不同的农村社区生活形成都有着其独特的文化历史背景和地域风俗特色，文化背景潜移默化地影响着村民生活习惯的变迁和乡村治理的发展。通过积极推进和深化农村志愿服务组织建设工作，能进一步完善村民的自治制度，进而加强和改进农村社区治理。农村志愿服务组织在参与乡村共治的过程中，对农村基层民主选举、民主协商、民主决策、民主管理、民主监督的发展具有非常重要的作用。一方面，农村志愿服务组织中农村骨干精英成员的积极引导可以让村民意识到村庄事务与自身生活息息相关，切实保障村民参与公共事务的知情权，从而萌生和增强自己的主人翁意识；另一方面，志愿服务中专业社会工作者通过小组讨论、

社区教育、民主活动等多种形式培育村民的协商议事能力，逐步建立乡村村民的意见诉求表达平台和机制，切实疏通社情民意的收集渠道，真正做到村民是乡村治理的参与者，能自主自觉参与乡村治理。

二是培养乡村精英和发扬志愿精神。农村志愿服务组织通过实地走访挖掘乡村积极的骨干精英力量，并给予这部分人员更多的知识培训和锻炼机会，尤其是部分农村志愿服务组织本身就是由乡村骨干力量所组织成立的，更是为他们创造了发挥自身专长的平台与组织。在志愿服务作为基本形式促进乡村治理过程中可以将乡村中有能力、热心乡村公益事业的村民或组织吸纳进来，包括妇女组织、中小学校等，为创建农村社区志愿队伍贡献力量，同时也能在乡村积极营造“人人为我，我为人人”的志愿氛围，弘扬守望相助、扶危济困的传统美德。

（二）中观：村级组织主体赋能

一是减负增效，充分发挥志愿服务组织的功能作用。在减轻村“两委”负担的基础上，充分发挥农村社会组织作用，提升村级服务效能。农村志愿服务组织旨在突出村民的主体性，通过在农村社区开展志愿服务来满足村民的实际需求，加强村民自我发展、自我管理、自我服务的能力，提升村民参与乡村治理、参与民主自治的水平，进而促进村民共同体意识的形成与内化，增强村民对社区的归属感和融入感。此外，农村志愿服务组织参与乡村治理能根据村民的实际需求开展多种形式的服务活动，能够更好利用农村社区服务中心的活动场地满足村民的需要，较好地分担村委会及农村社区服务中心的服务职能。

二是政社互动，积极搭建村民与基层政府之间的纽带。农村志愿服务组织是村民与基层政府之间的联系桥梁，在基层社情民意反馈中具有平台作用。当前，村委会工作人员较容易与村民之间关系紧张，志愿服务组织作为第三方力量参与村庄事务，尤其是组织内的成员主要是本乡本土的熟人，能站在更加公平和客观的角度看待事物发展，村民也会更加信任志愿服务组织的志愿者，且更愿意与其分享自己的感受。在这个过程中，既可以把国家的发展意志和政府政策方针传递落实到农村社区，又可以将村民的实际需要和利益诉求反馈给政府，建立一个通畅的诉求表达平台，进一步加强农村基层政府和村民之间的沟通，维护村域内的和谐与稳定。

（三）宏观：政府主体赋能

首先，协助相关政策的推进执行。从治理的角度来看，农村志愿组织本身就是农村社区治理的重要主体和补位力量。自上而下的政策输入囿于政策文件本身的专业化语言表达同作为接受一方因自身知识水平、信息获取渠道闭塞等原因的村民之间存在张力，进而影响政策执行效力。而农村志愿组织参与乡村治理，能发挥“补位”作用，为村民宣传和普及政策，用简单的语言和贴切生活的案例让村民更好地理解政策内容，从而较好地推动乡村振兴战略、美丽乡村建设等政策更好地落到农村社区实处，将政策融入村民的实际生活中。

其次，畅通社情民意收集的渠道。农村志愿组织在实际推进政策宣传和提供公共服务活动的过程中，能够精准感知乡村治理中的热点、难点问题，并直接感受到政策实施的困境和不完善的地方，也能直接地倾听和收集到村民的心声和意见。农村志愿组织作为政社沟通的桥梁，能够听民意、传民情、聚民心，提升基层政府服务的质量和水平，从而为政策的改进和完善提供支持。

最后，精准契合政府购买的服务。当前，各级政府高度重视农村志愿服务活动，并通过政府购买的方式给予一定的财政支持。但是，如何实现政府购买的公共服务满足村民的实际需求是实现政府主体赋能的重要条件。从理论角度着眼，农村志愿组织提供的服务活动既能弥补政府在公共服务中的缺口，改善供给主体单一、供给形式单一的现状，也能在实际的服务过程中了解村民的实际需求和潜在优势，摸清农村社区中的公共资源和人力资源，从而整合农村社区拥有的多方资源，提供更切合村民服务需求的服务。从实践角度出发，农村志愿组织能够发挥公益性、服务性、志愿性的优势，从身边小事做起，援助弱势群体和困难群体，把服务和爱心送到群众家里，自觉将“排民忧解民难”升华为一种生活新常态。

三、志愿服务驱动乡村共治的实然表达

群心村先后荣获第二批全国美丽宜居村庄示范、中国人居环境范例奖、全国人口和计生基层群众自治示范村、第二届全国敬老文明号、安徽省森林村庄、安徽省第三届文明城镇先进村、安徽省级专业示范村、安徽省级敬老

模范村、铜陵市社会治安综合治理“平安村”等荣誉称号。志愿服务是新时代文明实践的基本形式。群心村面对经济社会快速变迁过程中村庄互助志愿服务式微困局，立足具体村域实际，积极盘活现有阵地和人才资源，创新志愿服务形式，营造共建共治共享的乡村治理格局。

（一）建立组织架构

其一，构筑组织体系。新时代文明实践站明确由专人负责，主要职责为研究部署工作，调查分析情况，统筹文化、科技、卫生、教育、体育等资源，形成工作合力。实行例会制度，召开专题会议，研究工作过程中急需解决的个性问题和突出矛盾。村新时代文明实践站，由村党委书记担任站长，发挥向上对接、向下传导的作用，负责文明实践活动和村文明实践站的规划建设、统筹指导、人员培训等，推动村新时代文明实践站常态化开展活动。同时，明确文明实践管理员，专门负责组织实践活动。利用村部、图书室、村喜庆堂、文化广场等场所，成立志愿服务队，用群众喜闻乐见的形式，每年常态化开展集中实践活动。

其二，筑牢实践阵地。新时代文明实践站打通党员远程教育中心、党员活动室、文化活动中心和村服务大厅等，建立理论宣讲平台；根据文明实践活动的需要进行统筹整合、优化配置、共享使用，切实提高农村公共服务资源的综合使用效率。

其三，组建志愿队。由村党委书记担任志愿服务总队长，统筹志愿服务队，同时重点引导返乡党员干部、退休职工、社会能人、网格员、调解员加入志愿者服务队。同时，成立志愿服务站，负责摸清村内服务对象，主要是五保户、烈军属、孤寡老人、困难家庭及其子女等的基本情况，掌握服务需求，建立服务对象档案，同时还负责志愿者和服务对象的联络，组织、指导和协调志愿者为服务对象开展“一助一”的服务。具体实践中，群心村利用服务站的场地，积极开设医疗保健、家政服务、法律服务、心理咨询、家教等服务项目并面向社会公布。此外，还通过公布热线电话、张贴海报等形式，公开招聘志愿者，并建立志愿者基本情况档案，定期对志愿者开展业务知识和技能培训。

（二）培育志愿力量

结合实际，群心村组建了 8 支志愿者服务队。其中，政策时事志愿者宣传队负责向村民宣传党的路线、方针、政策；协助村组织开展尊老爱幼、邻里和睦、互谦互让、互敬互爱等活动，树立社会主义新风尚，倡导文明向上的生活方式。环境卫生志愿者保洁队负责村内社区的环境卫生，建设干净、整洁的农村社区。综治志愿者调解队负责为村民提供法律咨询服务，积极开展普法教育，教育村民学法、知法、懂法和依法行事；做好村内的安全工作，调解民事纠纷、化解村民间的矛盾，消除治安隐患，加强流动人口服务管理和协助做好农村社区矫正人员、归正人员的帮教工作，维护农村稳定。科普技术志愿者指导队负责组织村民开展农工技术培训服务，利用现代远程教育站点和邀请有关专家给村民进行讲学培训，推广农技，提供动植物防疫防控、农产品安检、自然灾害预报预警、农资供应、农产品营销及保险技术和信息服务，提高村民群众的致富能力。社会保障志愿者救助队负责动员社会各界和社区村民积极开展以扶贫帮困、互助互济和生产生活扶助为主要内容的服务。就业志愿者援助队负责向村民宣传有关劳动就业方面的法律法规，提供全区劳动用工需求信息，积极引导有就业愿望的村民开展各类培训，帮助实现就业。敬老文明号志愿者服务队负责做好居家养老和特困老人日间照料服务工作，以及每月两次为75岁以上老人配送“敬老餐”服务工作。文体志愿者活动队负责协助建好社区图书室、娱乐活动室，丰富村民业余文化生活，遏制封建迷信和黄赌毒等现象。通过发挥志愿者组织在农村社区治理中的作用，组织和动员全社会参与农村社区治理实验创建，为村民办实事、办好事，让农民享受到便利、安全、高效、多样的农村社区服务。

（三）强化实践保障

为加强组织领导，群心村新时代文明实践站设站长1名，副站长4名，成员13名。新时代文明实践站下设办公室，办公地点设在文化活动中心，做好志愿者的组织引导、登记注册、表彰嘉许、权益保障工作，依托各种平台组织志愿者开展文明实践活动。同时，群心村新时代文明实践站还建立了实践运行的长效机制，通过制定《群心村新时代文明实践站管理制度》《群心村新时代文明实践站工作运行制度》《群心村新时代文明实践站权责清单》《群心村新时代文明实践站积分奖励办法》等制度机制，坚持用严格的制度保障良好的实践效果和实在的工作作风，确保志愿者服务常态化、长效化开展，如在《群心村居民志愿服务积分管理办法（试行）》中对自愿参与志愿服务的志愿者明确了详细的奖励规定：

（1）志愿者积分奖励是志愿者激励制度的内容之一，是志愿者最直接的奖励内容，凡参与群心村志愿服务活动都应当获得相应的积分；

（2）群心村志愿活动的本村居民，要先成为注册志愿者；

（3）志愿者积分可用于兑换不同礼品，每次交易时须按照积分兑换规则进行支付；

（4）志愿服务时长的积分换算公式为当次志愿服务时长，每小时可获得 1 分；

（5）积分计算公式为 1 分 = 5 元，如志愿者获得 100 积分，可兑换 500 元；

（6）参加志愿服务时间较长且表现优异的，予以通报表扬和额外奖励；

（7）志愿服务积分可以终身累计，分数可以兑换老年外出疗养。

群心村抓好融入结合，立足自身实际，把新时代文明实践工作贯穿融入经济社会发展各方面工作之中，融入乡村振兴战略，在农业农村现代化的产业、生态、乡风文明、社会治理等方面融入文明实践，培育树立文明乡风、良好家风、淳朴民风。同时，运用各类宣传载体、文化阵地，加强对新时代文明实践站建设工作的宣传报道，切实营造各级重视、各界支持、群众参与的浓厚氛围，为文明实践活动健康有序地开展营造良好舆论环境。

四、志愿服务驱动乡村共治的内在限度

第一，管理行政化倾向，与乡村治理场域脱嵌。一是政出多门。志愿服务涉及共青团、民政、妇联、统战等部门，同时受乡镇宣传办、志愿者协会、民政等多单位管理、指导，缺乏一个统一直接管理的部门。二是专业人才特别是骨干人才缺乏。志愿服务队的组成主要来自两个方面：党政机关、国有企事业单位特别是涉农部门、宣传部门、教育部门、文化和旅游部门、住房城乡建设部门以及学校、党校（行政学院）的在职人员；乡土文化人才、科技能人、科技特派员、律师、“五老”人员、退休文化工作者、先进人物、文艺志愿者、大学生志愿者、创业返乡人员等。由于缺少专业的培训，大部分志愿服务人员缺少足够志愿服务经验，专业的志愿服务管理人才与团队更是缺少。三是社会参与度低。由于管理机制不健全、志愿服务文化缺乏、群众对于志愿服务认知度不高等原因，导致志愿服务很难发动群众。四是资源匮

乏。由于志愿服务组织资金和人员都相对匮乏，其运行主要依靠财政奖励和补助，对于维持志愿服务的常态化运作而言缺乏内生性的支持资源。此外，配套的制度保障供给不足，志愿服务组织和人员的临时化特征明显，无法提供长效跟踪服务。

第二，机制不健全，驱动效能发挥有限。健康有序的社会组织的发展，离不开相关法律法规及体制机制的保驾护航。近年来，农村志愿服务组织的发展速度越来越快，数量日渐增加，但是与农村志愿服务组织发展相关的法律，尤其是关于志愿服务组织的管理条例却还没有设立。此外，志愿服务参与应急救援的制度尚未明确细化。党的十九大指出："推进诚信建设和志愿服务制度化。"制度是志愿服务参与应急救援规范化、有序化、组织化、专业化的有效保证。尽管《中华人民共和国突发事件应对法》强调政府在应急中的各项措施，对志愿服务配合救援的几点原则进行了说明，但对相关的具体政策、参与机制都未能详细规定。值得注意的是，由于农村志愿服务组织管理主体的不明确，工作人员的不稳定，容易出现应付检查等问题，对农村志愿服务组织的监管方面力度不够。尤其是在广大的农村社区，志愿服务组织的发展基本处于缺乏监管的状态，有关部门只是被动地对社会组织进行备案和登记，对其实际活动情况掌握程度不够。

第三，内容形式化，自身优势难体现。作为政策理论宣讲、教育服务、文化服务、科技与科普服务、健康促进与体育服务综合性服务平台，整合原有的乡镇文化服务站、法律服务站、农业技术服务站等资源，开展志愿服务是新时代文明实践志愿服务的定位。但其功能定位、志愿服务内容和绩效考核都由政府部门组织设计，并不能完全反映群众需求，与作为治理主体的群众诉求表达还存在完善的空间。同时，伴随我国城镇化的快速推进，对乡村志愿服务内容和形式提出了更高的要求。现有的志愿服务多为传统自上而下的资源输入"下乡式"服务，容易存在政府与社会之间的资源的错配，在持续性和针对性上存在欠缺。在社会互动上，由于乡村志愿服务多为临时化组织，志愿者、社会组织、政府之间无法有效地进行沟通和协作，导致志愿服务资源浪费。

五、志愿服务驱动乡村共治的优化路径

"志愿服务是社会文明进步的重要标志"，"成为人民有信仰、国家有力

量、民族有希望的生动体现”。[①] 新时代志愿服务参与乡村社会治理既是农村发展的现实需求，也是国家治理体系和治理能力现代化的时代要求。志愿服务是人与人、人与社会、人与自然、人与自我的良性互动过程，发展乡村志愿服务可以助力实现共治共建共享基层治理共同体。

首先，提供订单式服务，促进精准化服务。推动乡村志愿服务项目化运营，利用新时代文明实践中心（所、站）这一平台，注重志愿服务工作中的区域资源特点和人文特色，因地、因人设计志愿服务项目，建立乡村志愿服务项目库，统一建库管理，丰富工作载体，实现资源共享。同时，围绕村民最关心的问题编制志愿服务清单，打造集新思想线上推送、群众需求线上定制、大数据线上分析于一体的乡村志愿服务平台，及时掌握群众关注热点、亟待解决问题、最受欢迎的服务内容等，策划孵化一批党政需要、社会欢迎、群众需求的具体项目，突出乡村志愿服务价值引领、公益实践、文化创建功能，推动志愿服务发展、助力乡村振兴。

其次，实现有效供给，增强共治驱动。加大供给力度，提高供给效果，推出更加丰富、更加精准、更加优质的服务，不断满足人民群众对美好生活的新期待。要坚持目标导向、需求导向、效果导向，聚焦群众所思所想所盼，聚焦乡村振兴战略任务，精准对接群众生产生活需要，精准服务地方经济社会发展，扣准痛点、难点问题，加大文化、教育、医疗、助老、法律等领域的供给，加强科学普及、科技咨询、技能培训等，努力实现精准化、个性化服务。同时，要扩大网络志愿服务供给，联合县级融媒体中心，运用微信、短视频、移动客户端等平台，开展关爱特殊人群、远程支教、心理疏导等服务，拓展服务半径，让偏远地区的群众也能享受到文明实践的成果。

最后，加强队伍建设，凝聚共治合力。一方面，要加大政府财政投入，通过政府购买公共服务形式，扶持志愿服务组织、培育志愿服务专业人才，建立县、镇、村三级新时代文明实践志愿服务总队、支队和小队。同时，要充分挖掘社会各方资源，充分利用党员干部工作优势，整合各部门、学校、企业等单位，发挥部门的专业和职能优势，整合文明办、民政、团委、妇联、志愿者协会等部门或机构人才资源，从现有志愿服务管理工作人员中间选拔

---

① 习近平致中国志愿服务联合会第二届会员代表大会的贺信［EB/OL］.（2019－07－24），http：//www. xinhuanet. com/politics/leaders/2019－07/24/c_1124792815. htm.

人才，充实到乡村志愿服务队伍中来，形成良好的志愿服务人才梯队。另一方面，强化志愿者的管理培训，通过对村民的志愿服务培训，吸纳村民加入志愿服务队，联合属地高校等，成立志愿者学院，协同机关和社会力量，组织开展知识传授、技能传习、项目交流等不同形式的学习培训，加大志愿服务专业化培训，为文明实践工作夯实人才保障，提高乡村志愿服务整体服务能力和覆盖范围。

组织相连：以村民理事会激活村民自治活力

——基于九榔村村民理事会的调查

基层群众自治制度是我国一项基本政治制度，村民自治是基层群众自治制度体系的重要内容。近年来，全国各地开始涌现了一些以村民小组或自然村为单位开展村民自治的自主创新做法，其中以广东“小组自治”①、安徽“复合自治”②、湖北“村落自治”③为典型。这些典型地区虽然做法不同，但都是以自治下移的方式来探索基层民主有效实现的形式，这对于创新基层民主、丰富民主形式、拓宽民主渠道发挥了积极的作用。截至目前，安徽以村民理事会激活村民自治的模式已在全省范围内推广。本文结合村民自治的时代背景，以九榔村村民理事会激活村民自治的实践为样本，着重探讨复合自治模式运行的经验成效与问题反思。

一、时代背景：村民理事会的由来

新中国成立后至改革开放以前，我国乡村社会实行以人民公社为主体“政社合一”的乡村管理体制，国家掌握了对乡村事务和资源的统一管理和调配④。与之伴随的是，国家权力向乡村的扩张和渗透。我国村民自治发端于改革开放后。随着家庭联产承包责任制的推行，农民生产生活的积极性被充分调动，农业生产力水涨船高，倒逼农村的社会结构发生巨变。各地大规模建

① 小组自治发源于广东清远，是指撤销原行政村层级的村民委员会改为党政综合服务站，在村民小组或自然村层级设立村民委员会，以村民小组为基本单元开展村民自治。

② 复合自治是指不撤销原行政村层级村民委员会，以村民小组或自然村为单元设立村民理事会，形成“村委会＋理事会”的两级自治模式。

③ 村落自治发源于湖北秭归，是指以地域、规模、产业、习惯等因素划分村落，并以村落为基本单元设置村落理事会，形成“村委会＋村落理事会”的两级自治模式。

④ 严怀勤．村民理事会参与乡村公共性构建：作用、基础与路径：以安徽省怀宁县大洼社区为例［J］．重庆文理学院学报（社会科学版），2021，40（4）：1－10.

村设乡，农民自发探索以村民自治的方式来管理乡村。1980年，广西壮族自治区河池市合寨村成立了新中国第一个以村规民约进行村民自治、民主管理的村民委员会，此模式在全国范围内广泛推广。作为农民自发创造的一种基层民主管理制度，得到中央的高度重视和充分肯定。1982年宪法修订后，村民委员会这种基层民主体制的合法地位被正式确立。1988年村民委员会组织法颁布实施，该法明确规定，村委会除办理本村的各项事务外，还要协助政府开展工作。[①] 这在法律层面明确了村委会自治和行政双重职能。农业税取消前，村委会承担着代收农业税、计生等大量“出力不讨好”的行政工作，使得村委会和村民之间的关系出现裂痕。伴随着农业税的取消，没有具体的行政工作牵绊，村委会和村民之间的联系变得越发松散，矛盾也越发尖锐，农民更难被组织起来。在此背景下，村民理事会、村民议事会、村民监事会等一批没有行政职能的内生性自治组织相继被探索建立起来。

2013年，安徽省十二届人大常委会修订并实施了《〈中华人民共和国村民委员会组织法〉办法》，其中规定“村民小组的村民可以自愿成立村民理事会，其成员由村民推选产生。村民理事会配合、协助村民委员会开展工作，村民委员会支持、指导村民理事会组织村民开展精神文明建设、兴办公益事业”。[②] 该办法是我国首部村民理事会地方性法规。随后，安徽省出台相关配套文件和方案，以村民小组、自然村为基本单元的村民理事会在安徽铺开试验。义安区九榔村村民理事会的试验探索也是从那时开始。2014年中央一号文件提出“探索不同情况下村民自治的有效实现形式，农村社区建设试点单位和集体土地所有权在村民小组的地方，可开展以社区、村民小组为基本单元的村民自治试点”[③]，这体现了中央对该类试验探索的肯定和认可。2016年，中共中央办公厅、国务院办公厅印发《关于以村民小组或自然村为基本

---

① 《中华人民共和国村民委员会组织法（试行）》第二条“村民委员会是村民自我管理、自我教育、自我服务的基层群众性自治组织，办理本村的公共事务和公益事业，调解民间纠纷，协助维护社会治安，向人民政府反映村民的意见、要求和提出建议，村民委员会向村民会议、村民代表会议负责并报告工作”。第五条“乡、民族乡、镇的人民政府对村民委员会的工作给予指导、支持和帮助，但是不得干预依法属于村民自治范围内的事项。村民委员会协助乡、民族乡、镇的人民政府开展工作”。

② 《安徽省实施〈中华人民共和国村民委员会组织法〉办法》，第一章第五条。

③ 中共中央、国务院印发《关于全面深化农村改革加快推进农业现代化的若干意见》[EB/OL].（2014-01-20）. http://www.moa.gov.cn/ztzl/yhwj2014/zywj/201401/t20140120_3742567.htm.

单元的村民自治试点方案》。为贯彻该方案，2017 年六部门联合在全国范围内确认 24 个试点对此项试验进行探索。

纵观新中国成立后村民自治发展历程，国家始终将村民自主管理本村事务作为基层民主的核心内容，鼓励地方进行符合农村实际的基层民主尝试，鼓励村民自治向下延伸。复合自治模式的实践探索，是坚持和完善人民当家做主制度、不断探索和创新符合农村基层民主自治的实践形式，亦是“吸收和推广符合农村实际的民主实践”以及“基层自治不断下移”发展过程中的时代产物。

二、地域底色：九榔村村民自治发展的制约因素

九榔村地处铜、南、繁三县交界处，属义安区东大门，东至南陵，北接繁昌，铜南宣高速、S320 省道并行穿村而过，交通十分便捷，区域优势明显。现九榔村区域面积 22 平方千米，其中耕地 2442 亩，山地 14000 亩，25 个自然村，34 个村民组，1069 户，3672 人。村党委下设 2 个党支部、11 个党小组、92 名党员，村党委班子成员 8 人，其中大学生村官 1 名。2013 年九榔村被列为省级美好乡村中心示范村，凭借太阳冲风景区与马仁奇峰等自然景区全力打造“绿色长冲、人文九榔”的特色村庄，村容村貌焕然一新，先后被列为“千村百镇”示范村、省级生态村、市级文明村、全国美丽宜居村庄、全国文明村镇等，成效非常显著。目前，九榔村通过整合自身资源、文化、产业等优势，广泛招商引资，全新打造白茶生产、油用牡丹、苗木盆景培植、服装生产、竹木加工、实木家具等主导产业，成功开辟出一条龙头企业带动发展的致富之路。据统计，2019 年九榔村有机白茶收益达 1500 万元，村集体经营收入 16 万元。

九榔村的村民自治发展曾经也遭遇过体制性梗阻和结构性瓶颈。进入 21 世纪，为了减轻农民负担、降低行政成本、提高办事效率，与全国绝大多数地区一样，义安区也进行了多轮以自然村、行政村合并为主要内容的乡村规模建制改革。现在的九榔村于 2005 年在村级规模调整中由原山堪、九榔两个行政村合并而成。在长期发展中，大量行政任务下压到“事多人少”的村委会，村干部疲于奔命，根本无法从行政工作中抽身出来，由此变成了实质意义上的镇政府下设机构，致使村民自治严重受限。这一情况在行政村合并之后越发明显，尤其九榔村建制规模扩大、人口增多，村委会行政压力增加，

致使其更加无法顾及群众意愿，无法满足村民日益多元化的需求，其发展遭遇了结构性的瓶颈。原自然村、行政村是由亲缘、人缘、地缘构成的熟人社会，村民间知根知底、人情互动频繁。伴随行政村合并，原有的熟人社会被打破，村内信息不再对称，村民的政治、文化、利益认同依然停留在合并之前的圈子里。村庄管理单元与认同单元的脱嵌，无疑又增加了组织动员村民参与自治的难度。综合而言，由于多重因素的制约和影响，九榔村的村民自治形成了一种行政抑制自治、自治流于形式的困局。

三、九榔试点：三维为基，双轨运行

2013 年，在省、市、区、镇四级政府的推动下，以建设美好乡村工作为契机，九榔村结合本村实际，选择了九榔中心村、大屋佘村两个规划整治示范试点，建立村民理事会。九榔村村民理事会是在政府推动下建立的，经过 8 年的运行实践，在激活村民自治、维护基层稳定、提升治理水平等方面发挥巨大作用，破解了长久以来制约村级民主自治的体制性和结构性的困局。截至 2021 年，九榔村以因地制宜、规模适度为原则，以自然村或者中心村为基本单元，设置了 5 个村民理事会。本部分以九榔中心村、大屋佘村村民理事会为载体呈现该项试点的做法经验。

（一）实践做法

根据《安徽省〈中华人民共和国村民委员会组织法〉办法》以及相关配套实施方案、实施意见要求，九榔村突出“三个到位”、注重“三个结合”、聚力“四个载体”，整体推进片区村民理事会的建设工作。具体实践如下：

1. 突出“三个到位”，构建农村微观自治组织体系

一是前期组织到位。九榔村率先成立了以村书记担任组长、村主任担任副组长，村“两委”委员以及村民组长为成员的筹集领导小组，村民理事会组建工作在筹集小组的领导下有条不紊地开展工作。与此同时，为使村民理事会成立之后能发挥实效，九榔村筹集小组在兼顾广泛性、代表性、公认性、稳定性的同时，更注重理事会成员的先进性，优先把“五老”人员、村组组长、创业致富能手等在村民中有威望的群体列入理事会拟推荐候选人名单，对选举作正向引导，从源头上保证理事会成员的理事能力，确保“理事会、会理事”。二是民主选举到位。九榔村参照村民委员会的选举程序，在村党组

织的领导下，村民委员会的主持下，首先根据前期确立的拟推荐候选人名单，由中心村10户以上的户代表联名推荐产生正式候选人。其次，正式候选人再通过户代表无记名投票，按照“双过半”的原则产生5名正式理事。最后，再通过理事成员会议选举产生1名正理事长、2名副理事长，并在九榔中心村张榜公示（见图1）。三是职能明确到位。理事会成立后制定了《九榔中心村村民理事会章程》（以下简称《章程》），明确了理事会的自身职能和工作职责。一方面，厘清了村委会和村民理事会之间的关系。《章程》规定，村民理事会是村党支部领导下的村民自治组织，是联系党委、政府和基层群众的重要桥梁和纽带。村民理事会要围绕村“两委”开展工作，同时对村“两委”进行监督。另一方面，《章程》对理事会职责作出了明确，涉及村庄规划建设、服务阵地构建、环境综合整治、建房管控、惠民政策、软硬设施、资金管理。同时，规范了理事会日常工作制度，涉及分工协作、民主议事、述职评议、矛盾调解等机制（见图2）。

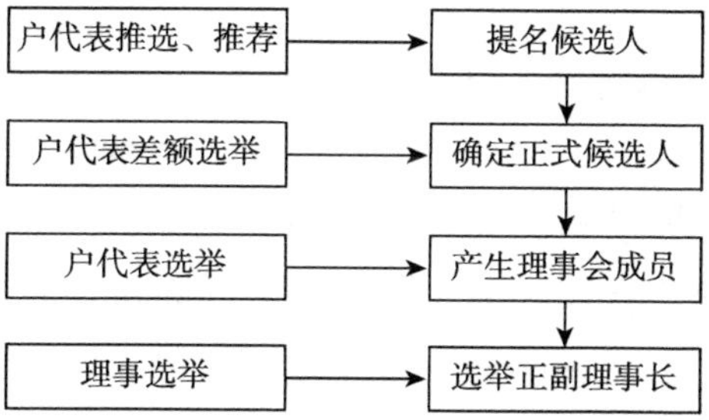

图1　九榔中心村理事会产生流程

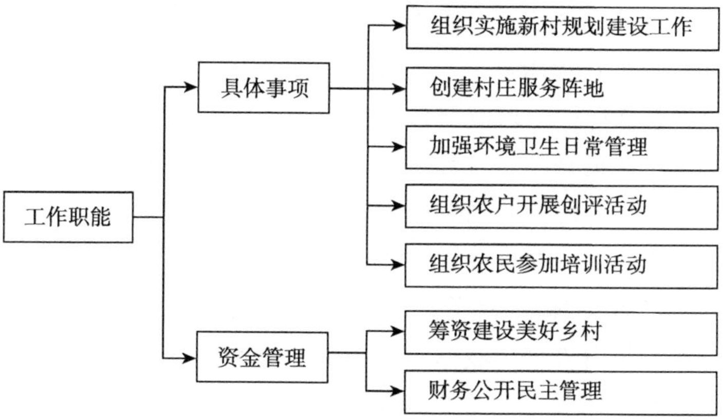

图2　九榔村理事会工作职能图

2. 注重“三个结合”，盘活乡村组织内生动力

一是注重理事会与党小组（党支部）相结合。在“党建+”理念深入农村基层社会的当今，基层党组织延伸对于推进农村基层治理具有重要的引领作用。九榔村探索的“党支部+村民理事会”模式，让党支部管人，让理事会管事，为党员代表和村民代表服务群众搭建了新平台，直接参与村级事务的管理，不仅延伸了党组织触角，同时又架起了党员干部与群众的连心桥。与此同时，理事会也变成了党的政策宣传、理论宣讲的服务阵地，党支部的战斗堡垒作用和理事会引领支撑作用同时得到彰显。二是注重理事会与村委会相结合。村民委员会和村民理事会都具有乡村基层自治组织的属性，在具体实践中，组织属性的相似往往会导致两者在职能、分工和权责上出现交叉和重叠。九榔村通过制度化的方式，对二者的职能分工以及关系协调建立了详细的规制。村委会在重大事务和财务管理占主导权的前提下，充分保证理事会开展活动的相对独立性，同时还要对理事会的执行情况进行监督。而村民理事会既要围绕村“两委”开展工作，又要对村“两委”进行经常性、全程性的监督。在实际运行中，九榔村村委会、理事会各司其职、各负其责，做到了不缺位、不越位、不错位、能补位，从而形成了一个相对独立、相互依存、相互监督、共同管理、荣辱与共的有机统一体。三是注重理事会与合作社相结合。专业合作社与村民理事会在致力农民增收致富的目标上具有一致性。九榔村创新“村民理事会+合作社”机制，将村民理事会和专业合作社紧密联系起来，两者通力合作、各司其职，在促进农民增收、产业振兴方面发挥着巨大作用。一方面，合作社可以广泛地征集到社员的各种利益诉求，通过理事会把诉求传递给村“两委”和基层政府，政府可以更准确、更有效地了解到真实的民众需求和利益诉求，从而畅通民众诉求通道；另一方面，理事会可以帮助合作社争取政府和社会支持，如帮助申请相关资金补助、银行贷款，大型农业机械的租赁和购买，推广先进的农业科学技术，等等。与此同时，理事会与合作社共同对市场状况进行更加翔实的跟踪调查，并出面联系好下游企业，保障农产品销路的相对稳定。

3. 聚力“四个载体”，完善综合为民服务体系

一是以操办红白喜事为载体，倡导文明新风尚。理事会着眼村民生活的实际需要，按照“红事新办、白事简办”的原则，帮助村民办理红白喜事，移风易俗、弘扬新风，引导群众形成健康文明科学的生活方式。二是以推进

村庄整治为载体，建设美好新乡村。理事会积极协助“两委”发动群众推进新农村基础设施项目建设、清洁卫生工程、生产生活设施建设，同时经常性组织开展丰富多彩的文化活动，丰富村民业余生活，助推美好乡村建设。三是以调处邻里纠纷为载体，共创邻里和谐新风气。理事会积极开展纠纷调解、矛盾化解、扶贫救困、爱心救助等工作，完善和遵守村规民约，建立应急预防机制，力图把各种潜在问题消灭在萌芽状态。四是以产业发展为载体，搞好兴村富民产业。理事会致力于盘活各项发展资源，通过组建农民专业合作社，组织引导村民联合开发市场，支持务工农民返乡创业，大力发展特色产业，促进兴村富民。

（二）取得成效

1. 提升了农民的主体地位

农民是推动农村基层民主自治的主体，村民理事会是发挥农民主体力量的有效载体之一。理事会成员从群众中来，有深厚的群众基础，不仅自觉维护村民的利益，而且所干之事易被群众接受，通过自身特长和优势，在群众中发挥引领示范作用，引导群众主动成为乡村有效治理的参与者、建设者。在村庄规划整治工作中，九榔中心村理事会和大屋佘自然村理事会充分发挥理事会作用，积极引导群众筹资投劳，参与项目建设，充分调动了广大农民群众参与农房家园美化建设的积极性。这样，不仅充分发挥了农民的主体地位，而且有效促进了农村公益事业的发展。据统计，仅 2019 年，九榔中心村理事会、大屋佘村理事会就筹集资金逾 20 万元投入村庄整治，共同筹集劳动力 400 个，修建“户户通”达 6000 平方米，分别新建了农村文化广场 1600 余米文化墙，并在整治区安装了 41 盏照明路灯，同时对村庄实施了绿化、亮化工程，等等。

2. 提高了村民的自治水平

建立村民理事会是加快推进基层民主建设的重要手段之一。村民理事会延伸了村级自治组织的触角，大大提高了村级自治组织的自我管理、自我服务、自我教育和自我监督的能力。过去，九榔村大部分村民存在严重的“等、靠、要”思想，对一些惠及农村发展和自身利益的项目秉持着“政府的事与我无关”“政府投入就干，不投入就不干”的消极态度。成立村民理事会后，通过村民理事会的教育和引导，广大村民普遍意识到“自己的事情自己办、自己的家园自己建”，村民的思想观念逐渐转变了，参与村级事务的热情逐渐提高了。与此同时，村民理事会采取全程公开运作的方式，提升了农村村务公开的质量，使村务公开更加制度化、规范化，真正做到了“村级事务由村民说了算”，彰显了村民自治的生命力。

3. 密切了党群和干群关系

村民理事会是党群、干群关系的桥梁和纽带。村民理事会的运行，使得党群干群关系得到了进一步融洽，农村气象得到更新。具体体现在以下两方面：一方面，促使镇、村两级干部工作职能和方式发生转变。基层政府和村“两委”有了村民理事会的协助和参与，从直接面对群众筹资筹劳、环境整治、征地拆迁等易于制造党群干群矛盾的事项中解脱出来，积极投身经济发展、项目建设和服务群众，有效缓解了“上面千根线，下面一根针”的问题，提高了群众的满意度。另一方面，村民理事会积极发挥监督职能。以九榔中心村建设为例，在项目运行过程中，村民理事会对中心村建设的规划制定、项目实施、资金管理等进行全方位、全过程、全周期的监督，如理事会组织参与工程招投标、负责工程协议签订和工程验收、资金使用情况监管等，做到了“阳光操作”，消除了党群干群的矛盾、缓和了党群干群关系，加快了工程实施进度。

四、总结反思：复合自治模式的发展优化

安徽省试点试验的村民理事会，与其他非正式村民自治组织最大的区别在于，运用了法治化、制度化的方式，将理事会层级确定在行政村的下端，即村民小组或自然村（在实践中，也有部分试点根据地缘、血缘、人缘等自身实际情况，将理事会层级放置在中心村或者自然村片区）。而其他非正式的村民自治组织，如乡贤理事会、村民议事会、村民监事会等，在自治层级上并没有作出明确要求，这些自治组织的层级往往都被默认设置在行政村一级。概言之，以自然村或村民小组为基本单元的村民自治，是在村民委员会为主体的村民自治组织的基础上，通过创设新的村民自治层级，延伸了村民自治的触角，拓展了村民自治载体，有效疏解村委会自治服务承接载体缺失、内

生动力不足等突出问题，形成两级联动互构的“复合自治”格局。[①] 现阶段，从九榔村试点实际效果来看，复合自治模式在推动村民自治、拓宽民主方式、提升农村治理水平等方面发挥了巨大的作用。从长远看，这种复合自治模式也需要进一步反思。

（一）保障组织运行经费

与村民委员会不同的是，村民理事会不具有特殊法人地位，不具备独立承担责任的合法身份，无法从政府直接获取经费，大多只能通过理事会成员以自筹或者众筹的方式向社会募集资金维持运转。虽然为保障村民理事会的正常运行，铜陵市制定了相应的激励机制：“对发挥作用突出的理事会所在的村民小组、自然村，在发展产业扶持、资金扶助和项目申报等方面，给予必要的优惠措施。对优秀的理事会成员，给予入党优先、参选村干部优先、年终表彰奖励等措施。”[②] 但这些激励措施对于理事会成员来说并不具有吸引力。理事会成员在没有报酬的前提下，却要投入大量的时间和精力去协助村“两委”工作并为村民提供服务，长此以往，势必会降低其参与乡村事务的积极性，不利于理事会的长期发展和运行。

（二）优化成员年龄结构

参与主体的素质能力决定着村民自治的效果。随着村民自治层级的下沉，村委会部分自治和服务功能向理事会转移，这对理事会成员的素质能力提出了较高要求。近年来，随着城乡融合发展，大多农村青壮年涌入城市以谋求更好的生活条件和收入回报。在农村，人口年龄的结构性失衡成为突出问题。九榔村村民理事会人员构成中，老党员、老干部、有威望的宗族家长占了很大比例，理事会老龄化状况非常严重。虽然，年长理事会成员具有较高威望，具有强大的动员力和号召力，但由于思想守旧、精力有限、缺乏相关专业技能，难以应付越来越多样的村庄事务，其在村民自治中的作用发挥受到了极大限制。

---

① 王思琴，陈义平. 复合自治：村民自治有效实现的创新形式［J］. 安徽农业大学学报（社会科学版），2018，27（6）：79－84.

② 铜陵市民政局《关于加强村民理事会建设的指导意见》。

（三）促进行政与自治融合

良好的复合自治形态是村委会和理事会通过对村庄行政事务和自治事务的分工与合作形成。行政与自治的联动互构助力实现村庄管理效率的最大化。村委会是承接村庄行政事务和自治事务的主要载体，但是，由于基层政府行政任务持续下压，村委会无暇顾及自治事务，理事会“变辅为主”，成为承接村民自治事务的主要载体，从而在村庄管理层面形成行政与自治分流的局面。在这种局面下，村委会的自治功能被极大弱化，从而变成实实在在的政府下设机关。

（四）克服基层自治组织行政化

复合自治的目的是更好地实现村民“自我管理、自我教育、自我服务、自我监督”的功能。九椰村理事会章程规定，村民理事会有“接受村‘两委’的领导”“接受村‘两委’委托组织落实本村各项事务”的义务和职责。政府政策项目的落脚点是在村民身上，当行政任务由政府下派给村委会时，村委会不可避免地要求各村民理事会来协助完成任务，这本身也是理事会的工作职责。村民理事会作为更贴近群众的自治组织，其承担的行政事务会越来越多，可能会成为行政化的基层组织。

（五）防止基层自治组织宗族化

我国传统的乡村社会具有很强的宗族、家族观念，成为我国乡村社会重要的组织基础。时至今日，农村社会的发展也避免不了要受到宗族势力、家族观念的影响，传统习俗和宗族力量在乡村治理中仍然发挥着重要的作用。但家族、宗族力量在乡村治理中有无法克服的弊端，极易形成宗族、家族小团体利益，并将小团体利益凌驾于整体利益之上。因此，在村庄事务中，要防止基层自治组织出现宗族化、家族化的发展倾向。当村民自治层级下沉到自然村、村民小组，自治单元的缩小可能会强化家族和宗族势力，激化不同家族之间的冲突和矛盾，不但消解了基层自治组织的整合和动员能力①，更会损害村民自治组织的运转和功能的发挥。

---

① 韩瑞波．“片区自治”：村民自治有效实现形式的新探索［J］．探索，2020（1）：154－165.

服务共享篇

任何时候我们都要不忘初心、牢记使命，都不能忘了人民这个根，永远做忠诚的人民服务员。

——2020年8月18—21日，习近平总书记在安徽考察时的讲话

随着我国基层治理格局的不断转变，创新社会治理和治理重心向基层下移逐渐成为国家治理新的政策方向。然而，当政策、人员、资金纷纷向基层倾斜时，与基层治理和服务密切相关的权力、职责逐渐下放到基层，势必会对尚未建立资源支撑体系、资源分配体系的基层社会造成巨大的负担和挑战。与此同时，人们的期待和需求伴随社会的发展逐步趋向多元化、多样化，基层公共服务资源不足与群众日益增长的需求之间的落差同样成为备受关注的问题。在此背景下，如何有效整合资源、实现资源共享成为基层治理的重要目标，不仅涉及群众利益诉求和服务需求的解决，而且涉及社区治理结构和利益关系的建立，更涉及社会治理格局和治理体系的建构。中共中央、国务院《关于加强和完善城乡社区治理的意见》明确指出，要补齐城乡社区资源优化配置的短板，要求探索建立治理资源统筹机制，增强社区统筹使用人、财、物等资源的自主权。

铜陵市义安区自入选“全国农村社区治理实验区”以来，紧扣实验主题，加强基层治理资源的有效整合，以期实现治理手段与效能的统一、权力与责任的匹配、秩序与活力的动态平衡。一是优化配置资源激活治理动力，为农民增收创造条件。光辉村基于本村优势资源，以基层党建为支点，以“党建+产业+生态”为方向，探索“党建+合作社+现代农业”“党建+旅游公司+乡村旅游”两条产业振兴之路，使农民共享产业兴旺的成果。二是综合治理手段实现乘法效应。水村村以乡风文明建设为突破口，为基层治理铸魂夯基；东垅村坚持党建引领乡村振兴与基层治理，以组织联动、党员联结的方式持续推进生态宜居美丽乡村建设，推进资源共享。三是聚焦急难问题实现服务共享。合兴村聚焦垃圾分类难题，建立起垃圾分类治理的长效运营机制、管理体系和考核体系，为乡村治理体系和治理能力的提升完善奠定了坚实的基础；成德村以党建为引领，以乡贤议事协商为动力，聚焦“健康养老、厚善成德”社区治理实验主题，逐渐走出了一条以“居家养老为基础、日间照料为补充、为老助老服务为支撑”的“三位一体”农村养老新路径。

文旅融合：产业赋能解码农民增收新路径

——基于光辉村“党建＋产业＋生态”模式的调查

光辉村位于安徽省铜陵市义安区老洲乡最南端，东与铜陵市区隔江相望，属于江心洲村，总面积9.63平方千米。全村辖4个自然村，23个村民组，713户，常住人口2712人。村党总支下设2个支部，党员64名。全村耕地面积3188亩，农业主导产业为蔬菜，共有611户从事蔬菜种植，占村民户数的86%，种植面积达2500亩，占全村耕地面积的82%，是铜陵市目前最大的蔬菜生产专业示范村。光辉村生态环境良好，资源丰富，现拥有太阳岛风景区、安徽省省级美丽乡村东埂中心村。村内交通便利，老光路穿村而过，环太阳岛公路直达沙滩江岸，村村通、组组通已经实现全覆盖。近年来，在党总支书记带领下，带领党员群众扎实工作，以走出一条“党建＋产业＋生态”的兴村富民之路为目标，大力打造蔬菜产业化示范村。光辉村先后荣获全国“一村一品”示范村、全国蔬菜标准园、安徽省蔬菜专业示范村、安徽省民主法治示范村、安徽省农业科技示范园、铜陵市先进基层党组织等称号。

一、发展背景

农业、农村、农民问题是关系国计民生的根本性问题，我党始终把“三农”问题作为全党工作的重中之重。截至2020年底，我国脱贫攻坚任务取得全面胜利，在接下来一个阶段，“三农”问题的工作重心由脱贫攻坚向乡村振兴发生历史性、根本性的转移。党的十九大报告提出了“产业兴旺、生态宜居、乡风文明、治理有效、生活富裕”的总要求，为乡村振兴的实施指明了方向。“产业兴旺”是乡村振兴的重点和关键。在社会主要矛盾发生变化、基层社会结构不断转型的背景下，我国乡村发展长期不平衡、不充分的现实问题日益暴露。特别是不少地方暴露出“发展质量不高，产业活力不足”“人力资源短缺，内生动力不足”“同质化内卷严重，产业特色不明显”“产业布局混乱，环境生态破坏”等一系列问题。乡村的产业振兴面临着诸多问题和挑战。

光辉村同样面临着这样的产业发展难题。光辉村有着得天独厚的自然优势，地处江心洲，四面环水，村域水系发达，河塘较多，蓄水量较大，地下水蕴藏丰富，村域内土地资源丰富、土壤肥沃，适宜发展种植业。但是长期以来，因农民保持着传统的种植习惯，缺乏先进技术支撑，导致蔬菜质量不高，经济效益有限，农民种菜积极性不高。全村播种面积始终在低位徘徊，常年保持在500亩左右，菜农增产不增收的矛盾极为突出。进入21世纪，伴随“打工潮”汹涌而来，青壮年劳动力大量外流，大量耕地撂荒，全村蔬菜种植面积开始直线下滑，种植蔬菜的人越来越少。村集体经济没有“源头活水”，光辉村成为当时名副其实的“空心村”“空壳村”。为此，光辉村以基层党建为支点，以激活乡村内生动力为重点，以生态可持续发展为要点，历经多年探索实践，蹚出了一条“党建＋产业＋生态”的产业振兴的发展路子，完成了从“空壳村”到集体经济年收入突破30万元“富裕村”的华丽转变，实现了“主导产业突出、发展机制高效、经济实力较强、农民增收明显”的良好效果。

二、探索之路

光辉村客观发展条件优越，但是内生动力不足，严重阻碍了其发展。身处困境中的光辉村还是锐意进取、摸石过河，通过13年的实践探索，实现了“点—线—面”的华丽转身。回顾光辉村发展振兴之路，大致历经困境求变（2008—2010年）、步入正轨（2010—2018年）、渐入佳境（2018年至今）三个重要的发展阶段。

（一）困境求变：光辉蔬菜合作社的成立

2008年，徐大勇上任光辉村党支部书记，“如何带领乡亲们致富增收，过上小康生活”这一问题时常萦绕在上任之初的徐书记脑海里。为此，徐书记带领“两委”班子成员对光辉村进行了全面而细致的调研。通过调研发现，光辉村土地肥沃，适合搞作物种植，这是老天爷给村民赏饭吃。但是传统的小麦、水稻种植市场已经趋于饱和，选择传统的种植产业发展不利于打开市场。村“两委”班子经过反复磋商，决定立足光辉资源禀赋，以蔬菜种植为“突破点”，走具有光辉特色的农业产业发展道路，带领全村人民致富增收。

确定特色蔬菜种植发展道路后，“如何增加蔬菜种植面积，实现蔬菜规模化种植”“如何提高种植科技化水平，提高蔬菜质量产量”“如何激活产业发展内生动力，提高村民种植积极性”成为摆在光辉村面前的三大突出问题。2006年，我国开启“家庭联产承包责任制”的安徽凤阳小岗村引领了新的变革，农民以土地入股，成立“小岗村发展合作社”，小岗村重新把土地集中起来，大力发展集体经济。2007年7月，《中华人民共和国农民专业合作社法》颁布实施，专业合作社模式像一股旋风，席卷我国大江南北。光辉村“两委”班子认为，要破解三大突出问题，成立专业性、互助性、集体性的专业合作组织是突破口。“当时我们经过反复讨论，认为先联合村里蔬菜种植大户成立蔬菜合作社先行试验，蔬菜产量增加了，合作社成员收入提高了，村民就会主动加入进来，所有的问题就会迎刃而解。”村主任毛永鑫说。

2008年由村党总支牵头，按照“利益共享、风险共担、入社自愿、退社自由”的原则集资50万元，注册成立了光辉蔬菜专业合作社。合作社成立以后，积极争取和利用政府各类项目、技术、信息资源，开展生产服务。紧接着，合作社注册了“老洲蔬菜”商标，光辉村100公顷蔬菜基地获得无公害农产品产地认证，辣椒、西红柿、黄瓜、丝瓜、毛豆5个品种获得农业部无公害农产品认证。与此同时，光辉村争取县乡财政扶持资金70余万元，购置207个钢管大棚，无偿提供给菜农使用。合作社成立当年就实现盈利3万元，农民的收入水平开始逐步提高。

（二）步入正轨：将党支部建在生产链上

合作社的试验成功，让初期入社的菜农尝到了甜头，吸引了其他菜农迅速加入，同时也吸引了很多在外打工的村民返乡重新扛起了锄头。短短两年时间，光辉蔬菜专业合作社共发展社员286人，全村蔬菜种植户达到611户，占全村农户的96%，蔬菜种植面积达到2600亩，年销售收益达到3280万元，仅此一项为村集体经济增收12万元。光辉蔬菜专业合作社的运营逐渐步入正轨。

“火车跑得快，全靠车头带”。随着合作社规模越来越大，为了更好地发挥党组织的引领作用，在村党总支的牵头下，光辉村创建了铜陵市第一个蔬菜专业合作社党支部，把党支部建立在产业链上。截至目前，合作社党支部通过自荐和推荐的方式形成了22个党员中心户。在村党总支和合作社支部引领下，村民的生产积极性被全面调动起来。近年来，蔬菜合作社已经成为带领群众致富的一面旗帜，引领光辉村的特色蔬菜产业得以稳步发展。

（三）渐入佳境：全国农村社区治理实验区示范村

2017年12月，义安区被民政部确认为首批全国农村社区治理实验区。按照《义安区创建全国农村社区治理实验区2018—2019年具体工作计划》，义安区将选择22个先行示范村作为实验试点，并要求示范村根据本村实际明确一个创新实验方向并制订相应的实施计划和工作方案。老洲乡的光辉村和成德村被推介为先行示范村。农村社区治理实验区先行示范村的创建工作，恰好是一个推动光辉模式由“线”向“面”发展的契机，同时又是一个新的起点。自2008年光辉村建立光辉蔬菜专业合作社开始，10年的时间，光辉村蔬菜产业形成了品牌和规模，并已经在老洲乡形成了示范效应。现在全乡流转土地达1.1万亩，蔬菜产量近20000吨。老洲乡贡献了全铜陵市40%以上的蔬菜供应，成为铜陵市名副其实的“菜篮子”。

光辉村在充分研判当前发展形势后认为，当前产业发展已经具备规模，光辉村应进一步结合本村产业特点和资源优势，将光辉村打造成果蔬供应、研学旅行和休闲度假基地的生态休闲观光农业的发展目标。于是，“党建+产业+生态”的示范村实验方向应运而生。在此实验主题之下，延伸出了“党建+合作社+现代农业”“党建+旅游公司+乡村旅游”两条发展路子。“农业推动旅游，旅游带动农业”的农旅融合产业新格局初步形成。

三、经验要素

历经“困境求变”“步入正轨”“渐入佳境”三个重大转折节点，光辉模式的实践和探索逐步完成了“点—线—面”的飞跃。光辉村在自身产业充分发展、带领群众致富增收的同时，通过典型示范效应，辐射和带动区域内特色产业一体化发展，并取得了良好的经济和社会效益。“光辉模式”已经成为老洲乡乃至铜陵市产业振兴的一张亮眼名片。回顾光辉村产业发展的成功道路，“抓党建”“强参与”“重生态”是关键要素。

（一）筑强党建红色堡垒，为产业振兴引路护航

从一开始的“党员突击队成立合作社”到“将支部建在生产链上”，再

到“党建引领产业生态融合发展”，光辉村始终将组织建设作为指引产业振兴之路的明灯。通过发挥“头雁带群雁”效应、优化党建格局、推动党建标准化等举措，光辉村实现了由“按部就班”到“弯道超越”、由“组织振兴”到“全面振兴”的发展转变。

1. 发挥“头雁带群雁”效应，引发乡村发展连锁反应

选强配强“两委”班子，把握引领乡村发展的“关键少数”，发挥头雁带群雁作用，是光辉村面貌发生质的转变的关键。2008 年，时任老洲乡社会事务办副主任的徐大勇，在乡镇党委和光辉村村民的支持下回到光辉村，任支部书记。徐大勇是土生土长的光辉村人，作为一名从光辉村成长起来的党员干部，光辉村的发展时刻牵动着他的心。当时光辉村蔬菜种植品种单一，农户单打独斗，种植规模逐年缩小。徐大勇牵头动员 5 名党员群众，成立了蔬菜专业合作社，编制了蔬菜产业发展相关项目，同时积极争取上级资金项目扶持，提升农田水利基础设施建设，当年合作社就获得了良好的收益。随后充分发挥了农村党员示范带头作用，通过支部引领、党员大户帮带、结对帮扶等形式，吸引了大量村民加入合作社当中，培育了集体产业发展的“主力军”。而后，通过推进农村资源变资产、资金变股金、农民变股东的三项改革，增强了村民的主人翁意识，有力地汇聚了“产业振兴”的正能量。光辉村自身发展离不开“头雁效应”，与此同时，光辉村也变成了一只头雁，引领区域群雁协同发展。

2. 创新基层党建模式，优化党建新格局

以功能性党建为切入点，突出条块结合，健全工作服务机制，充分发挥作用，形成工作合力，是光辉村党建工作的亮点。光辉蔬菜专业合作社建立后，成立了合作社党支部，形成了光辉村“村党总支 + 村党支部 + 合作社党支部”功能性党建格局。村党总支领导光辉党支部以及合作社党支部，两个支部又分别下辖村民理事会和合作社理事会（见图 1）。在村党总支领导下，合作社党支部发挥了明显的功能性作用。一方面，通过发挥合作社党支部的“双培双带”作用，推荐入社党员参加“双技”培训、职业农民培训，优先把入社党员培养成生产能手、技术骨干；另一方面，通过组织入社党员中心户与种植大户、技术能手结对，通过思想引导和示范带动，争取入社优秀分子向党组织靠拢，提升党组织的向心力、凝聚力。

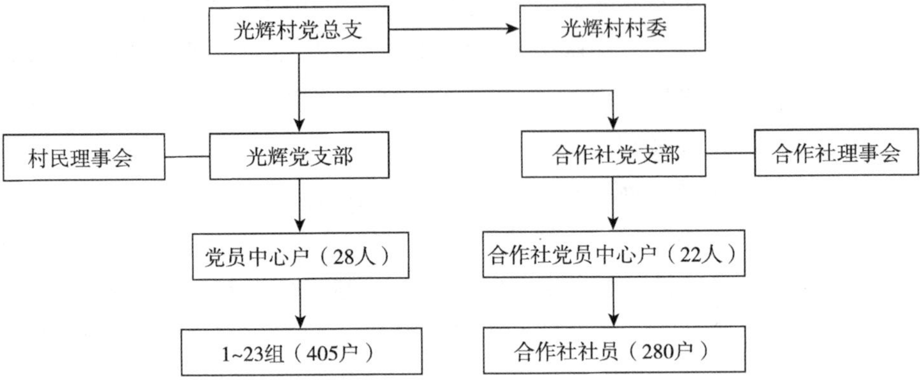

图1　光辉村服务型党组织结构流程图

3. 以党建标准化为契机，筑牢产业振兴“压舱石”

2017年，老洲乡成为全国唯一的以乡镇为单位，进入我国首批党建标准化试点的单位。作为老洲乡党建标准化创建的主体单位之一，光辉村以此为契机，把创新实践中一系列行之有效的工作方法，进行提炼固化，在工作方法上突出“任务清单化、指导精准化、过程纪实化”三化同步，在工作方向上围绕“规范阵地建设、组织体系、党内活动、为民服务、工作机制”5个规范聚力，建立并完善了党建工作标准体系、党建工作权责体系、党建工作标准流程、党建工作考评考核机制。与此同时，结合自身实际，光辉村进一步深化拓展“党建标准化+”模式，开创了“党建标准化+现代农业”“党建标准化+旅游服务业”“党建标准化+乡村治理”等模式。光辉村通过加强组织引领，有机融合现代农业标准要素加快产业振兴；通过积极探索服务业标准化建设，以高标准引领促进乡村旅游的规范化、规模化、品质化；通过强化服务阵地建设，以需求为导向扩大服务供给，密切了党群干群关系，以优质服务推动产业振兴。

（二）引导村民共同参与，激活乡村发展内生动力

农民是产业振兴的主体。如何发挥农民在产业振兴中的主体作用，调动农民的积极性、参与性、创造性，激活乡村内生动力，是产业振兴的关键，也是难点。光辉村从利益、制度、公益三方入手，有效破解这个棘手的问题。

1. 建立利益共同体，调动村民生产积极性

把农民组织起来，建立起农村经济合作组织，形成一个休戚与共、守望

相助的利益共同体，是提高生产积极性的重要方式。光辉蔬菜专业合作社的成立，是光辉村建立村民利益共同体的关键一步。成立之初，村委会成员仅动员5名党员加入进来，大部分村民在观望。成立首年，合作社就实现盈利，初期加入的5名社员收入也大幅度提升。合作社的成功，形成了示范、变成了典型，通过示范引领带动了更多村民积极参与进来。合作社发展至今，已有280户村民加入进来。“钱包鼓了，干活就更有劲了”，村民的积极性被充分调动起来。

2. 强化制度性保障，增强村民自治参与性

激发村民主体意识，引导村民主动参与乡村治理，是乡村治理有效的重要前提。光辉村通过建立制度化的公众参与机制，引导村民主动参与乡村治理。通过落实“6+4”工作法①、“一事一议”制度②，村民真正成为村务决策管理的主人，强化了民主决策机制，极大地调动了广大群众参政议政的积极性。通过完善村民协商议事制度，农村社区协商委员会主动参与、积极协商村内与群众利益相关的大小事务，从而保障了村民民主权利，提高了村民参与议事协商的活力。通过健全村务监督机制，落实“五务公开”、实行村务监督，“亮了村集体家底”“宽了群众心底”，使得村民的主人翁意识进一步增强。

3. 公益项目化运作，发挥村民主观创造性

公益的本质在于唤醒更多人的善心，公益精神的营造是乡村社会善治的有效途径。依托新时代文明实践站，光辉村成立了“党员先行”“巾帼同心”“五老为民”“美丽乡村”四支志愿者服务队，以年为单位，设计安排了志愿服务队活动时间表（见图2）。同时，光辉村通过微公益创投、引入“社会工作+”等形式，以政府、乡村购买服务的形式，引入专业机构和专业人才力量，在发扬公益精神、满足特殊群体的服务、提高村民生活质量的同时，激活了村民的主观能动性和创造性。

---

① “6+4”工作法：凡是与居民切身利益密切相关事项，必须按照民主提议、“两委”联议、党员参议、上级审议、村民决议、承诺践议六步程序，进行民主决策，同时界定“两委”联议、村民代表会议权限；村级财务按照发生额度大小分“四档”，实行限额审批，1万元以上的财务支出必须经过村民代表大会讨论。

② “一事一议”：村级范围内兴办水利、农田基本建设、道路修建等公益事业建设项目需要筹集资金的，必须召开村民代表大会“一事一议”，最高限额每人不得超过15元。

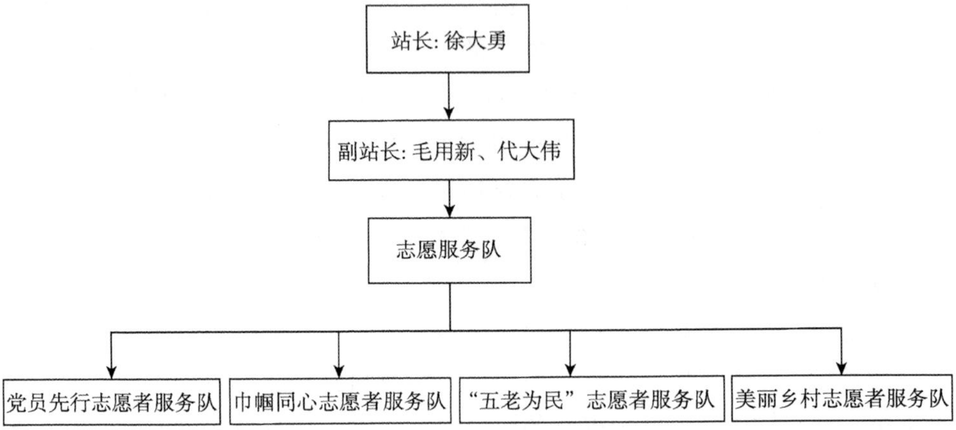

图 2　光辉村新时代文明实践站组织架构图

（三）绿色发展助推产业升级，农旅融合赋能产业振兴

随着特色种植业发展到一定规模，光辉村的产业发展遇到了瓶颈。光辉村“两委”开会商议，认为传统农业种植业具有产品附加值低、发展潜力有限的特点，要让光辉村在现有基础上继续保持较快发展，必须要在产业结构调整上想办法、做文章。老洲乡是长江中的一颗明珠，生态资源、自然资源优越。绿水青山就是金山银山，光辉村打出了“生态牌”“旅游牌”“文化牌”，从技术赋能、资本引入、文化提升三个角度入手，走出了一条以农旅融合优化农村产业结构的创新路径，从而突破了产业发展瓶颈。

1. 技术赋能，助推传统农业向现代农业转变

在传统农业中，农民种植方向、技术和模式将会根据市场、季节的变化而改变。而现代农业有效调整了供需关系，缓解了传统农业“被牵着鼻子走”的窘境。光辉村通过利用现有温室连栋大棚，建设集约化育苗中心，年均可培育辣椒、西红柿、黄瓜、西瓜等各类秧苗 80 余万株，就近提供给合作社社员和种植户。同时，光辉村积极推动农业电子商务应用示范，推广“电商企业 + 基地 + 专业合作社 + 农户”的模式，统一销售服务，在举办蔬菜推介会、设立直销窗口（柜台）、组建农民经纪人队伍的基础上，通过互联网发布蔬菜销售信息，“你种我销、你养我卖”，发挥了“网络为媒、产销联姻”的积极作用，让农产品“卖得出、卖得好”。

2. 资本引入，助力一、二、三产业融合发展

产业振兴要善于“引进来”和“动起来”。一方面，要加大外来资本对乡村发展的撬动作用；另一方面，要挖掘乡村现有资源，最大限度发挥本土化资源的作用。光辉村以“党支部＋合作社＋大户＋农户土地入股”的方式，实施了100亩的农业示范园项目，打造了一个集蔬果采摘、农事体验、休闲垂钓和餐饮民宿于一体的新业态集聚区。同时，以租赁等形式引进万花农业发展有限公司、左岸多肉植物园艺和彩虹园、欢欢草莓采摘园等。利用老洲太阳岛沙滩独特资源，通过招商引资成立了铜陵市太阳岛乡村旅游有限公司，整合了采摘、垂钓、农家乐民宿大户，改变原有蔬菜种植一业独大的局面，并与旅游部门和旅行社对接，发展特色精品蔬果采摘和休闲垂钓，统一宣传、统一营销，实现多样化、抱团式的发展，在较短时间内实现整体跨越式发展。

3. 文化营造，激活乡村产业发展新动能

文化营造是激活乡村产业融合发展的灵魂。缺少文化支撑的乡村产业发展就是无源之水，无本之木。在乡村产业中，农业、旅游、文化三者已然形成了浑然一体的产业体系、功能体系、产品体系。三者的融合发展，有利于促进旅游业的优化和升级，提升乡村产业的核心竞争力。光辉村以弘扬非遗文化为载体，开展丰富多彩的各项活动，打造品牌，走出独特的农旅融合发展之路。譬如承办了老洲乡第二届乡村旅游文化节，协办了老洲乡风筝文化节、沙雕文化节、唱牛歌等民俗活动，以及“行走美丽乡村　感受果蔬小镇”老洲绿色健步走活动。通过这些文化活动的开展，光辉村的生态魅力和产业魅力以及公众认知度得到了进一步提升。

四、总结思考

概言之，“组织牵引”“内力激活”“农旅融合”是光辉模式的三大法宝，也是贯穿光辉村整个产业振兴之路的行动表和路线图。通过强化基层党组织的组织力、领导力、执行力，充分调动多方主体的共同参与，强有力地牵引和串联村域内农业、生态、文化产业互融互联，实现了企业利益、生态效益、村民受益的有机融合。需要说明的是，产业振兴的成功经验不同于其他类型的创新经验，因受自然条件、资源禀赋、基础建设、产业布局等一系列综合原因的制约，不同地域、不同区域的产业发展不可能完全一致。各地还是需要因地制宜，根据自己的实际情况，走有自己特色的产业振兴之路。抛开光

辉村基础客观条件和具体做法，上升到产业发展理念高度，光辉模式依然有其独特的生命力，值得进一步总结、推广。具体概括为三个“善于转换”。

（一）善于把党组织的政治势能转换为产业发展动能

乡村党组织是党在基层的中坚力量，不仅扮演基层政策的宣传者与执行者的角色，而且承担着极为重要的政治任务与经济任务。村党组织在乡村治理工作中起到了关键性的穿针引线作用，更起到决定性的率先垂范、示范引领作用。在产业发展中，为什么要强调加强基层党组织建设？加强基层党建重要的一个目的，在于增强基层党组织政治势能转换成产业发展动能的能力，让党组织去引领乡村产业发展。光辉村在产业发展过程中，真正做到了这一点。光辉村通过选优配强“两委”班子，党员先行成立专业合作组织，把党支部建在产业链上，并以农户为基础，以产业为依托，以合作组织为载体，以富民为目的，通过党抓合作社，合作社带动农户，发挥组织引导、协调服务、监督管理和宣传发动的作用，把党的组织性、科学性、先进性的特性与合作社的专业化、群众化、市场化的优势联动起来，充分把组织的政治势能转换为产业发展动能，引领了光辉村产业振兴。

（二）善于把政策执行转换为自身发展的红利

国家和政府的宏观政策在乡村落地执行，是乡村发展强大的外在推动力。不仅仅是义安区，在全国其他地区农村均出现了这样一种怪象：越是乡村治理、乡村振兴后进的村子在面对政策执行时，往往是采取消极的、应付的、机械的执行态度，甚至一些有经费支持的项目化的政策执行，这些村子也秉持“多一事不如少一事”的态度。宏观政策下沉到乡村去落实执行，在一定程度上的确会增加基层负担，但是也会释放出大量的红利。光辉村产业发展的每一次转型升级，都离不开把政府宏观政策与自身实际发展相结合，并转换成自身发展的红利。从全国推广专业合作组织到光辉蔬菜专业合作社的成立，从加强区域化、功能化党建到“建立合作社支部，把党组织建在生产链上”，从美丽乡村建设、环境综合整治到鼎新“党建+产业+生态”产业发展模式，再到全国农村治理实验区示范村、全国“一村一品”先行示范区创建，等等。在政策落地执行过程中，光辉村的乡村产业实现了提档升级、乡村治理实现了提质增效，村民也在这个过程中得到了实实在在的实惠，实现了政策效果、社会效益、集体利益“三效合一”。

（三）善于把个体利益关联转换为集体自觉行动

实现产业振兴的关键，在于真正激发乡村自身的内生动力，充分调动村民积极参与乡村产业发展。乡村振兴实现的是集体的振兴，个体的振兴不一定能实现集体振兴，但集体振兴必然带动个体的振兴。那如何在充分调动村民主动参与的积极性的同时形成集体行动，这在推动乡村产业振兴过程中是一个难题。马克思说：“人类奋斗所争取的一切，都与他们自身的利益有关联。”不可否认的是，社会人都具备追求物质利益而进行经济活动的属性，自觉行动的原动力源于利益。农民群体属于社会人，农民也是理性的经济人。如果经济活动能给予他们直接创造实惠的利益，农民非常愿意参与这项经济活动。在光辉村的探索实践中，无论是前期的合作社特色农业生产，还是后期生态观光旅游，都一直从利益入手，使个体间的利益相关联，为了一个发展目标拧成一股绳，“心往一处想，劲往一处使”，实现了“组织共建、产业共创、发展共商、利益共享”的良性互动，产业发展迸发出蓬勃的动力。

文明乡风：铸魂强基释放文化共育新动能

——基于水村村的实践调查

水村村位于钟鸣镇东南部，西与本镇水龙、金山村相邻，北与九榔村相连，铜南公路、铜南宣高速、京福高铁贯穿而过，交通方便，自然环境优美。区域总面积15.4平方千米，其中耕地面积3350亩，林地面积8000余亩，水域面积410亩，水库2座，塘坝54处。全村辖18个自然村，34个村民组，973户，3005人。村党总支下设5个党支部，9个党小组，共有党员89名。村“两委”班子成员共6人，其中支委成员3名，村委成员3名。铜陵梧桐树农业发展有限公司坐落于该村，园区占地面积8000亩，辐射带动10000亩，计划投资3.2亿元。水村村在近些年的发展中也取得了较好的成绩，2013年12月26日，安徽省农业委员会确定水村村为第六批安徽省“一村一品”示范村镇（蔬菜）。2019年6月6日，水村村被列入第五批中国传统村落名录。2020年2月27日，水村村被认定为第二批安徽省美丽乡村重点示范村。

一、治理基础：重视乡风文明之“魂”

乡风文明是乡村振兴的“灵魂”，蕴含着丰富的文化内涵。良好且积极向上的文明乡风不仅能充实广大群众的精神生活，涵养良好民风、家风，而且能够在全面推进乡村振兴战略的时代背景下为农业农村现代化发展提供强大的精神支撑，因此，培育良好乡风对于农村社区治理至关重要。水村村就是在这样的背景下大力推进乡风文明培育工作，以文明乡风涵养新时代文明风尚。近年来，水村村“两委”班子坚持以习近平新时代中国特色社会主义思想和党的二十大精神为指导，以实施乡村振兴战略为抓手，以美丽乡村建设为契机，聚焦乡风文明，以开展文化活动为主线，以争创文明村为抓手，深入推进精神文明创建工作。以组织带动为引领，以群众参与为动力，通过教育引导、阵地建设、服务创建以及社会治理为举措，强化思想引领、实践养成和制度保障，形成了适合于本村实际的文明乡风建设新模式。同时，水村村将党风廉政建设始终贯穿文明乡风建设全过程，构建了党风带动乡风，乡风促进党风的新体系，有力调动了农民群众参与文明乡风建设的积极性和主动性，为集体经济快速发展和清朗的乡风文明提供了重要的思想保证，为全面推进乡村振兴提供了精神指引和有力抓手，形成了村群共治的文明乡风建设新格局。

二、实践行动：水村村党风、民风、乡风共培育

水村村以乡风文明建设为突破口，坚持党风、民风和乡风一起抓，坚持精准化和精细化的举措，重点抓组织、抓教育、抓阵地和抓方法，将各项举措落实落细，走出了一条多举措并进、多渠道发力的乡风文明培育新路子，在钟鸣镇树立了一面旗帜。

（一）组织发力，引领群众广泛参与

乡风文明建设需要多方主体的广泛参与，但党组织的带动和引领作用最为关键。党的十九届四中全会提出，要构建基层社会治理新格局，健全党组织领导的自治、法治、德治相结合的城乡基层治理体系。水村村在推进美丽乡村建设、乡村振兴过程中尤为重视党组织的功能作用。一是成立党组织引导下的精神文明建设工作领导小组。基层党组织是基层社会的战斗堡垒，因其政治属性具有强有力的凝聚力和向心力，以此能够将各种资源聚合起来，形成强大驱动力。为了全力推进乡风文明建设，水村村党组织领导成立精神文明建设工作领导小组，由村党总支书记任组长，支委成员、村委会成员、社会单位主要负责人、村人大代表等任组员。领导小组下设办公室，由村副书记任办公室主任，负责创建工作的安排、督导、检查。同时，将精神文明建设工作纳入村“两委”的重要议事日程，列入年度工作计划。村每年投入创建经费15000元，从组织上和经费上保证了精神文明建设工作得以扎实有效地开展。二是重塑党风发挥党组织的引领作用。水村村党组织坚持以制度为抓手，着力推进党风廉政建设。党风廉政建设工作制度、民主生活会议制度、领导干部述职述廉制度、党员廉政承诺制度、村民代表议事制度、重大项目民主决策制度、“两委”联席会议制度等系列制度的制定，为规范党员干

部行为提供了有力抓手。在上级部门组织的党纪、政纪和法纪教育中，水村村分期分批对党员干部进行经常性的反腐倡廉教育培训，不断增强干部的廉政为民意识。水村村通过开展廉洁教育活动，使廉政教育不断辐射到村组、家庭，营造出“以廉为荣、以贪为耻”的社会氛围。水村村探索的党风带动乡风、民风建设模式，始终将组织建设与制度创制置于重要位置，着力将组织制度保障文明乡风建设贯穿于整个全过程，形成了党风与民风、乡风相互促进的新格局。

（二）教育引导，强化群众主体意识

《乡村振兴战略规划（2018—2022 年）》提出，要坚持教育引导、实践养成、制度保障“三管齐下”，采取符合农村特点的方式方法和载体，持续推进农村精神文明建设，提升农民精神风貌，倡导科学文明生活，不断提高乡村社会文明程度。可见，教育引导是激活群众参与积极性和主动性的关键举措。水村村通过对党员干部、村“两委”班子、未成年人的宣传教育来引领带动广大农民群众的积极参与。一是抓村“两委”班子思想建设。村党总支始终把“两委”班子的思想建设、作风建设放在重要位置，着力塑造一支有能力、有道德、有纪律的干部队伍。该村每周五组织全体村干部学习，采取集体学习和个人自学相结合的方式，认真学习党的二十大精神，上级党委、政府的文件、政策以及有关法律、法规、乡村服务技能等知识，强化村干部的党纪、国法和道德意识，增强村干部服务群众能力。过去的半年里，村党支部书记组织召开党课学习、创先争优推进会、党建联席会等 10 余次，在全村党员中组织开展一系列集中教育整改活动。二是突出对村民及未成年人的宣传教育工作。水村村依托村党员电教学校，以讲堂和讲座相结合的方式为群众开展文明道德讲座、精神文明礼仪宣讲、消防安全讲座、健康教育、播放远程教育题材内容等达 30 多场。同时，村党总支高度关注未成年人的思想道德建设，成立关心下一代工作委员会，建立以老党员、老干部为主要力量的村辅导员队伍，培养未成年人健康成长。并针对未成年人的年龄特点和心理特点，利用寒暑假“离校不离教”开展文明道德教育、未成年人法讲座、消防安全讲座、交通安全讲座，增强未成年人的思想道德素质。三是增强对党员代表的思想教育。水村村紧扣教育、培训和承诺三个环节开展强化宣传教育，增强组织意识。以共产党员先进性教育活动为载体，在农村基层党员代表中广

泛开展思想道德教育、法规教育、宗旨意识教育、社会主义荣辱观教育等。水村村从道德建设入手，以教育引导的方式塑造了一支强有力的干部队伍，激活了党员代表和广大群众的参与意识，改变了过去无人问津的尴尬局面，形成了村“两委”联系带动党员、党员干部带动农村群众的乡风文明建设新格局，有力助推了良好乡风的建设。

（三）筑牢阵地，营造浓厚乡风环境

阵地建设是乡风文明建设的基础，水村村充分利用各种资源建立了各种乡风文明阵地，以阵地建设来强化乡风文明建设。一是突出文化阵地建设。2014 年新一届村“两委”班子换届以来非常重视文化宣传阵地建设。在村委会辖区新增 1 个不锈钢固定宣传栏，公示党组织建设活动、村建设服务及政策宣传，有文化、民政、城管、综治、安全、精神文明、健康教育等内容，不仅美化了环境，而且让过往村民受到不同程度的教育和启迪。同时，水村村免费为村民提供借书、麻将、象棋、围棋等服务活动，加大村室外活动场、室内文体娱乐室投入使用力度，不仅活跃了群众文化生活，而且促进了农村精神文明建设的蓬勃开展，直接受益群众达 1500 余人。二是突出环境阵地建设。为动员村民参与村庄环境的改造，提高村民自觉维护环境卫生意识，水村村组织村干部和村民志愿者陆续向村民发放“创建文明城市，打造美丽乡村”宣传手册 1200 份；组织党员大会、村民代表大会、单位共建联席会等广泛宣传创建卫生城区、村公益性活动。2018 年 5 月，水村村组织志愿者和村干部 20 余人连续几天到美好乡村中心村罗冲村周边进行环境卫生综合整治；2019 年 3 月 5 日学雷锋日，村党总支组织发动梧桐树企业支部党员参加义务劳动，5 个支部党员、入党积极分子、共青团员共计 46 名同志，清理了从铜南路入口处至村部间积压多月的白色暴露垃圾。在两年的环境整治活动中，重点整治“脏、乱、差”卫生死角 20 多处，村主干路校车道路清障 12 处，维修主干路故障路灯 5 处，使辖区环境面貌变得更好。水村村坚持阵地建设作基础，将阵地建设作为推动乡风文明培育行动的头号工程。不论是文化阵地，还是环境阵地都将文明乡风培育蕴含其中，形成了阵地建设有力、乡风培育有效的村级文明乡风新模式。

（四）典型示范，建立乡风培育机制

2019 年 3 月，中共中央办公厅、国务院办公厅印发的《关于加强和改进

乡村治理的指导意见》提出，要实施乡风文明培育行动，大力开展文明村镇、农村文明家庭、星级文明户和五好家庭等创建活动，广泛开展农村道德模范、最美邻里、身边好人等评选活动，以此为有力抓手形成文明乡风。水村村基于村情和农情，切实将创建活动向纵深推进。一是积极推动文明单位创建。把村内的企业和个体经营户都纳入文明单位创建行列，各单位分别制订了适宜的创建工作方案，形成各具特色的工作推进计划。并且引导企业守诚信、打名牌、促发展，使企业创建活动与村共建活动同步开展，营造出社企合作文明和谐的良好氛围。二是积极推动文明居民和文明户创建。水村村一直把发现、培养、树立、宣传先进典型摆到促进居民群众素质提高的重要位置来抓，收到了“点亮一盏灯，映红一大片”的实际效果。在辖区组织开展了“五星级文明家庭户”“五好家庭”“党员中心户”等评选活动，大力倡导尊老爱幼、邻里和睦、团结互助的家庭美德教育，在辖区普遍形成“人人争做好村民，家家争当文明户”的良好氛围。2016 年本村共评选出文明家庭户 5 户，五好家庭 3 户，党员中心户 30 人。此外，为充分调动群众参与乡风文明培育行动，激活广大群众的参与意识，水村村坚持创建活动与服务活动同向进行，以创建活动调动群众参与的积极性，以服务活动激活群众参与的意识，形成创建活动和服务活动双轮驱动的乡风文明培育新抓手。通过与联建单位铜陵市交通局和义安区司法局结对活动，促进友好交流，慰问困难群众和困难党员 12 人次，送去生活用品若干和慰问金 1.5 万元；通过入户走访居民，宣传优生优育政策，建立居民信息、健康档案，便于有针对性开展精细化服务；通过村委会党员干部坚持结对帮扶困难居民，开展残疾人关爱座谈交流活动，村“两委”班子动员企业一起，配合政府两年来共慰问困难党员、困难妇女及儿童、困难居民等 36 余人次，把党和政府的关怀送进百姓家中。近年来，村“两委”班子团结协作、齐抓共管，在精神文明活动创建过程中，把辖区单位和村民小区的积极性调动起来，树立“村是我家，建设靠大家”“村有荣，我也沾喜”的理念。目前，水村村逐步蜕变成了一个治安良好、环境幽雅、共建氛围浓厚的新型农村社区，群众认同感、凝聚力大大增强。

三、成效显现：农村文明新面貌再现

水村村坚持村群共治原则，通过组织带动、教育引导、阵地建设和创建活动等系列举措，形成一系列乡风文明培育政策措施体系，增强了农村党组织的凝聚力，改善了农村群众的精神面貌，激活和调动了广大农村群众的积极性和主动性，撬动了乡村振兴的发展动能，成为实现村强、民富、景美的有力支撑。

（一）农村党组织的凝聚力更强

基层党组织的凝聚力和向心力是其组织群众和服务群众的基础和前提。水村村通过组织带动引领群众广泛参与的形式，发挥党组织的政治功能，让广大群众凝聚在党组织的周围。特别是通过设置农村精神文明建设领导小组，并将这项工作纳入年度工作计划，构建了村党组织领导下的领导小组工作机制，形成了村“两委”联系党员干部、党员干部联系群众的工作体系，将群众带动起来。除此之外，水村村还将党组织领导始终贯穿于教育引导、阵地建设和创建活动全过程。在教育引导方面，村党组织注重村“两委”班子的思想政治工作和未成年人的思想教育工作，通过专题学习讲座和专题报告会的形式对其进行分类指导教育培训，解决他们思想中存在的问题和疑惑，从思想建设上向党组织靠拢。在创建活动和服务供给方面，无论是文明村还是文明户创建，都在村党组织的有力领导下进行，充分发挥统筹协调作用。村党组织在农村公共服务供给方面也是重要力量，水村村在村党组织的统一领导下，与各个单位对接联系，坚持精准化和精细化服务原则，为全村村民提供多样化的公共服务，以服务换真心、服务换参与的形式将广大群众组织起来，将村民的被动式参与变成了主动性参与，使得以基层党组织为领导、村民自治组织和村务监督组织为基础、集体经济组织和农民合作组织为纽带、其他经济社会组织为补充的村级组织体系得以发挥应有的作用，有效增强了村党组织的凝聚力和组织力，有力夯实了农村基层组织工作基础。

（二）农民群众的精神面貌更佳

在市场化带来巨变的今天和全面实施乡村振兴战略的背景下，农民群众更加迫切地追求和谐稳定的社会环境、良好的人际关系与社会氛围、文明的健康生活方式。良好的乡风文明不仅能够丰富农民群众精神文化生活，提高文化素质，而且缓和基层矛盾纠纷，稳定社会环境。水村村大力实施乡风文明培育行动，使得村情村貌和农民群众的精神面貌焕然一新。在基础设施建设方面，在村党组织的统一领导下，村委会下大力气，积极主动争取上级财政资金和统筹其他资金，新建或改建环境卫生设施，并组织动员成立志愿者服务工作队，为村民开展系列环境卫生整治活动，而且还修缮了村委会的群众活动场所，为广大群众开展文化活动提供了阵地保障。同时，通过各类创建活动将村内涌现出的好人好事进行提炼总结，形成了水村村本土化的精神示范，并用多样化和精细化的农村社会服务增强了村民对基层群众自治制度和组织的认同感，让群众从心理上相信村级组织，从精神上信任组织，有力改善了农村群众的精神面貌。

（三）农民主体的参与热情更高

《中国共产党农村工作条例》强调，“三农”工作要坚持以人民为中心，尊重农民主体地位和首创精神，切实保障农民的物质利益和民主权利，把农民拥护不拥护、支持不支持作为制定党的农村政策的依据。在巩固拓展脱贫攻坚成果全面推进乡村振兴的过程中，发挥农民群众的主体作用至关重要。水村村在乡风文明培育过程中，始终坚持农民主体性地位，注重发挥农民群众的主体性作用。如在农村人居环境治理方面充分尊重农民群众意愿，发挥群众的智力和能力，组建了水村村环境治理志愿服务队。在村“两委”班子成员和志愿服务队的牵头带领下，将村内人员组织起来经常性开展卫生清洁活动，明显改善了农村人居环境。同时在党组织的领导下，水村村努力推进“三务”公开工作，将党务、村务、财务等情况及时有效地公开，使群众更直接彻底地了解村集体的日常事务，保障了村民的知情权、参与权、选择权、监督权，加强了村委会与村民、村民与村民之间的情感交流，锻炼了群众参与村级事务的能力，有效激活了群众的参与热情。除此之外，水村村用多样化和精细化的公共服务换取了广大群众的大力支持，让群众充分认识到共同参与村级事务的重要性，激活了群众的参与意识，调动了参与的积极性，为现阶段推进乡村振兴提供了群众基础。

（四）乡村振兴的发展动能迸发

随着乡村振兴战略的理论与政策体系不断完善，实施乡村振兴战略的“四梁八柱”体制机制正在逐渐健全，基本上形成了以农业农村优先发展为总原则，以产业兴旺、生态宜居、乡风文明、治理有效和生活富裕为总要求，以产业振兴、文化振兴、生态振兴、人才振兴和组织振兴为主要内容，以农业农村现代化为总目标的乡村振兴体制机制和工作体系。在乡村振兴战略5个方面的总体要求中，乡风文明蕴含丰富的文化内涵，坚持强化社会主义核心价值观建设，以优秀文化引领乡村文化的前进方向，从根本上解决农民群众的思想问题，是乡村振兴战略中最基本、最深沉、最持久的力量，为乡村振兴提供强大的精神动力。因此，乡风文明是乡村振兴的核心和灵魂，抓住乡风文明建设，就抓住了乡村振兴的关键。水村村以组织带动、示范引领和教育引导为主要举措，不仅有效夯实了基层党组织基础，而且也带动了广大农村群众的参与，改善了群众的精神风貌和民风乡风，形成了产业发展与乡风文明“双轮驱动”的乡村振兴推进体系。良好文明乡风为推进乡村振兴提供了强大的精神动力，成为实现水村村强、富、美的有力支撑。

四、总结思考：化文明建设优势为乡村治理效能

良好的社会风气既是新时代农村建设的重要目标，又是推进农村建设的精神支撑和动力源泉。水村村在实践探索中形成了适合本村村情和独具本土特色的乡风文明培育模式，但与乡村振兴战略的总体要求相比存在较大差距。因此，必须要加大力度继续抓好乡风文明培育，化文明建设优势为乡村治理效能，助力新时代乡村振兴战略的实施。

（一）社会认同：践行社会主义核心价值观

社会主义核心价值观是社会主义先进文化的精髓，凝结着全体人民共同的价值追求。水村村未来应紧紧围绕社会主义核心价值观的目标，以村委会活动阵地为依托，用足用好道德讲堂和专题讲座形式，广泛开展理想信念教育，深入唤醒农民自觉意识和参与意识，鼓励农民投身到乡村振兴的全面实施中；围绕“自由、平等、公正、法治”的价值取向，充分发挥村内乡贤和群众的智慧，健全自治、法治、德治相结合的乡村治理体系；将社会主义核心价值观纳入村规民约，融入农民的生产生活和道德建设中，制定符合村情和适宜有效的村规民约，确保村规民约成为推进乡村治理各项工作的一大抓手。除制度外还要注重治理技术，学习借鉴先进地区的乡村治理经验，将乡村治理积分制运用到移风易俗中，融入村规民约中，以此来引导广大村民开展移风易俗，提升自身素质，形成与现代文明相适应的思想观念与生活方式，

不断提高乡村社会文明程度。

（二）乡土记忆：挖掘本土内生性文化资源

乡土文化是中华优秀传统文化的重要组成部分，其空间载体是乡村，既包含物质层面的古村落建筑、行为层面的民风民俗，又包含制度层面的村规民约、精神层面的道德伦理等，在文明乡风培育方面有着不可替代的作用。水村村要注重挖掘本村固有的乡土文化资源，加强乡土文化的保护，同时坚持突出村内特色，进一步挖掘整理优秀乡土文化，提炼乡土文化的精髓，并进行创造性转化、创新性发展，更好地发挥乡土文化的现代价值，展示优秀乡土文化的时代风采，让文明乡风内嵌于美丽乡村建设中。

（三）人文精神：注重发挥农民主人翁意识

乡风文明建设的目标是不断提高乡村社会文明程度，培育文明乡风的目的在于推动农村、农业更好地发展，让农民有更好的生活环境，充分分享现代化的成果。乡村的主人翁是农民，为此水村村在未来应更加注重发挥群众的主体性作用，坚持以农民为建设主体、以农民需求为导向、以推动农村和农业发展为立足点，畅通农民表达利益诉求的渠道，充分发挥农民在乡风文明建设中的主动性和创造性。不仅要关注农民需求，尊重农民意愿，重视农民发展，努力通过活动引导带动方式让农民广泛参与村级系列活动，更要立足村情实际，遵照乡村自身发展规律培育文明乡风，围绕帮助群众树立崇高精神信仰、提升乡村道德伦理水平和形成正确社会规范等展开，持续深入探索培育文明乡风的抓手和工作机制。

（四）文化服务：提升现有文化载体服务效能

乡风文明建设要关注内容，也要重视载体建设。水村村要以村党组织为领导核心，全方面整合各方主体资源，让资源发挥应有的作用。首先，要对乡村发展进行整体规划，将培育文明乡风列为重要内容，注重充分发挥乡风文明在乡村振兴中的软实力作用，形成一系列工作抓手。其次，要不断完善公共文化服务体系，加强村级文化阵地建设，打造各类文化活动平台，积极主动对接乡镇政府工作部门，用好乡镇综合文化站的辐射带动作用，强化其教育培训、图书阅览、休闲健身等综合功能，完善村内图书馆等基础设施，积极发挥农家书屋作用，让农民通过农家书屋了解国家大事，学到实用技术。最后，将乡风文明培育与村内产业发展相结合，让乡土文化活起来，成为推动水村村农业发展的一大特色。

生态联建："村园社企"携手打造资源共享新格局

——基于东垅村的实践调查

东垅村隶属义安区顺安镇，位于镇东部，地处铜陵东部城区、金桥工业园、国家农业循环园区接合部，东与本镇明湖村接壤，南与新湖、高岭村为邻，西与荣光村、北与先进村隔界，系原观湖村与原铁湖村合并而成，总面积8.6平方千米，其中耕地面积5200亩，山场面积100亩，水田150亩，下辖13个自然村，36个村民组，1795户，现有人口为5176人。村党委下设5个党支部，共有党员134人。2018年村集体经营性收入5.12万元，农民人均可支配收入17300元。东垅村交通便利，区位优势明显，沿江快速通道穿村而过，顺安河从村西北经过，是规划建设中东部城区核心区的组成部分。村附近有金牛洞古采矿遗址陈列馆、铜陵凤凰山、铜陵金牛洞古采矿遗址、铜陵螺丝山青年公园、铜陵长江大桥公园等旅游景点，有铜陵顺安酥糖、凤丹皮、铜陵青铜工艺品、太平大蒜、野雀舌茶等特产，这些独具特色的生态资源成为该村发展生态旅游的基础与优势。同时，省级农业示范园——新桥高科技农业示范园坐落该村，通过农业产业结构调整，草莓、香甜瓜、葡萄、兰花、乳鸽、乌龟等特种种养殖业在全村兴起，已经成为全村村民增收的又一重要渠道，奠定了该村在新时代推进乡村振兴的重要基础。2020年2月27日，东垅村被认定为第二批安徽省美丽乡村示范村。正是基于独具特色的生态资源，依托新桥高科技农业示范园区的产业及村域地理位置优势，东垅村党组织持续探索深化党建引领，村园村社联治，打造"农耕乐园，闲趣东垅"宜居田园村庄。

一、治理背景：生态共同体亟待建立

"生态宜居"作为实施乡村振兴战略总体要求的重要内容，在农业强、农

村美、农民富方面扮演着重要作用。为深入推进生态宜居型美丽乡村建设，安徽省市县（区）三级党委、政府高度重视，在省级层面，注重从良好生态环境入手，着力通过统筹山水林田湖草系统治理、加强农村突出环境问题综合治理、建立市场化多元化生态补偿机制和增加农业生态产品和服务供给解决相关问题。在市级层面，乡村环境展现新风貌，美丽乡村全面提标，分阶段建成美丽乡村省级中心村23个、市级中心村15个、特色自然村8个。全域推进农村人居环境整治，改造卫生厕所2.5万户、农村危房1819户，完成11个乡镇政府驻地生活污水设施。推进农业绿色生产，同时加快推进“林长制”改革，共设立各级林长1804名，完成人工造林、森林抚育8万亩。在区级层面，乡村振兴战略实施以来，义安区第一时间编制了《关于推进乡村振兴战略的实施意见》，对全区实施乡村振兴战略的总体目标任务、具体措施和要素保障进行了全面部署，确保扎实推进乡村振兴战略。义安区组织专班工作力量，精心打磨申报材料，积极申报国家级田园综合体，大力实施休闲农业和乡村旅游精品工程，建设了一批设施完备、功能多样的特色农庄、乡村民宿、特色小镇等，并积极开发观光农业、游憩休闲、健康养生、生态教育、农事体验等特色旅游产品和服务。截至2020年，创建休闲农业和乡村旅游示范点5个，培育建设特色小镇5个，总体上实现了休闲农业总产值5亿元。

东垅村在各级党委、政府的大力支持和精心指导下，坚持党建引领乡村振兴与基层治理，通过多方联动方式，相继成立联建党组织、联治理事会、环境治理联合会等组织，以组织联动、党员联结的方式持续推进生态宜居美丽乡村建设，同时根据村情和农情不断拓展联动内容，丰富联治形式，让多元共治的基层治理方式在宜居乡村建设中发挥重要作用。通过这种多类组织参与、多元方式联结、多方共建共促极大地推动了东垅村的各项事务发展，为全域推进乡村振兴战略实施打下了坚实的基础。

二、实践向度：多方主体的联动融合

东垅村自2018年实施村级乡村振兴以来，依托当地独特地理位置和优势产业特色，因村制宜深化党建引领，创新推出村园村社村企联治，拓展多元共治新模式，打造田园新村庄。

（一）延伸基层党组织触角，党建引领村园联治

中共中央、国务院《关于全面推进乡村振兴加快农业农村现代化的意见》

明确提出，要加强党的农村基层组织建设，充分发挥农村基层党组织领导作用，持续抓党建促乡村振兴。党建引领乡村振兴已经成为全国各地深入推进乡村振兴战略的重要抓手和工作机制。但就具体的组织形式和运行机制而言，党建引领呈现出各式各样的不同模式。尤其是近年来，部分地区在拓展运用区域化党建、联建党组织等形式来破解基层党组织涣散、凝聚力和向心力不强等问题。东垅村在充分尊重自身村情农情的基础上，充分考虑示范区的产业特色，探索以党建引领来实现村社联治，将“联”字置于整个党建引领的突出位置，以多种方式或形式凸显联建的作用机制。具体体现在成立联合党组织，实现党组织的全覆盖。在村党委的组织设置不变的情况下，在党委下成立东垅村村园联建党支部，直属于村党委和乡镇党委统一领导，日常工作由村党委负责统筹协调，党支部书记由村党委书记担任，支部委员由园区、村“两委”成员中3～5名懂农业种植、经营管理、善于做群众工作、协调能力强的党员同志担任。该村通过这种人员交叉任职、双向进入的方式将村园联建党支部纳入了党的全面领导之下，实现了党组织的全覆盖。这样，联合党组织的主要职能就是加强对村园联建的领导，做好村园、种植大户与农户之间的协调、服务和管理，并定期完善相关法律法规，做到定点办公、定期会商、及时沟通、通报情况，对涉及的村园内重大事项进行研究讨论，推动村园共同发展。此外，充分发挥村园联建党支部的政治引领力和组织力作用。东垅村为了提高村民承包耕地的收益，增强村集体经济收入，拓宽发展渠道，在全镇范围内率先打破原有农业产业发展模式，将农户土地统一集中到集体名下，在村党委和村园联建党支部的领导下，通过农业开发的模式进行招商，科学、合理利用土地，村集体直接经营的面积已达到1200亩，已形成特色产业，全村耕地面积5200亩，农户土地流转已达到100%，农户每亩净利润800元，帮助农户就业每年解决百余人，解决土地抛荒现象。以土地整合综合利用的方式破除了土地杂乱无章、不规整的现象，为打造美丽宜居村庄塑造了良好景象。同时，东垅村在党建引领下，高度重视安全稳定工作，坚持调防结合，以防为主的方针，坚持受理、调解一起建档保存，坚持做好邻里、境内企业、房屋拆迁、农民工欠薪、宅基地、承包地等各类矛盾的排查和调解，调解成功率达98%以上，为村民全程提供法律援助，有效杜绝上访事件，为宜居美丽乡村营造了安全稳定的乡村环境。

（二）多维探索村级共治，协商共促村社联治

加强城乡社区协商，有利于解决群众的实际困难和问题，化解矛盾纠纷，维护社会和谐稳定；有利于在基层群众中宣传党和政府的方针政策，努力形成共识，汇聚力量，推动各项政策落实；有利于找到群众意愿和要求的“最大公约数”，促进基层民主健康发展。目前，东垅村在村级议事协商方面已经形成了党组织领导、议事协商主题确定、形式创新、成果运用等为一体的程序化协商机制。这种基层探索式的协商形式既锻炼了村级组织的议事协商能力，又加强了村级组织与群众之间的日常交流，增强了党组织的凝聚力和向心力。为了充分发挥多方主体的建言献策作用，东垅村坚持以协商驱动发展，协商促进村社共治，从社会组织设置入手，组织成立村社联治理事会，会长由村社推荐的种植大户担任，成员由驻村合作社负责人、村“两委”负责人、园区所在片区支部书记、党小组长、村民代表、退休干部和教师等组成，形成了多个主体共同参与、共同出力的联合力量。村社联治理事会的主要职责是在村园联建党组织的领导下，协助村园联合党组织做好村园村社协商、服务和管理。村社联治理事会在发展过程中探索形成了“7 + X”社区协商模式，其中“7”是指村“两委”班子成员、乡镇分管领导、村民代表、驻村“两代表一委员”等 7 类群体人员；“X”则是协商事项涉及的利益群体、政府相关部门、社会组织等，而且制定了议事征集确定、主体范围确定、程序推进、结果运用等多个步骤化流程，形成了具有本村特色的规范化、制度化的协商议事模式。为积极鼓励村民子女学习，开展落实关心下一代工作，东垅村召开村民代表大会，运用村级议事协商制度，与村民代表充分协商，反复研究，最终研究讨论通过，对本村村民子女，考入一本、二本、市一中的学子，村集体进行资助，分别是 1000 元、500 元、500 元。截至 2021 年已实行 15 年，资助学子 170 余名，累计 17 万余元。此举是推进村级议事协商成果的最佳见证。

（三）注重组织振兴引领机制，共建共享村企联治

习近平总书记指出：“要推动乡村组织振兴，打造千千万万个坚强的农村基层党组织，培养千千万万名优秀的农村基层党组织书记，深化村民自治实践，发展农民合作经济组织，建立健全党委领导、政府负责、社会协同、公

众参与、法治保障的现代乡村社会治理体制，确保乡村社会充满活力、安定有序。”① 一般而言，坚实的组织保障需建立在以基层党组织为领导，村民自治组织和村务监督组织为基础，集体经济组织和农民合作组织为纽带，其他经济社会组织为补充的村级组织体系上。村级组织作为当前引领和带动农村群众参与乡村振兴的重要力量，东垅村从培育和发展农村社会组织的角度出发建立了促进村企联治的组织形式。为打造生态宜居乡村，注重发挥社会组织的引领带动作用，东垅村相继建立农业专业调解委员会和环境治理联合会专门就相关问题开展工作。具体来讲，农业专业调解委员会主任由村党支部书记担任，成员由园区内合作社负责人、养殖企业负责人、村“两委”成员、园区及企业所在村民组长和村民代表及老党员等组成，主要职能是在村企联建党组织的领导下，做好企业与劳工之间的劳资纠纷、工伤事故纠纷，园区与村民之间土地流转纠纷等矛盾纠纷调解工作，实现多元参与深化村企协商联治；环境治理联合会会长由农业和工业分别推荐的企业负责人担任，成员由东垅园区负责人、村“两委”负责人、种植大户和农家乐经营者等组成，主要职能是在村企联建党组织的领导下，做好农业、工业之间，园区与合作社之间的协调、服务和管理，实现共建共治共享深化村企协商联治。其中，调解委员会和环境治理理事会都是与园区内的企业联合建立，从人员、组织、活动、物资等方面进行共建共享，有效发挥了辖区内多主体共同参与的显著优势。

三、治理优势：联建共治的成效得到彰显

东垅村坚持以党建引领村园联治、协商共治村社共治、多元参与村企联治，并不断深化拓展党建引领联治形式与内容，形成了多样化的党建引领联治模式，取得了诸多明显成效，美丽宜居乡村建设也取得了较大进展。

（一）夯实了基层组织基础，保障党组织成为推进乡村振兴的核心力量

党的全面领导是中国特色社会主义制度的最大优势，也是新时代全面推进乡村振兴战略实施的核心力量。东垅村在推进乡村战略实施的过程中坚持

① 2018 年 3 月 8 日，习近平总书记参加十三届全国人大一次会议山东代表团审议时的讲话。

党的全面领导，以党建引领作为村级组织核心运行机制，发挥党组织在处理村级事务、组织群众参与乡村振兴的优势与效能。一方面，实现了基层党组织全覆盖，织密了基层组织网络。东垅村在村党委的统一领导下，成立村园联建党支部、联治理事会、农业专业调解委员会、环境治理理事会等组织，进一步优化了党组织设置，在移民搬迁社区、农民合作社建立党组织，依托园区主体建立产业链党组织，实现党的组织、党的工作对农村各个区域的有效覆盖，深化了党群利益联结，破除了农业产业“小散弱短”难题，探索构建起了“企业＋村集体＋农户”互利共赢长效机制，显著增强了党组织凝聚力。另一方面，以党建引领发展壮大了村级集体经济。东垅村充分发挥现代农业的优势，调整和优化农业结构，拓宽农业功能，延长农业产业链，开发利用农村旅游资源发展农村旅游服务业，游客不仅可观光、采果、体验农业、了解农民生活、享受乡土情趣，而且可住宿、度假、游乐，实现了“互联网＋乡村旅游”，不仅创新了农村经济发展模式，提高了村民收入，同时也发展壮大了村集体经济。村级集体经济的不断增强为该村打造美丽宜居乡村提供了较为良好的基础和条件。总之，东垅村坚持党建引领，从组织设置、组织运行和政社互动等方面强化了党组织与社会组织之间的密切联系，促使基层党组织成为推进乡村振兴战略实施的核心力量。

（二）深化了村级协商议事，为村级宜居乡村建设提供有力抓手

东垅村在坚持党建引领的基础上充分发挥村级协商议事机制的作用，有效解决了一些涉及群众自身利益的大小事，尤其是在社会救助方面。村级协商议事贯穿于村庄治理的全过程，不仅有效解决了困难群体的生活难题，而且增强了广大群众的协商议事意识。东垅村村级议事协商主要体现在社会救助方面：一是在农村低保救助方面，东垅村坚持政策标准与村情实际相结合，针对低保家庭条件，努力坚持做到应保尽保、应退则退的原则。符合低保申请政策条件的，通过平台比对后，经召开村民代表会议、部分群众会议与群众进行广泛充分的协商后进行逐级上报，待审批后进行长期末端公示，多年来无一起矛盾纠纷发生。通过开展村级议事协商的形式，既让符合条件的农村家庭享受到了政策温暖，也让广大农村群众看到了村级议事协商的作用和意义，这进一步强化了村民主动参与协商议事的意识，增强了信心。二是在困难家庭帮扶方面，随着村内人口的增加，老年化不断加剧的趋势，导致残

疾、困难家庭户数增多，东垅村“两委”班子积极应对，认真摸底走访了解其困难家庭情况，通过村级议事协商工作平台，将政府资源、社会资源等链接起来，组织调动村内志愿者开展系列帮扶活动。据统计，每年帮助残疾人、困难群众就业20余人，给残疾、困难家庭带去了爱和党的关怀，提高了他们的生活质量和幸福指数。同时，将村级议事协商贯穿于整个村级事务中，有效锻炼了村干部的议事协商组织能力。东垅村通过几年的工作实践，在村级议事协商方面初步形成了独具自身特色的村级协商模式，且该村特别重视村级议事协商机制的运用与实践，高效地解决了村级事务难题，为美丽宜居乡村建设提供了有力抓手。

（三）拓展了多元共治形式，为多主体参与治理提供重要载体

东垅村坚持政府主导，群众参与为关键，积极推进农村人居环境整治工作，形成了多方主体参与、多方平台支撑与多元服务供给的多元共治新格局。2021年4月28日，中共中央、国务院发布的《关于加强基层治理体系和治理能力现代化建设的意见》提出，基层治理是国家治理的基石，统筹推进乡镇（街道）和城乡社区治理，是实现国家治理体系和治理能力现代化的基础工程。乡镇基层政权在农村社区治理方面发挥着落实和贯彻的重要作用，东垅村切实探索多元共治新模式，将乡镇政府作为推动该村美丽宜居乡村建设的重要支持力量。为此，该村为了彻底改善村内排污及灌溉问题，于2017年在镇政府的大力支持与帮助下，重建2座排涝站，解决了梁家圩排涝问题，有效保障村民的增收及灌溉，并将该片区700余亩农田及水塘，合理架设了农业生产用电线路，消除了原先乱拉电线的现象。东垅村不仅重视与乡镇党委的工作联系，而且主动对接县级各个部门，为村级建设争取更多资金，为了打通阻碍村内产业发展道路，该村经过寻求帮扶，统筹交通部门申报项目、“一事一议”项目以及美丽乡村项目的资金，共投入了60余万元，改变了原有的泥巴路，实现“组组通”道路覆盖达95%以上，方便了村民出行，解决了种植大户农业生产与销售等问题。总之，东垅村力求将多方力量纳入治理主体，努力扩大共治范围圈，形成了乡镇统筹、部门对接、村级主导的多元共治格局，且在党组织的领导下成立村园联建党支部，实行村园联建、村企联建和村社联建，将园区的企业、合作社与社会组织有机联系起来，发挥了多方主体的共治力量，拓展并形成了多元共治新格局，促使多元共治助推农

村社区治理的优势变成了特色，成为该区域推进农村社区治理的一大亮点。

四、总结与思考

东垅村充分考虑本村的地理位置和村情村貌，在夯实基层党组织战斗堡垒的基础上，实行村园联建，建立村园联合党支部；实行村社联治，建立环境治理理事会；实行村企联治，建立农村农业委员会，塑造了多元联治格局。同时，在处理日常村级事务过程中，不断拓展联治内容，确保联治形式多样化、规范化运行，从机制与体系方面初步解决了农村社区治理中存在的一些难点问题。未来，东垅村应继续深化党建引领实践，将党建引领与组织建设、经济发展和群众路线结合起来，建立可持续化、长效化的制度机制，形成组织强、经济强、群众聚的美丽宜居乡村建设新格局。

（一）拓展党建联建形式，实行党建联动互帮

党的基层组织是党在社会基层组织中的战斗堡垒，是党的全部工作和战斗力的基础，在整个党的建设中具有十分特殊的重要位置。2017 年，中共中央、国务院联合发布的《关于加强和完善城乡社区治理的意见》明确指出，要充分发挥基层党组织的领导核心作用，把加强基层党的建设、巩固党的执政基础作为贯穿社会治理和基层建设的主线，以改革创新精神探索加强基层党的建设引领社会治理的路径。东垅村与园区企业联动成立联建党组织，但是联建党组织主要以人员交叉任职和党员嵌入组织为主，在党建方面的制度机制与体制机制略显缺乏，因此要继续深入探索村党组织与企业党组织、社会组织党组织的联建体系与制度机制，实现党建上联动互帮。村党组织应充分发挥在党建基础工作、阵地建设、工作规范等方面的优势，引导企业党组织加强自身建设，提高企业党组织的凝聚力和战斗力，进一步深化村企联治形式，让企业和社会组织深度参与村级事务管理和农村社区治理，形成党委领导、政府负责、社会协同、民主协商、公众参与、法治保障的农村社区治理新格局，有效助力东垅村生态宜居乡村建设，为助力乡村振兴提供体制机制保障。

（二）党建和发展齐驱并进，凝聚经济发展合力

村民委员会作为基层群众自治的制度载体，不仅承担着贯彻落实上级党

组织和政府决定，组织群众、凝聚群众的职责，而且还有带领群众致富、发展村级集体经济的义务。伴随乡村振兴战略的不断推进，村级党组织在引领和带动群众在发展村级集体经济方面的作用越来越突出。《中国共产党农村工作条例》强调，加强党对农村经济建设的领导，深化农业供给侧结构性改革，构建现代农业产业体系、生产体系、经营体系，促进农村一、二、三产业融合发展，发展壮大农村集体经济，促进农民持续增收致富。下一步，东垅村应坚持将抓党建和抓发展相结合，按照“组织建在产业上、党员聚在产业中、群众富在产业中”的原则与思路，将党组织设置与产业发展结合起来，引导集体经济合作社建立党组织，发挥党组织在促进产业发展、引领产业升级方面的作用。此外，还要全面加强村党支部对集体经济组织的统一领导，推行村党支部书记担任村集体经济组织、合作经济组织负责人，充分发挥支部书记“领头雁”作用，注重发挥党员先锋的示范带动作用，以党员分布和村情村貌为基本依据，打造示范基地。具体可从优势产业先行探索，组织和引导党员分片负责，开展多样化的涉农志愿服务，为群众提供多元化的产业发展指导服务，形成“党员＋群众”的参与模式。

（三）强化党建引领群众，践行党的群众路线

《中华人民共和国乡村振兴促进法》强调，坚持农民主体地位，充分尊重农民意愿，保障农民民主权利和其他合法权益，调动农民的积极性、主动性、创造性，维护农民根本利益。群众是村民自治的主体，也是乡村振兴的最主要力量，基层党组织要动员、激发群众参与乡村建设和治理的热情，调动群众参与的积极性和主动性。只有群众的广泛参与，美丽宜居乡村建设才经得起群众与实践的检验。东垅村将党建引领置于美丽乡村建设的首位，不仅有效发挥了村党组织和党员干部的先锋模范作用，而且以党建带动群众广泛参与。东垅村在未来的建设中应进一步探索村党组织联系村社理事会和农业农村委员会制度，以人员交叉任职的方式加强组织之间的联系，增强党组织的凝聚力和组织力，发挥组织体系的统筹协调作用。同时注重发挥党员个人的带动作用，让党员联系农户，与农户形成联合体，共同参与村级事务管理和美丽宜居乡村建设。除此之外，东垅村还应注重总结村社理事会的建立与作用发挥经验，把群众组织起来成立相应的农村社区社会组织，建立健全相关运行机制与制度，并为社会组织的运行提供相关支持，以此来组织

群众、调动群众，让群众紧紧围绕在村级党组织的领导下，凝聚成一股强大力量参与美丽宜居乡村建设，为乡村振兴战略深入推进和农村社区建设提供强大的支撑。

垃圾分类：美美与共共享生态宜居新成果

——基于合兴村垃圾分类的调查

合兴村位于义安区东联镇南侧，村内坝白路、国电专用线道南北向贯穿，是合兴村对外的主要联系通道，“村村通”全长3.8千米，“户户通”、自来水管道贯穿全村，交通便利、生活便捷。合兴村辖9个自然村，分别为小屋基宋、沟边宋、老屋基查、新屋基查、旗杆查、宋家宕、山头盛、曹家小圩、新圩姚。全村575户，总人口1986人。区域面积4500亩，其中水域面积800亩。中心村新屋基查自然村114户、总人口650人。合兴村党总支下设2个党支部，共有党员68人，村“两委”干部5人。2018年村民人均可支配收入20580元，2020年村民人均可支配收入达21000元。近年来，合兴村统筹推进道路整治提升、河渠塘坝改造、村庄整治、排污净化、绿化提升、公共服务配套及生活垃圾分类七项工程，村庄面貌焕然一新。2016年荣获全国第四批美丽宜居村庄，2017年荣获全国第四批美丽宜居示范村庄。自义安区“全国农村社区治理实验区”创建工作开展以来，合兴村在巩固美丽乡村建设成果的基础上，创新开展垃圾分类工作，助力实现“生态宜居村庄美、兴业富民生活美、文明和谐乡风美”目标。

一、基本背景：垃圾分类进行时

2015年9月，中共中央、国务院印发《生态文明体制改革总体方案》，明确将垃圾分类列为我国生态文明体制改革的重要任务，垃圾分类正式被提上议事日程。2016年12月，习近平总书记在中央财经领导小组第十四次会议上提出：“普遍推行垃圾分类制度，关系13亿多人生活环境改善，关系垃圾能不能减量化、资源化、无害化处理。要加快建立分类投放、分类收集、分类运输、分类处理的垃圾处理系统，形成以法治为基础、政府推动、全民参与、城乡统筹、因地制宜的垃圾分类制度，努力提高垃圾分类制度覆盖范围。”[1] 而后相继出台的《生活垃圾分类制度实施方案》和《关于在全国地级及以上城市全面开展生活垃圾分类工作的通知》均要求加快制定生活垃圾分类的相关法律法规和标准体系，形成垃圾分类处理系统。为贯彻落实垃圾分类的相关政策，加快建立垃圾分类制度，全国各地纷纷进行环境整治，由点到线、由线到面逐步铺开。作为垃圾分类处理系统先行先试的46个试点城市之一，铜陵市2018年7月16日颁布《铜陵市生活垃圾分类管理办法》，于2018年9月1日起施行。

垃圾分类在城市地区逐渐盛行，但在农村地区因传统习惯影响易被忽视。部分开始垃圾处理的村庄因垃圾处理技术单一、处置方式较为粗放、资源化利用水平低，不但没有从本质上解决环境问题，而且还极易对土壤、空气、水等造成二次污染。合兴村面临的难题远不止此。垃圾处理之初的合兴村，存在村民垃圾分类意识淡薄、随意乱丢垃圾，缺乏规范的惩戒制度、难以对村民不良行为进行约束，村民个体性意识较强、集体观念较弱等问题，这在一定程度上加大了人居环境整治的难度。《乡村振兴战略规划（2018—2022年）》提出，以建设美丽宜居村庄为导向，以农村垃圾为主攻方向，加快整治农村环境。在此背景下，合兴村结合《铜陵市生活垃圾分类管理办法》等政策文件精神，重新制定共治公约，以改善农村人居环境，增强村民环保意识和绿色发展理念，深入推进美丽乡村建设，助力乡村振兴。

二、合兴实践：垃圾分类“四机制”共运转

为了响应“擦亮美丽乡村底色，绘就乡村振兴蓝图”的口号，从2019年开始在全村范围全面推行农村垃圾分类助推乡村治理现代化，主要从组织机制、宣传机制、责任机制、监督机制四个方面着手，提升治理能力、转变思想观念、创新治理规则、增强行动自觉，切实激发干部带头作为、群众共同发力的工作积极性，推动合兴村垃圾分类工作可持续开展。

（一）组织机制：提升垃圾分类治理能力

垃圾分类工作的有效实施关键在于村“两委”的组织带动能力。合兴村

① 中央财经领导小组第十四次会议召开［EB/OL］.（2016－12－21）. http://www.gov.cn/xinwen/2016－12/21/content_5151201.htm.

结合美丽乡村建设要求和村内长效管护需求，建立了“领导小组＋理事会＋理事会分会＋保洁员＋群众”的垃圾分类工作组织体系，强化对村“两委”干部、党员志愿者、保洁员、群众关于垃圾分类、生态环保的培训学习，有效提升垃圾分类治理能力。

1. 建立组织体系。合兴村成立垃圾分类工作领导小组，村书记任组长，村“两委”干部及部分村民代表为成员，具体负责统筹协调村内垃圾分类各项工作。同时，建立垃圾分类收集共治理事会，村书记任理事长，设副理事长2名，常务理事9名，理事经民主选举产生，在下辖的9个自然村成立垃圾分类收集共治理事会分会，由所在自然村常务理事担任负责人，建立健全合兴村理事会章程和议事规程，牢固树立和贯彻落实创新、协调、绿色、开放、共享的发展理念。合兴村均按照垃圾分类国家标准，在所辖区域建立分类投放、分类收集、分类运输、分类处理的垃圾处理系统，努力提高垃圾分类制度覆盖范围，将生活垃圾分类作为推进绿色发展的重要措施，不断完善和提高农村管理和服务。

2. 加强培训学习。在垃圾分类实施工程中，村“两委”干部是先锋队，保洁员是中坚力量，他们对垃圾分类知识的储备影响到全村垃圾分类工作成效。合兴村充分认识到学习培训的必要性，在村书记的带领下，切实加强对村干部和保洁员的培训，共同学习国家政策方针、垃圾分类常识，提升思想觉悟、业务能力，把每个参与这项工作的人都培养成为行家里手。具体而言，针对村干部，组织进行垃圾分类相关政策和知识的培训学习，以熟识垃圾分类知识，懂得垃圾分类发展趋势，并多次组织赴先进地区学习考察；针对村民，村干部通过筛选培训本村党员、积极性高和威望高的村民，然后再由这些村民分块分片对其他村民进行培训学习，这样更有利于村民的接受和理解；针对保洁员，村干部多次组织保洁员和管理员进行垃圾分类知识的学习培训，使他们逐步拥有专业的垃圾分类知识，保证垃圾分类工作的顺利进行。同时聘请专家对他们进行系统的培训学习，加深对垃圾分类知识的了解。

（二）宣传机制：转变群众传统思想观念

广泛的宣传不仅要发挥基层“半熟人”社会的舆论阵地作用，而且要引导群众观念意识的转变。合兴村通过多样化的垃圾分类宣传，村民基本掌握生活垃圾分类的处理方法，并逐步养成生活垃圾分类的行为习惯。

1. 营造宣传氛围。合兴村综合运用小喇叭、流动宣传车、显示屏、宣传画等形式，广泛宣传垃圾分类常识，努力营造垃圾分类的浓厚氛围。在村内人口密集的公共场所，村里集中绘制了一批垃圾分类宣传墙和宣传画、张贴宣传海报、发放宣传手册、悬挂宣传横幅，制作垃圾分类倡议墙并要求村民在墙上签字。村内现在处处有图画、有文字、有步骤，潜移默化地改变村民的生活方式，改善村居环境，极大提升了村民的知晓度、参与度、支持度。

2. 组建宣传队伍。合兴村结合实际分别组建宣传队伍和志愿者队伍，在本职工作不落下之余，组织实施好、宣传好、动员好、参与好垃圾分类工作。宣传队由文书任组长，各自然村负责人为组员，主要做好宣传资料张贴、常识知识宣传、文化墙绘制等工作，提高村民参与意识；志愿者队伍由计生专干任组长，吸收村内其他积极性高、威望高、身体好的老党员、老干部、共青团员等为组员，结合志愿者活动，以身作则参与垃圾分类工作，并监督、督促村民做好分类、回收各项工作。同时，在每个自然村配备垃圾分类宣传员和引导员，促使垃圾分类工作高质量开展。

3. 丰富宣传方式。为了让人人行动起来，合兴村探索多种宣传方式，村委会组织共治理事会入户宣传，通过现场示范、引导村民进行分类，其中重点讲解可腐烂垃圾、可回收垃圾、不可回收垃圾和有毒、有害垃圾的分类方法，让大家一起行动起来，共同守护好美丽家园；通过微信群、宣传明白纸、户外广告牌、现场宣传活动，普及垃圾分类知识，引导村民从身边做起，从点滴做起，逐步养成良好的生活习惯；举办群众喜闻乐见、形式多样的文艺活动，广泛宣传垃圾分类先进事例，发挥示范引领作用，进一步推动垃圾分类工作上一个新台阶。

（三）责任机制：创新垃圾分类治理规则

合兴村虽在村规民约中提及生活垃圾分类，但因惩罚机制没有足够的威慑力，致使垃圾分类迟迟没有成效。为此，合兴村协商制定共治合约细化规则、实行责任包干精准到人，建立健全农村环境卫生保洁和农村垃圾分类处理长效机制。

1. 制定共治合约，规范各自行为。村委会和垃圾分类共治理事会共同组织村民代表会议讨论制定《合兴村垃圾分类收集共治公约》，实行长效化制度管理。其中包括：自觉维护村庄环境整洁，保持道路畅通及公用设施完好；

不乱搭乱建、乱贴乱画、乱堆乱放杂物；严禁乱丢乱弃垃圾，一律分类投放入桶；饲养家禽等要实行圈养，粪便及时处理，不准任意放养造成环境污染；要爱护村庄绿化树木和花草，不准随意砍伐，不得向绿化带内抛弃垃圾；自治公约，住户严格遵守，如有违反者，初次教育仍不悔改的，将给予每次罚款 100 元处理，如拒付罚款，则在土地租金中扣除。可以说，《合兴村垃圾分类收集共治公约》推动生活垃圾分类治理规则清晰化，使得治理主体和治理对象能够依靠制度规范各自行动，提高生活垃圾分类的治理效率。

2. 建立责任包干制度，实行责任到人。发动党员群众参与农村生活垃圾减量化资源化处理，落实“门前三包”、党员或组长网格责任包干、设立环境卫生荣辱榜等日常监督措施，并且根据需要增派了四名至五名垃圾分类保洁员或管理员，以便更好地分块分片进行垃圾处理，责任到人，每天将每户的厨余垃圾处理掉，其他垃圾按照实际情况达到饱和，从而进行更好的处理，更好地促进群众形成自觉意识。

（四）监督机制：增强群众日常行动自觉

合兴村充分发挥领导小组、理事会宣传引导、教育督导作用，通过建立健全监督考核机制，对村民的垃圾分类和保洁员工作进行监督、考核，保障垃圾分类工作有条不紊地进行。按照巡查督查制度要求，巡查督查队每月对 9 个自然村进行随机检查和考核，并且要将考核结果形成工作台账，在村部宣传栏中进行公开公示，这一结果直接与分片负责的村干部和保洁员的年终考核有关，以提高他们的认识程度。同时，按照星级评比的绩效奖惩方法对全民进行监督，共治理事会给每位保洁员基本星数 3 颗，每一颗星代表 200 元，每个月督查考核一次，选出表现最好的保洁员和表现最差的保洁员，表现最好的保洁员会奖励一颗星，表现最差的保洁员则会扣除一颗星。奖励惩罚都是以三颗星为基数，如果保洁员表现好在评比时发现总共有 5 颗星，那就给予奖励 400 元，以此类推。若连续三次都表现最差则会扣除工资或进行解雇处理，每季度会进行一次季评，进行物质奖惩。普通村民不提供基本星数，理事会每月选出 3 名最佳“垃圾分类文明户”，给予一颗星，至于怎么评比需要保洁员和其他村民推荐，理事会实地考证，多次走访才能确认。对表现不好的村民会进行批评教育，情节严重者进行罚款处理。评比活动每半年进行一次，若被评定为五星户则进行 1200 元奖励，被评定为六星户则进行 1500

元奖励，并且在文化墙上进行公开公示宣传。合兴村通过采取奖惩方式，引导农户不断提高文明卫生意识，自觉参与垃圾分类处理利用工作，逐步实现农村生活垃圾减量化、资源化、无害化的目标。

三、经验效能：人、地、物的持续互动

农村生活垃圾分类是建设美丽乡村的必由之路，更是实现乡村振兴的应有之义。经过这几年的垃圾分类、美丽乡村建设，使整个村庄容貌焕然一新，创造了优良的人居环境。合兴村在垃圾分类实施过程中，巩固了基层党组织地位，密切了党群、干群关系；建立起了垃圾分类治理体系，疏通了治理渠道，改善了乡村环境卫生条件，美化了人居环境；完善了基层治理规则制度，重塑了民风村风；促成合兴村人、地、物等一系列的深刻变化和良性互动，巧妙地解决了垃圾分类难题，取得了持续效能。

（一）基层党组织地位得到巩固，密切了党群、干群关系

基层党组织的夯实、优化为农村治理奠定了坚实的基石，党员的示范带动、干部的积极作为改善了党群、干群的关系。近年来，合兴村始终坚持“争创省级新农村示范村、打造最宜居乡村”目标，立足乡域特色，村“两委”干部身先士卒，严格按照美丽乡村建设工作总体部署，成立了由村“两委”书记兼任组长的美丽乡村建设领导小组，明确村“两委”干部工作职责，分片包区、签署责任书，建立村、组、户三级工作网络，形成以政府指导、村组为主、全民参与的工作机制，全力推进美丽乡村建设，为垃圾分类工作实施打下坚实的干群基础。同时，在村“两委”的带动下健全完善制度、拓宽协商方式和满足服务需求，为村民表达民主诉求、有效参与村务决策和管理提供了平台，让村民意识到民主决策、民主管理和民主监督的权利，增强了当家做主的自豪感和责任感，在垃圾分类、保护环境、邻里和谐、互帮互助、创建宜居乡村等方面引导村民由被动参与变为主动参与，逐步转变“为民做主”为“由民做主”，发挥了村民的主体作用。目前村民参与农村自治的主动性明显增强，民主意识逐步趋于理性和成熟。

（二）垃圾分类治理体系得以建立，顺畅了治理渠道

垃圾分类的顺利开展疏通了合兴村的治理渠道。从制度设计、公约共识、

队伍组建、实施开展、监督考核、惩戒约束等方面形成一个闭环，加之文明实践的创建，助力垃圾分类体系的建立。在制度层面，为提高农民生活垃圾分类的积极性和自觉性，制定了《农村生活垃圾分类收集处理激励办法》、《门前三包责任制》和《农村生活垃圾分类治理村规民约》等，并进一步完善了村民议事会、红白理事会、禁毒禁赌会、道德评议会的相关理事章程、管理办法、惩戒措施、规章制度等；在责任层面，村委会作为垃圾分类工作的责任主体，确定了合兴村多元共治的垃圾分类处理模式，通过购买第三方服务以及和相关企业合作，明确责任，保证了垃圾分类工作的顺利开展；在设施层面，加大了基础设施建设，抓好清运对接，把垃圾的投放与运输环节相衔接，减少垃圾在公共区域存放的时间。并配发设计合理、实用的垃圾分类箱和分类袋等，让人们能够随时从身边小事做起，改善周边乃至更大范围的生活环境。为实行长效制度化管理，合兴村在理事会的带领下建立了村干部包片责任制，打造了新时代文明实践站平台，宣扬文明新风，破除陈规陋习，积极开展移风易俗。

（三）乡村环境卫生条件得到改善，美化了人居环境

垃圾分类最直接的效果就是农村环境的改善，通过系列措施的推进，目前合兴村“脏”的问题明显减少，“乱”的现象有效管控，“差”的状况逐步改观，农村人居环境得到了有效改善。在垃圾分类工作中最关键的一步就是基础设施建设，自这项工作启动以来，合兴村累计购买分类垃圾桶 600 个、垃圾袋 2000 卷、垃圾车 1 辆，建有垃圾存放点 1 个、垃圾池 9 处。村内每家每户配备厨余垃圾桶 1 个，定期免费发放垃圾袋供村民使用，道路两旁、文化广场、主干道交叉路口分别配置可回收垃圾桶、有害垃圾桶以及其他垃圾桶，确保效益最大化，村内的 1 辆垃圾车每天定时开展垃圾清理运输工作。同时，在垃圾分类的基础上大力实施道路整治提升工程，新建入村主干道和“户户通”1600 米，为百姓出行提供便捷；全力推进绿化提升工程，对村庄沿路、村内主干道分类实施重点绿化，村庄建成区绿化覆盖率达 50%，建成区内道路、河渠绿化率达 90%；积极开展村庄环境整治，完成了村庄出入口、羊坝塘等重要场地的整治，整治率达 100%；精准完善公共设施，新建停车场 2 处，设置停车位 60 个，新建文化活动场所 1 处，购置乒乓球桌、篮球架等体育器材数套。目前，合兴村的农村环境卫生基础设施建设得到加强，卫生

清运体系得以建成，绿色农业发展得到有力推进，村容村貌提升效果逐步显现，农民群众的幸福感、获得感明显增强。

（四）基层治理规则制度得到完善，重塑了民风村风

制度规范、公约约束、监督考核逐步规范了垃圾分类的治理规则。合兴村通过认真组织和高效运作，落实了岗位责任制，层层分解，任务到人，确保工作扎实有效地推进。在村委会组织下，建立了党组织领导下的综合协调、社会协同、公众参与的推进机制，配之以垃圾分类收集共治公约、三包责任制、星级奖惩制度等系列新的举措，强化了垃圾分类的法治化、制度化建设，利于长效化管理。同时，合兴村因村制宜，科学选择适合本地特点的经济适用、简便易行分类模式，实施乡村生活垃圾分类投放、分类收集、分类运输和分类处理，有效处置村民生活垃圾、建筑垃圾、餐厨废弃物、有害垃圾以及残枝落叶等有机易腐垃圾，积极推进合兴村有机易腐垃圾就地生态处理。自垃圾分类实施以来，村民的生活生产习惯得以改善、乡村的垃圾分类规则得到完善、乡风民风得到净化、基层治理制度得到强化，助力推进乡村治理体系和治理能力的现代化进程。

四、总结与思考：基层善治的有效路径

垃圾分类并非小事，关系到广大人民群众的生活环境，关系到资源的节约使用，关系到社会文明发展水平。合兴村聚焦“主体意识、规则制度、治理体系、公共精神”，基本建立起垃圾分类治理的长效运营机制、管理体系和考核体系，为乡村治理体系和治理能力的提升完善奠定了坚实的基础。目前，合兴村已经全面实施生活垃圾强制分类，生活垃圾回收利用率达到85%，实现了生活垃圾减量化、资源化和无害化的目标。从“铜陵模式”到“合兴示范”，从“个体自觉”到“美美与共”，合兴村要将垃圾分类治理融入乡村治理体系和能力探索中，立足本土实际，寻求善治之路。

（一）宣传与教育：激活群众主体意识

习近平总书记强调：“要开展广泛的教育引导工作，让广大人民群众认识到实行垃圾分类的重要性和必要性，通过有效的督促引导，让更多人行动起

来，培养垃圾分类的好习惯。”[①] 很显然，近年来村民环境保护意识在垃圾分类、美丽乡村建设等影响下得到提升。但观念的转变并非一时之功，需要持续性开展宣传、教育等进行引导。引导参与是直接目的，引导树立主体责任意识才是最终目的。合兴村从群众易于接受、便于操作的角度积极探索适合本地垃圾分类的标准，编制了《农村生活垃圾分类规范》，以垃圾分类目录、倡议书、宣传手册、墙体喷绘、展板、横幅、讲座、电视、网络等宣传教育形式讲解垃圾分类的标准和流程，使生活垃圾分类更加直观简单。与此同时，在家庭、学校、单位、企业、社区开展宣传垃圾分类活动，让垃圾分类的相关知识不断深入人心，逐渐把垃圾分类变成公民应具备的基本素质。

（二）制度与规范：推进基层规则之治

“制度是一个社会的游戏规则，更规范地说，它们是为决定人们的相互关系而人为设定的一些制约。”[②] 垃圾分类自提出后，先后出台多项政策来进行规范，垃圾分类的法治化管理也逐步提上日程。经各地实践检验，垃圾分类离不开法律法规，离不开可操作的政策和完善的监管体系。如《铜陵市生活垃圾分类办法》中明确规定对于管理责任人未履行相应职责；单位或私人未按规定分类投放生活垃圾；生活垃圾收集、运输单位未按规定分类收集、运输生活垃圾；生活垃圾处置单位未按规定分类处置生活垃圾等不按照规定分类的行为，由环境卫生行政主管部门责令限期改正，逾期未改正的，可以给予警告、罚款的行政处罚。有关处罚及不履行生活垃圾分类义务且拒不改正的情形，将纳入信用监管。同时还从监督层面，畅通投诉举报渠道；考核层面，对生活垃圾分类管理工作实施目标责任制管理，并将垃圾分类纳入文明创建、卫生创建等评比内容；信用体系建设层面，将违反生活垃圾分类管理规定的行为纳入对单位和个人的信用体系等。合兴村在结合市、区的相关要求的基础上建立与垃圾分类参与者切身利益相挂钩的监管章程，如垃圾分类共治公约、巡查督查制度、绩效奖惩办法等，明晰垃圾的投放、收集、中转、运输、处理等各个环节的责任主体以及相应的义务，并针对违反行为进行相

---

① 培养垃圾分类的好习惯 为改善生活环境作努力 为绿色发展可持续发展作贡献［N］．光明日报，2019－06－04（1）．

② 道格拉斯·C. 诺思．制度、制度变迁与经济绩效［M］．杭行，译．上海：格致出版社，2016：3.

应的惩处措施。这样，通过行政管理、精英领导、村庄规范、社会协同等形成的“规训”机制逐渐建立起农村垃圾分类机制，促使村民树立环保意识和行为。

（三）嵌入与融入：构建基层治理体系

垃圾分类涉及多数人的公共利益，实施垃圾分类就是在维护与个人利益相关的公共环境。现有的垃圾分类政策和制度设计更符合城市社区场域，相对而言，在农村场域的适应性较弱。因此，只有将外部制度和内部规范相融合产生的治理体系才是最适宜本土实施的。合兴村结合村情，对照上级要求，在多次会议讨论和实地调研的基础上，将《义安区垃圾分类管理条例》进行本土化改造和完善，制定《合兴村垃圾分类收集共治公约》，将嵌入乡村的垃圾分类制度融入合兴村的村级治理中。基于此，合兴村还确定了“以经济发展为主体，以自然资源为依托，以村民幸福为目标”的发展方向，通过充分发挥湿地自然资源丰富、交通便捷等优势，切实以留住乡愁为基调，着力打造田野风光式生态旅游，建设具有江南水乡特色的房屋，鼓励村民种植莲藕、茭白等特色农副产品，同时发展服装加工业、民宿产业，切实让老百姓的口袋鼓起来，脸上的笑容多起来，内心的幸福感强起来。

（四）共治与共享：重塑乡村公共精神

公共性相对于私人性、个体性等概念，它强调个体与公众、共同体相关联的性质。[①] 但农村空心化问题直接导致主体缺失，市场经济观念渗透转变了“熟人社会”的特质，农民越来越趋向个体化、原子化，传统的乡风民俗、伦理道德的约束越发式微，乡村治理的公共秩序难以构建。而生活垃圾分类的实施是一项系统工程，不仅需要村民的积极参与，而且需要社会力量的共建共治。因此，在垃圾分类过程中村委会要分清公与私的边界，尊重村民个人利益的同时培养村民的公共意识。作为个体，村民要负责自己房前屋后、家庭内外的环境整治；作为村民，要积极维护村内公共区域的环境卫生；作为公民，要倡导周边人树立环境保护意识维护社会环境卫生，长此以往形成责

---

① 郑永君．农村传统组织的公共性生长与村庄治理［J］．南京农业大学学报（社会科学版），2017，17（2）：50－58＋151.

任共识。而仅仅依靠政府财政扶持难以保持垃圾分类的持续性，要联合机关事业单位、社团组织、公共场所管理单位、村委会、个人、管理责任人、生活垃圾处理单位、督导员等，共同承担环境卫生管理责任，形成共治共建共享的治理格局。

反哺民生："三位一体"养老服务共享新探索

——基于成德村"水运富民，以孝养德"模式的调查

长期以来，人口老龄化问题一直都是全世界国家治理的重要议题之一，伴随人口老龄化而来的一系列养老服务问题直接关系到国家民生福祉。我国向来重视老龄工作，把实现"老有所养、老有所依、老有所乐、老有所安、老有所为"作为重要的民生目标。当前，我国养老服务领域的主要矛盾集中表现为城乡老年人日益增长的养老需求与不平衡不充分发展之间的矛盾，推进城乡养老服务发展特别是农村养老服务成为基础工程和重中之重。为此，老洲乡成德村以产业兴旺、生态宜居、乡风文明、治理有效、生活富裕为目标，以党建为引领，以乡贤议事协商为动力，聚焦"健康养老、厚善成德"农村社区治理主题，逐渐走出了一条以"居家养老为基础、日间照料为补充、为老助老服务为支撑"的"三位一体"农村养老新路径。近年来，成德村先后荣获铜陵市"先进基层党组织"、铜陵市"五星级村级党组织"、两届安徽省"敬老文明号""省抗洪救灾先进集体""全国敬老文明号"等荣誉称号。

一、社会背景

2017 年 10 月 18 日，习近平总书记在党的十九大报告中指出，积极应对人口老龄化。党的十九大召开后，中共中央、国务院印发《国家积极应对人口老龄化中长期规划》，提出健全以居家为基础、社区为依托、机构充分发展、医养有机结合的多层次养老服务体系，多渠道、多领域扩大适老产品和服务的供给。2019 年 5 月，国务院《关于建立健全城乡融合发展体制机制和政策体系的意见》指出，要构建多层次农村养老保障体系，创新多元化照料服务模式。党的十九届四中全会《决定》指出，要坚持和完善统筹城乡的民生保障制度，注重加强普惠性、基础性、兜底性民生建设，保障群众基本生活。2020 年 10 月，中共中央《关于制定国民经济和社会发展第十四个五年规

划和二〇三五年远景目标的建议》首次强调“实施积极应对人口老龄化国家战略”。发展普惠性养老服务和互助性养老，意味着我国开始全面、系统应对人口老龄化带来的诸多问题。由于我国农村老年人口数量多、收入水平低、居住分散，农村养老有效供给成为解决农村养老、推进城乡养老融合发展的重要途径。为此，统筹推进城乡养老服务体系建设、加大农村养老服务有效供给，对于农村地区养老服务体系建设和社区治理体系建设就显得尤为重要。

铜陵市于 2000 年进入老龄化城市行列，到 2020 年底，全市户籍人口 169.8 万，60 周岁以上老年常住人口 32.4 万，占比 19.08%，高于全国和全省平均水平，已进入中度老龄化社会。全市养老机构 62 家，其中民办和公办养老机构各 31 家，包含农村特困供养机构 36 所（义安区 7 所、铜官区 2 所、郊区 8 所、枞阳县 19 所），总床位数 6000 余张，每千名老人养老床位 45.02 张，6 个敬老院内设医务室，护理型床位 882 张，可基本满足养老服务需求。铜陵市为全面提升农村养老服务质量，不断完善农村养老服务基础设施建设，创新农村居家养老服务方式，大力培育农村养老服务人才队伍，全市农村养老服务取得显著成效。2020 年义安区依托基层老年协会，助推农村养老发展，入选民政部全国农村养老服务案例。

近年来，铜陵市认真贯彻落实习近平总书记关于民政工作和养老服务的重要指示精神，迎难而上，主动担当，逐步建立了“居家社区机构相协调，医养康养相结合”的多层次养老服务体系。一是在全省率先出台地方性法规《铜陵市居家养老服务促进条例》，市政府随后出台贯彻条例的实施意见，着力构建起“1 + X”的养老政策框架。二是启动《铜陵市“十四五”养老服务体系建设规划》和《铜陵市养老服务设施布局规划》编制工作，已完成前期数据采集、座谈讨论和实地调研，并完成规划初稿编制，待征求意见修改完善后印发实施，确保规划与全市经济和社会发展规划、国土空间规划相结合，统筹考虑区位、交通、人口分布情况，科学布局各类养老服务设施，并为下一步养老服务发展提供遵循。

义安区作为铜陵市辖区之一，严格贯彻落实铜陵市养老服务建设相关决议，以老洲乡成德村为代表的一批先进农村社区更是在完成落实好养老服务实验区建设基础上开拓创新，依托乡贤“水运经济”的强大优势，开展议事协商，共同驱动农村社区养老发展，形成了一套“弘扬孝道文化、打造厚善成德”的创新型养老服务治理模式，为义安区依托基层老年协会，助推农村养老发展的典型经验添柴加薪，贡献成德方案。

二、主要做法

成德村全村总面积7.2平方千米，辖3个自然村，14个村民组，2783人，60周岁以上老年人499人，占总人口的17.6%。其中80周岁以上老人61人，空巢、独居老年人113人。成德村坚持加强农村基层组织建设，紧紧围绕“弘扬孝道文化、打造厚善成德”目标，以乡贤协商参与农村社区养老为抓手，进一步巩固“省级敬老文明号”品牌，多措并举激发广大村民弘扬孝道传统，敬老爱老助老。为深入推进全国农村社区治理实验区创建工作，成德村在区、乡以及专家团队的指导下，提炼出具有成德特色的农村社区治理创新模式，形成了“水运富民，以孝养德”养老服务创新品牌。根据区委办、区政府办《关于印发〈义安区创建全国农村社区治理实验区实施方案〉的通知》（义办〔2018〕56号）精神，以及《老洲乡创建全国农村社区治理实验区实施方案》部署，成德村制订了完备的养老服务工作计划。其主要做法如下。

（一）提升日间照料中心服务水平，巩固厚德向善阵地

一是提供差别化老人助餐服务。为让在外务工创业人员安心放心，村老年人日间照料中心坚持公益属性，向全村60岁以上老年人全开放、低收费，60～69周岁每人每餐4元，70～79周岁每人每餐3元，80～89周岁每人每餐2元，90岁以上免费。针对失能、半失能或行动不便老人，安排服务人员送餐上门。开放浴室、护理室，方便老人洗浴、休息。设置文化活动室、观影室，为老人下棋、打牌、看电影等文化活动提供场所，时间开放由定时开放向全天开放转变。重视留守老人的内心感受，设置慰藉室，对老年人进行心理疏导，添置可视设备，方便老人与子女视频对话，缓解亲人相思。二是提供相关家政服务。整合居家养老服务项目，对全村70岁以上半失能人员，免费提供洗菜、烧饭、打扫卫生、换洗服务，由服务人员上门收集换洗衣服和被子，集中到村洗衣房统一清洗，统一晾晒，再统一送到服务对象家中。通过印发《成德村老年人为老服务手册》，老年人生活上有什么需要，只要拨打手册上的联系号码，就有人及时上门给予相关服务。三是推进医养结合。以照料中心为阵地，以村卫生室为平台，建立老年人健康档案，为老人量血压、

测血糖，慢性病随访，每年开展一次体检，力求做到疾病早预防、早治疗。四是发挥乡贤“聚宝盆”作用。利用本村企业家多、水运大户多等优势，筹建成德村乡贤理事会，打造协商共治平台，参与日间照料中心的建设管理，对于提供家政服务种类、标准、制度和日常运维进行深入讨论和研究，通过议事协商达到目标一致性，逐渐形成成德村农村社区养老模式和监督运行机制。同时鼓励和引导乡贤为家乡发展、厚善成德献计出力，慷慨解囊，弥补日间照料中心资金缺口。

（二）深化为老系列服务，提升厚善成德幸福指数

一是签订赡养协议，保障老年人基本生活。通过议事协商逐步确认以家庭养老为主要方式，督促老年人与赡养人之间签订《农村家庭赡养协议书》，明确每位赡养人每年必须拿出一部分资金赡养老人，并加以督促，落到实处。针对赡养纠纷，及时介入，予以调解，确保老有所养。二是补充发放高龄津贴。在政府发放高龄津贴的基础上，成德村从村集体收入中拿出一部分资金为 80 岁以上高龄老人，每年发放 600 元生活补贴。三是力推意外伤害保险。成德村通过加大宣传力度，引导老人积极投保；强化与保险公司对接，加快案件理赔进度，跟进一些重点案件，切实保障老年人权益。四是开展志愿助老服务。组建留守妇女志愿服务队，为高龄空巢独居老人，提供家政、心理慰藉等服务。组建理发服务队，每月一次上门为行动不便老人提供理发服务。组建小家电服务队，对 70 岁以上老人家庭提供家电维修、修换门锁等服务。

（三）推进“三治”有机结合，凸显德治润化民心

一是以自治为本，提高村民的参与热情。成德村在加强村“两委”班子自身建设的基础上，积极打造农村社区协商议事平台，巩固已有的“六议两公开”协商工作法，建立“7 + X”模式社区协商委员会，规范议事程序，扩大协商议事范围，坚持“民事民议民决”，形成“大家的事大家议，大家的事大家办；大事大议、小事小议、急事立议、无事不议”的农村社区协商文化。组建村民理事会、道德评议会、红白理事会、禁毒禁赌会，搭建起社区、社会组织、社工“三社联动”的平台。修订并完善村规民约，张贴在村务公开栏和各自然村的醒目位置，教育引导村民严格遵守，摒弃传统陋习，营造孝亲敬老的清新民风。二是以法治为纲，提高村民的法治意识。成德村充分发

挥村调解委员会、治保委员会作用，妥善化解矛盾纠纷，做到小事不出村；加强法治宣传，提高村民的法治意识。三是以德治为根，营造浓厚为老氛围。成德村立足道德讲堂、乡村大舞台，用群众喜闻乐见的形式开展伦理道德、诚信和谐、礼义廉耻、为老服务、老人反诈等内容宣讲，弘扬敬老爱老传统美德，引导党员群众积极树立“礼、诚、和、仁、孝”道德风尚。同时，开设“身边人讲身边事”等特设专栏，用“全国孝亲敬老之星”“铜陵好人”谷玉姐、“铜陵好人”苏国华等身边人的先进事迹，教育引导村民遵纪守法、尊老爱幼、崇德向善。此外，结合村庄实际开展丰富多样的敬老、为老活动，并深入开展“文明家庭”“好邻里”等系列评比活动，通过建立“好人墙”，将获得乡级以上好人照片、事迹悬挂上墙，供全体村民学习，从而培育团结互助、扶困济贫、平等友爱、融洽和谐的农村社会新风尚。

（四）壮大水运经济，多举措保障成德养老发展

成德村环江而生，祖祖辈辈望水兴叹。为了让村民尽快富起来，村党总支因地制宜，利用自身优势提出了“以水兴业，以水富民”的发展思路，组建了铜陵江桥运贸有限公司，筹建了水上运输队，发展会员120余人，将原本松散的个体户凝结成“一户带四邻、四邻带全村”的一股绳，做到同闯市场、同避风险、抱团发展。在水上运输队的带领下，全村水上运输业迅速发展壮大，2020年全村钢质货船达75艘，总吨位由2003年的1万吨增长到目前的20万吨。为增强水上运输队凝聚力，做大做强水运产业，村党总支坚持党建引领，成立了水上运输党支部，持续开展“村干帮党员、党员帮群众，带领全村共同致富”的“两帮一带”活动，做到“支部建在产业链上，党员聚在产业链上，群众富在产业链上”。2020年共创造产值6000多万元，上缴利税500余万元，占全村人均收入的80%以上。同时，通过支部全方位提供业务培训、办理证照、协调贷款、组织货源等服务，村水运公司积极帮助水运户办理证照、购买保险等，使水运户足不出户就能享受到全方位服务。此外，村党总支每年组织一次安全知识培训，使水运户的安全意识得到进一步提升。

三、经验成效

“水运”是成德村的经济命脉，通过乡贤大力发展“水运经济”，组织开

展乡贤议事协商，利用“水运经济”的巨大收益支撑“养老创新服务”的发展壮大。成德村以乡贤为主体打造多元治理主体，围绕“水运”与“孝亲”两大特色持续发力，充分利用村级议事协商的治理活力，坚定不移贯彻落实好“引、立、融”三步走战略，挖掘孝亲文化根基，打造出亮丽的农村社区治理新名片“成德范式”。

（一）落在“引”上，创新发展，打造了农村社区治理强引擎

基层党组织是党的“神经末梢”，是基层群众的“领头雁”“主心骨”，对于促进社会稳定发展、提高广大人民群众的生活水平和质量、维护党在群众中的形象、巩固党的执政地位都具有十分重要的意义。

一是注重班子建设，强化农村社区治理保障。近年来，成德村持续加强党的建设，从班子建设入手，以村“两委”换届为契机，打造一支“政治素养高、执行能力强、百姓呼声高”的村干部队伍，培养一支素质高、年轻化的村后备干部队伍，使村级事务有人接、接得上、干得了。坚持党建标准化，以党员活动日为载体，健全组织生活；深入开展理想信念教育，增强村干部的大局意识、宗旨观念，拧紧思想螺母。持之以恒加强廉政教育，结合美丽乡村建设，兴建廉政教育基地。锻造坚强堡垒焕发强大战斗力，2020 年面对突如其来的新型冠状病毒感染疫情，全村居民积极响应政府号召，宅家支持抗疫，一些党员主动请缨参与战“疫”志愿活动。当 2020 年夏季长江遇特大洪水来袭时，险工险段飘扬的是党旗，冲在一线的是党员。

二是加快产业发展，促进增收致富。产业兴旺、生活富裕是实现乡村治理有效的先决条件。成德村地处江心洲，四面环江，交通闭塞，祖辈们深受其苦，百姓也因此贫困。为发展村集体经济，带领百姓脱贫致富，村“两委”经过认真谋划和深入调研，在立足村情与地理的基础上，提出“靠水吃水、以水富民”的发展思路，组建了铜陵江桥运贸有限公司、水上运输队、水上运输党支部，组织开展“村干帮党员、党员帮群众，带领全村共同致富”的“两帮一带”活动，初步实现了将“支部建在产业链上，党员聚在产业链上，群众富在产业链上”的产业发展格局。水运不仅成为带动全村经济发展的重要“引擎”，更是让成德村成为铜陵市远近闻名的“水运龙头村”。

（二）落在“立”上，深耕孝道，破解农村社区治理痛点难点

成德村现有 60 周岁以上老人 494 人，占全村总人口的 17.8%；65 周岁以

上独居老人达到68人，空巢老人185人，占全村老人的34%，失能和半失能老人10多人，不仅“养老难”成为年轻人外出发展的羁绊，赡养纠纷时有发生，制约着农村社区治理。破解“养老难”刻不容缓，成德村先行先试，积极探索。

一是健全老年协会组织。村党总支十分重视老年协会的发展，引导热爱老年工作、具有组织协调能力的老村干、老党员、老教师参加老年协会组织，充分发挥自我管理、自我服务功能。2008年，村党总支筹集资金23万元，兴建了“成德村老年协会活动中心”，并按每年6000元活动经费的标准划拨使用。

二是夯实家庭养老基础。成德村不断强化家庭养老的主体责任，按照5年为一周期，组织赡养与被赡养关系人签订赡养协议，周期内每年根据养老对象变动情况予以动态调整，2020年赡养协议签订覆盖率达100%。对子女外出不能履行赡养义务的委托其亲戚或邻居代为照顾；同时村老年协会跟进、督促赡养协议的落实，基本实现了老年人有吃、有住、有零花钱，全村连续两年未发生赡养纠纷。另外，为提高老年人的生活保障水平，2011年成德村出台《高龄老人生活补贴办法》和《困难老人救助办法》，由村自筹资金每年向每位80岁以上老人发放600元生活补贴，向每位90周岁以上老年人发放1200元生活补贴。截至目前，成德村发放高龄老人生活补贴累计30万元。

三是创办日间照料中心。为提升养老品质，全方位照顾好老年人的生活起居，2017年在铜陵市及义安区民政部门大力支持下，成德村投资40万元兴建了占地面积为1500平方米的“成德村日间照料中心”，建筑面积达300平方米。中心内设有敬老食堂、浴室、活动室、放映室、休息室、图书室等功能室，向全村60岁以上老年人全天开放。村敬老食堂象征性地收取餐费，不同年龄段有不同的餐费标准，保障老年人群体吃得放心。

四是开展为老助老志愿服务。成德村构建覆盖全村的助老快捷服务网，成立6支为老助老志愿服务队，以社区购买服务的方式，为老年人免费提供水电维修、理发、家政等服务。医疗志愿服务队除为老年人建立健康档案和家庭医生签约服务外，还免费为老人提供健康指导、医疗咨询、测量血压、检测血糖服务，使照料中心的生活照护与卫生室的健康照护实现有效衔接。同时，成德村还制作了《成德村老年人爱心服务卡》，方便老年人足不出户，享受电话下单的贴心服务。

（三）落在“融”上，多元共治，画好了农村社区治理“同心圆”

“三治融合”，自治是基础，法治是保障，德治是支撑，更离不开全体村民的共同参与。一是推进自治建设。完善村规民约，成德村将社会主义核心价值观和传统美德、中心工作相结合，修订了《成德村村规民约》，该村规民约在2020年被评为安徽省优秀村规民约。严格执行“6+4”工作法，村级事务严格按照民主提议、“两委”联议、党员参议、上级审议、村民决议、承诺践议六步程序，进行民主决策；村级财务按照发生额度大小分为“四档”，进行分档限额审批，真正实现村级事务、财务“由民做主”。并加强村务监督，每个季度首月15日之前对上个季度的党务、村务、财务进行公开，公开内容清楚、明白、易懂，避免群众“雾里看花”。

二是强化法治建设。坚持依法治村，村干部带头学法用法守法，运用法治思维和法律手段处理工作中的难点问题。完善农村公共法律服务体系，主动对接乡镇法律服务所，为群众提供相关法律服务。推进平安乡村建设，健全“一村一警察”，设立警务室，强化巡逻巡查，兴建覆盖全村重要节点的技防网络。深入开展“法律进乡村”活动，加强普法宣传，培养“法律明白人”。发挥村调委会和农村社区协商“定分止争”作用，打造和谐稳定村居。

三是加强德治建设。近年来，成德村不断夯实孝文化基础，以孝养德，开展“最美家庭、好儿媳、好孝子、好公婆”评选活动，让好家风、好民风、好村风滋润乡村。截至2020年，全村共评选出最美家庭14户，好儿媳18人，好孝子16人，好公婆4人。同时还积极开展好人评选活动，目前全村已有3人被评选为铜陵好人，9人被评为乡级好人。其中1人荣获“全国孝亲敬老之星”荣誉称号，1人荣获全国敬老爱老助老模范人物荣誉称号。

四、探索总结

农村老年人对社区养老服务的需求有层次性、多样性和综合性。农村社区养老服务的改革与发展必须要结合自身情况，依据老人需求内容及其需求强度，对养老服务供给侧予以多元改革，力求有效供给。下一步，地方应该梳理归纳政府扶持农村地区养老事业和养老产业发展的政策，加大宣传力度，确保农村社区养老服务的有序开展。同时，充分挖掘乡贤协商促进民生发展能量，大力开展村级议事协商，建立完善与经济社会发展、财力状况相匹配的养老公共服务标准，进一步利用乡贤协商治理和乡贤经济推动农村养老事业和养老产业发展。

（一）加强统筹规划，高位引领农村养老服务发展

一是坚持以老人为本原则，树立养老服务新理念。中共中央、国务院印发的《关于加强新时代老龄工作的意见》强调："有效应对我国人口老龄化，事关国家发展全局，事关亿万百姓福祉。"城乡融合发展背景下，未来农村养老服务的发展方向应关注全体老人的养老需求、全面放开养老服务市场，即除重点关注有特殊困难的老人的兜底性养老服务外，普通老人也要得到普惠性、基础性的养老服务。要以老人实际需求为出发点，不断丰富养老服务内容，增强养老服务供给的针对性，避免养老服务供给片面化和狭隘化，让全体老人共享改革发展成果，享受美好晚年生活。

二是坚持效率公平原则，统筹配置城乡养老资源。当前，欠发达地区应该综合考虑各种现实条件，出台有针对性的、符合农村实际的发展政策，在逐步推进基本养老服务均等化的基础上，合理配置城乡养老资源，提升农村养老服务发展水平。此外，要以满足老人养老需要为标准，在公平的基础上还要坚持效率原则，避免资源闲置浪费，如在推进农村养老供给中，既要注重养老设施增量建设，更要提高养老服务供给数量与质量。

三是坚持差异化原则，明确农村养老服务体系建设思路。农村养老服务的突出特点是点多面广、人少活多、消费力弱、难成规模，这决定了农村养老服务体系建设要坚持政府主导、乡村统筹、分类保障、就地养老的方针，针对性地破解农村养老服务需求。一方面，要充分发挥县级政府的主导作用、乡镇政府的保障服务职能、村民委员会的组织动员能力，统筹整合乡镇资源；另一方面，要依托乡镇基层公办机构、养老服务站的辐射功能，广泛动员社会力量参与，采取分类保障、就地就近方法，建立符合农村地方实际的养老服务体系。

（二）厚植文化土壤，改变农村传统养老思想观念

一是树立积极养老理念，提高自我养老能力。随着社会的发展，老年人的思想观念也越来越开放，但仍然有少数老年人存有"养儿防老"观念。对此，政府和农村社区可以通过开办宣传讲座、悬挂标语横幅等形式向老年人

传达先进的养老观念，提高农村老年人对于社区养老服务的了解，培养老人树立正确的养老观念，主张自我养老，提高自我服务、互助服务能力。同时社会应提供更多元化的养老方式，推动社会养老服务能力的提升，同时也可以减轻年轻人的养老负担。

二是发扬尊老孝亲优良传统，深挖家庭养老潜力。家庭养老依旧是当前农村社会养老的主要方式。政府在保障基本养老的过程中，要加大宣传力度，采取多种方式，大力弘扬孝文化，教育引导子女承担起家庭养老职责，呼吁家庭子女在提供物质支持、生活照料的同时，还要多陪伴老人。此外，还要建立奖惩机制，强化子女责任。对家庭养老做得好的个人和家庭，相关部门可以对其进行表彰，包括精神鼓励、物质奖励；对不孝子女，除通过乡风民约等软性约束外，地方政府还应建立有效的惩罚机制，如约谈子女，让子女和老人签署具有法律约束力的养老协议等，督促子女尽到赡养老人的职责与义务，使赡养老人逐渐成为一种自觉而光荣的行为，从而在全社会范围内营造尊老爱老孝老的良好氛围。

三是加强养老服务队伍建设，提升养老服务水平。整体而言，当前的农村养老还停留在经济层面，或者说衣食住行，很难谈其他方面的服务。这就提出一个更高要求，除需要更多高水平志愿者，还要有经过业务培训的专业服务人员，更要有在知识、文化、心理等方面训练有素的高质量人才，才能满足农村老年人不同层次的养老需求。一方面，要大力发展互助式养老服务，完善志愿服务记录制度，推动农村社区社会组织、乡贤以及有能力有意愿的村民积极参加养老服务志愿活动，以及注重挖掘和组织农村社区青少年、大学生等群体参加养老服务志愿活动；另一方面，在有条件的农村社区，积极探索“村居＋社工＋社会组织”服务模式，推动城市专业培训机构和优质养老机构到农村开展养老护理员培训，逐步提高农村社区养老服务队伍的专业化水平。此外，农村社区养老服务还要充分利用信息资源、信息服务平台管理，精准掌握老年人的服务需求，从而提高养老服务质量。

（三）创新养老模式，持续提供多元养老服务产品

一是支持城乡三级养老服务中心发展壮大。面对农村现状，农村养老要分类分层解决，因地制宜、创新养老服务供给模式，满足养老需求。一方面，要明确主体责任，按照“谁建设、谁负责”的原则，推动城乡“三级中心”

有效运转；另一方面，要创新运营机制。可采取“政府 + 村委会 + 社会组织 + 志愿者”的运营方式，由社会组织担任主要组织者，将文化娱乐、餐食、送餐、理发、照护、定期体检、紧急救援等纳入养老服务内容；对养老服务供给所需资金，可以采取“财政补贴 + 个人或子女支付 + 慈善捐助基金”方式。近几年，铜陵市不断加大投入，支持三级中心建设，到 2020 年底已建成覆盖全域的城乡养老服务三级中心。未来要加强三级中心建后管养，拓展购买服务内容，加强运营管理和基本养老服务，覆盖宣传引导、生活照料、照护服务、关怀服务及其他居家和社区基本养老服务。按一定基数，对社区（村）养老服务中心（站）以及具备助餐功能且能正常运营根据考核等次分档给予奖补。

二是促进农村特困供养机构稳定发展。持续开展农村特困供养服务机构（敬老院）服务质量建设专项行动，适度加大财政资金投入力度，改善硬件设施配置，提高服务人员专业素质，丰富服务内容。将农村特困供养机构等级评定奖补项目纳入市级财政预算，按星级等级评定情况对特困供养机构进行奖补，对养老机构护理和从业人员开展服务质量建设培训，不断优化农村养老资源，提升老年人群的获得感、满意度。同时，强化责任意识，加强质量和安全管理，切实提高养老服务水平。

三是探索建立“农村互助式养老”模式。“农村互助式养老”融合了居家养老和机构养老的优势，老人更容易接受。与居家养老相比，该模式方便集中提供服务，增加了老人之间的交流；与机构养老相比，该模式实行就地养老，不脱离熟悉的生活环境，成本低，老人负担得起。对于子女而言，该模式破解了因时间不足难以照顾老人的困境。同时，它也改变了由于村庄布局散、养老基础设施投资配套难、管理服务成本高的实际问题。农村统筹解决养老服务设施供给、服务人员配置等问题，政府可利用养老服务发展专项资金，或整合一些涉农资金，给予协助与支持。在运行中可结合实际情况，灵活调整，逐步探索成德村“农村互助式养老”模式，提高老人幸福指数。

四是推动医养结合深入发展。提高补助标准，给予内设医务室、护理站、获得《医疗机构执业许可证书》并正常提供服务的养老机构一次性建设补助。支持医疗机构举办养老机构，公办养老机构在保障法定养老服务需求的前提下，开展居家养老和社会化代养服务的，可比照社会办养老机构享受运营补贴。

（四）健全体制机制，发展农村经济夯实基础保障

一是理顺管理体制机制。政府在城乡养老服务体系建设过程中应积极发挥主导作用，理顺管理体制，明确统筹管理机构，统筹规划不同部门涉老工作。建立激励相融机制，加强政策及资源的有效整合，确定相关发展目标任务，以强化责任意识，激发担当作为为导向，形成发展合力，加快推进养老事业发展进程。

二是多措并举关爱农村老年人群体补助。积极筹措资金，及时拨付资金，确保高龄津贴按时足额发放，惠及所有80周岁以上老年人。将农村留守老年人关爱服务项目常态化纳入市级财政预算，通过政府购买服务方式，促进农村老年人联系人登记、农村老年人赡养协议签订、农村特殊困难老年人探视走访，重点服务空巢、独居失能老年人，有效满足农村老年人生活需求。为农村低保户、五保户等人群代缴城乡养老保险和城乡医疗保险，保障兜底对象的基本养老和医疗。将社会办养老机构建设及运营补助纳入专项资金政策，对符合条件的社会办养老机构发放建设补贴、运营补贴，提供贷款贴息补助。逐年加大财政投入，鼓励社会力量投资运营养老机构，提高养老机构硬件水平，增强养老市场活力。

三是健全养老服务机构从业人员培训制度。地方政府应分类实施免费就业技能培训、岗前技能培训和职业技能提升培训，加强资金筹措，从职业技能提升行动专项资金、就业补助资金和财政预算资金中给予相应培训补贴。对在社会力量举办的养老服务机构就业的见习人员，可按每人每月不低于地方最低生活标准发放见习补贴。对大中专毕业生，在养老机构从事养老护理工作满三年以上的，给予一定的补助。对符合小微企业标准的养老服务机构新招用毕业年度高校毕业生，签订一年以上劳动合同并缴纳社会保险的，按规定给予社会保险补贴。

后 记

基层是国家治理的最末端，是服务群众的“最后一公里”。基层治理中发挥党建引领，不仅是巩固党的执政之基的需要，更是推动基层社会有效善治的关键所在。只有牢牢抓住党建引领，创新党建工作方式方法，才能以高质量党建引领基层治理现代化。2021 年 7 月，中共中央、国务院印发《关于加强基层治理体系和治理能力现代化建设的意见》，明确提出“要力争用 15 年的时间，基本实现基层治理体系和治理能力现代化，中国特色基层治理制度优势充分展现”，同时又重点强调“要坚持党对基层治理的全面领导，把党的领导贯穿基层治理全过程、各方面，坚持共建共治共享，建设人人有责、人人尽责、人人享有的基层治理共同体”，这为新时代加快推进基层治理现代化提供了时间表和路线图。

铜陵市义安区位于安徽省中南部，长江中下游南岸，与市中心城区的铜官区相连，辖 6 镇 2 乡 1 街道。2017 年，义安区以“完善党建引领农村社区共建共治共享治理体系”为实验主题，积极申报并获批第一批全国农村社区治理实验区，自此开展了农村社区治理和服务创新实践工作。近 4 年来，义安区高位推动、精密筹划，以实验试点为载体，扎实推进社区治理平台共建、社区治理事务共治、社区治理成果共享，不断提升社区治理体系和治理能力现代化水平。时至今日，义安区农村社区治理创新工作经验涌现，形成了“主体共联、平台共建、事务共商、资源共享、服务共担”的新型农村社区治理格局，取得了“整体有突破，乡镇有特色，村村有品牌”的良好效果，为新时代加快推进农村基层治理现代化提供了义安方案。

在实验过程中，义安区与华中师范大学全国民政政策理论研究基地保持紧密合作。基地专家团队多次赴义安区开展深入的座谈交流和驻点调研，义安区委、区政府、区民政局及乡镇、街道和村（居）相关单位同志也多次赴基地进行访问、座谈和交流。本书是对义安区近 4 年来全国农村社区治理实验区创建工作的系统总结，本书撰写得到了安徽省民政厅、铜陵市民政局、义安区委区政府及义安区民政局的大力支持。由于时间仓促，加之作者水平有限，难免存在疏漏之处，欢迎各位专家学者、领导干部以及基层工作者批评指正。

陈荣卓

2022 年 8 月